narr **STUDIENBÜCHER**

Björn Rothstein

# Wissenschaftliches Arbeiten für Linguisten

narr
VERLAG

**Prof. Dr. Björn Rothstein** ist Professor für Germanistische Linguistik und Sprachdidaktik an der Ruhr-Universität Bochum.

Bibliografische Information der Deutschen Nationalbibliothek

Die Deutsche Nationalbibliothek verzeichnet diese Publikation in der Deutschen National-bibliografie; detaillierte bibliografische Daten sind im Internet über <http://dnb.d-nb.de> abrufbar.

© 2011 · Narr Francke Attempto Verlag GmbH + Co. KG
Dischingerweg 5 · D-72070 Tübingen

Internet: http://www.narr-studienbuecher.de
E-Mail: info@narr.de

Druck und Bindung: Gulde, Tübingen
Printed in Germany

ISSN 0941-8105
ISBN 978-3-8233-6630-0

# Inhalt

## II. Form

## III. Service

# Vorbemerkung

Kennen Sie das? Sie waren bei Ihrem Dozenten oder Ihrer Dozentin in der Sprechstunde und stürmen begeistert mit einem neuen Hausarbeitsthema in die Bibliothek. Die Arbeitsbedingungen erscheinen Ihnen optimal: Die Bibliothek ist leer, die Computer und die Kopierer sind frei und es ist sogar zum Arbeiten angenehm still. Nur – es gibt ein Problem: Sie haben sich eine linguistische Studie vorgenommen und haben Schwierigkeiten, Ihre Arbeitsprozesse in den Griff zu bekommen. Wie geht *linguistisches Arbeiten* eigentlich?

Solche und ähnliche Schilderungen erhalte ich immer wieder von aufgeregten Studierenden in meiner Sprechstunde. Die ihnen „aufgedrückte" Arbeit möchten sie gerne schreiben, *aber wie geht das überhaupt, Herr Rothstein? Wie schreibt man linguistisch?*

Die einfachste Antwort wäre sicherlich: *Das kommt mit der Zeit/da kriegen Sie Erfahrung/das wird schon/da müssen Sie eben durch.* Auch wenn Schreiben ein Erfahrungswert ist, so ist das für den Moment in der Sprechstunde keine befriedigende Antwort. Dieses Buch ist aus eben solchen Situationen entstanden und ich danke meinen Studierenden für ihre vielen Fragen und Gespräche zum Thema.

In besonderem Maße sei Sandra Hiller und Jacqueline Thißen für das erste Korrekturlesen, die Formatierung und die kritischen Anmerkungen gedankt. Verena Holland, Valerie Klasen und Corinna Reuter haben mit wertvollen Kommentaren diese Einführung aus studentischer Perspektive kritisch hinterfragt. Corinna Reuter hat die Endredaktion betreut und Daniel Elon hat die Formatierung des Buchs übernommen. Ihnen allen danke ich. Für das Korrektorat sei Ingrid Furchner gedankt, sowie für die Betreuung von Verlagsseite Mareike Reichelt, Karin Burger und Amelie Sareika.

Véronique und Coralie haben – wie immer – dafür gesorgt, dass auch der längste linguistische Tag einmal ein Ende hat und anderes beginnt. Ihnen danke ich nicht nur dafür. Fabian, dessen Engelslächeln mehr Ordnung in meinem Leben geschaffen hat, als jegliche andere Versuche, das Chaos zu bewältigen, danke ich ganz besonders. Es ist daher „sein" Buch.

Bochum, im Dezember 2010

Björn Rothstein

# 0.  Zur Einführung

## 0.1  Was ist linguistisches Arbeiten?

In Gesprächen während meiner Sprechstunde kommt es immer wieder vor, dass ein Studierender vor mir sitzt und mir diese eine Frage stellt: **Wie schreibt man denn eine linguistische Arbeit?** Diese Frage ist geradezu symptomatisch für das Schreiben entsprechender Studien – es scheint, was Inhalt, Form und Methode anbelangt, eine große Unsicherheit der Studierenden in Bezug auf „linguistisches Arbeiten" zu bestehen.

Führt man sich die in der Schule vermittelten Schreibkompetenzen vor Augen, so erkennt man zwar, dass in der Sekundarstufe II Vorformen des wissenschaftlichen Schreibens gelehrt und eingeübt werden, doch scheint das für den Arbeitsbereich Sprachwissenschaft nicht immer hilfreich, denn bemerkenswerterweise fällt Studierenden das Schreiben literaturwissenschaftlicher Arbeiten viel leichter. Das mag vielleicht auch daran liegen, dass insbesondere im schulischen Deutschunterricht das interpretierende Schreiben (allerdings in vorwissenschaftlicher Form) häufiger praktiziert wird. Wie sprachwissenschaftlich gearbeitet wird, erscheint unklar. Wer sprachwissenschaftlich arbeiten will, muss zunächst definieren, was linguistische Arbeiten überhaupt untersuchen:

**Untersuchungsgegenstand** linguistischer Studien sind die Sprache und ihre Anwendung durch Sprecher.

Mögliche sprachwissenschaftliche Themen liegen damit unter anderem im Bereich der Grammatik, des Wortschatzes und der Kommunikation zwischen verschiedenen Sprechern, aber auch Aspekte des Spracherwerbs, der Sprachproduktion und der Sprachpolitik sind linguistische Themen. Diese verschiedenen Gegenstände können nun sehr unterschiedlich angegangen werden. Im Bereich der sogenannten Bindestrich-Linguistiken wie der Soziolinguistik oder der Textlinguistik spielen auch interdisziplinäre Fragestellungen eine gewisse Rolle, also zum Beispiel die Verknüpfung von Soziologie und Linguistik. Man muss sich daher klar vor Augen führen, dass es nicht *eine* Linguistik, sondern viele verschiedene Ausprägungen der Sprachwissenschaft gibt. Ein Blick in die deutsche sprachwissenschaftliche Forschungslandschaft belegt dies recht deutlich: Da „tummeln" sich Konstruktionsgrammatiker, Semantiker, Pragmatiker, Soziolinguisten, Historiolinguisten etc. Nach der Definition von sprachwissenschaftlichen Studien ist es nun möglich, das linguistische Arbeiten zu klären:

> Das **linguistische Arbeiten** ist eine Methode, mit Hilfe derer linguistische Studien durchgeführt werden.

Ein Buch, das in das linguistische Arbeiten einführt, kann nur bestimmte Aspekte abdecken, die gewissermaßen stellvertretend für viele andere Aspekte vermittelt werden sollen. Die in dieser Einführung vorgestellten Inhalte, Methoden und Formen entsprechen dem gegenwärtigen sprachwissenschaftlichen Standard, so wie ihn führende Zeitschriften, Buchreihen und internationale Standardisierungsorgane wie die *Modern Language Association (MLA)* setzen.

Bei Ihrem wissenschaftlichen Arbeiten werden Ihnen immer wieder Abweichungen begegnen, die Sie – sofern Sie den Standard kennen – jedoch leicht als solche identifizieren und in Ihre Arbeiten integrieren können.

## 0.2 An wen richtet sich diese Einführung?

Dieses Buch richtet sich an all diejenigen, die eine **Einführung** in das linguistische Arbeiten suchen. Angesprochen werden allgemeine Sprachwissenschaftler und solche, die aus den unterschiedlichen einzelsprachlichen Philologien stammen: Germanisten, Slavisten, Anglisten, Romanisten, Skandinavisten usw. Aus Gründen der Verständlichkeit beziehe ich mich zumeist – wo möglich – auf deutsche Beispiele. Diese Einführung richtet sich sowohl an Studienanfänger wie auch an fortgeschrittene Studierende. Daher versucht dieses Buch einen gewaltigen Spagat, indem es auf ihre unterschiedlichen Bedürfnisse einzugehen sich bemüht. Manche der Kapitel richten sich daher eher an tatsächliche Studienanfänger, andere Kapitel sind mehr für fortgeschrittene Nachwuchslinguisten gedacht und zum Teil aufgrund der darin behandelten Themen – leider – auch schwerer zu lesen. Dazu zählen v.a. die Kapitel zu Glossen (s. 11) und zur Transkription (s. 10) im Serviceteil.

## 0.3 Lesehinweise

Dieses Buch muss nicht notwendigerweise von vorne bis hinten gelesen werden, obwohl ich mich über eine solche Lektüre natürlich besonders freue. Manche Kapitel eignen sich besonders zum Nachschlagen im Bedarfsfall. Dazu zählt etwa das Kapitel zur Form von Hausarbeiten, das genau bespricht, wie zum Beispiel das Titelblatt, das Literaturverzeichnis und die Zitierweise zu gestalten sind. Man kann sich diesem Buch daher immer wieder nähern – je nach Studien- und Forschungssituation.

## 0.4 Zum Aufbau des Buches

Diese Einführung besteht aus drei Teilen. Die ersten beiden Kapitel Form und Inhalt führen in die formalen und inhaltlichen Arbeitsweisen und Anforderungen ein. Im Kapitel zum Inhalt geht es nach der inhaltlichen Themenfindung (s. 1) zur Informationssuche (s. 2), zur Lektüre (s. 3), zur Argumentation (s. 4) und zur Datenfindung (s. 5.3) und -auswertung (s. 5.5). Im dritten Teil, dem Serviceteil, werden Literaturtipps (s. 12), eine Handbibliothek (s. 13), Textbearbeitungsprogramme für Linguisten (s. 9), Transkriptionsvorschläge (s. 10) und Bibliographien (s. 12) aufgeführt. Die Lektüre all dieser Abschnitte ist nicht zwingend notwendig, die Einführung kann auch enzyklopädisch gelesen werden.

Es ist prinzipiell nicht sinnvoll, eine Bedienungsanleitung für das Verfassen wissenschaftlicher Arbeiten zu erstellen, da sich viele Phasen einer solchen Arbeit überschneiden. Das soll die folgende Graphik, die auch den Aufbau dieser Einführung zusammenfasst, zum Ausdruck bringen:

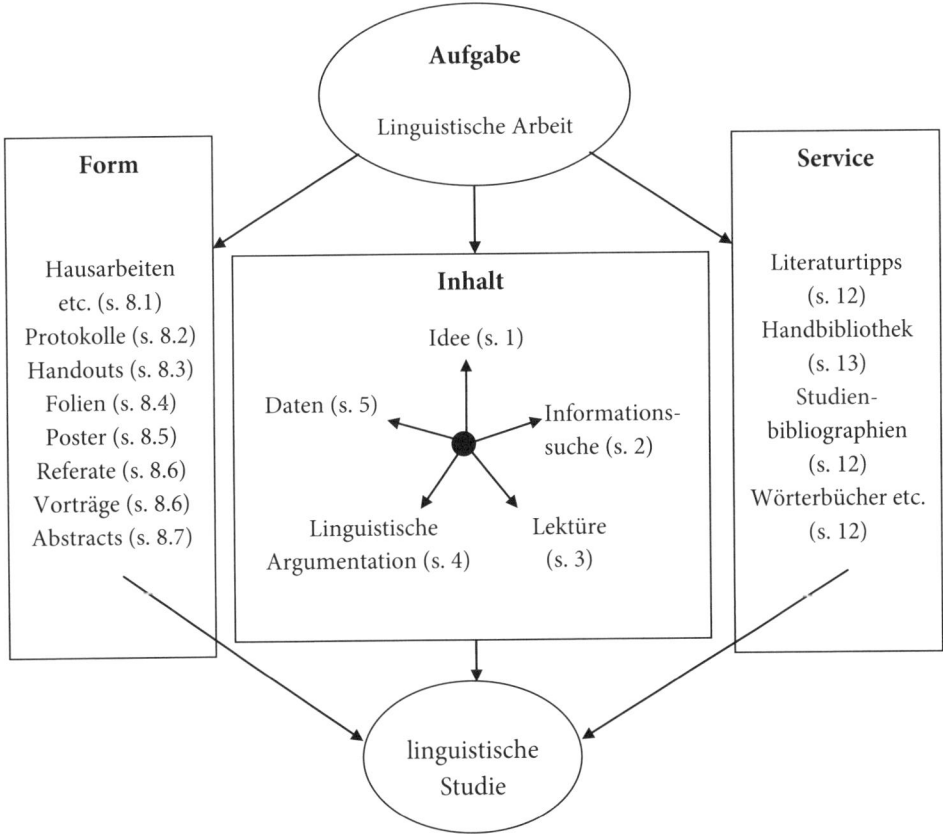

Abb. 0-1: Aufbau der Einführung ins linguistische Arbeiten

Aus der Komplexität der Graphik kann man bereits erahnen, wie planungsintensiv und aufwändig das wissenschaftliche Arbeiten ist. Es ist daher wichtig, sich ausreichend Zeit für das Verfassen solcher Texte zu nehmen. Die Planungsphasen in Bezug auf eine Haus-, Bachelor- oder Masterarbeit sehen wie folgt aus:

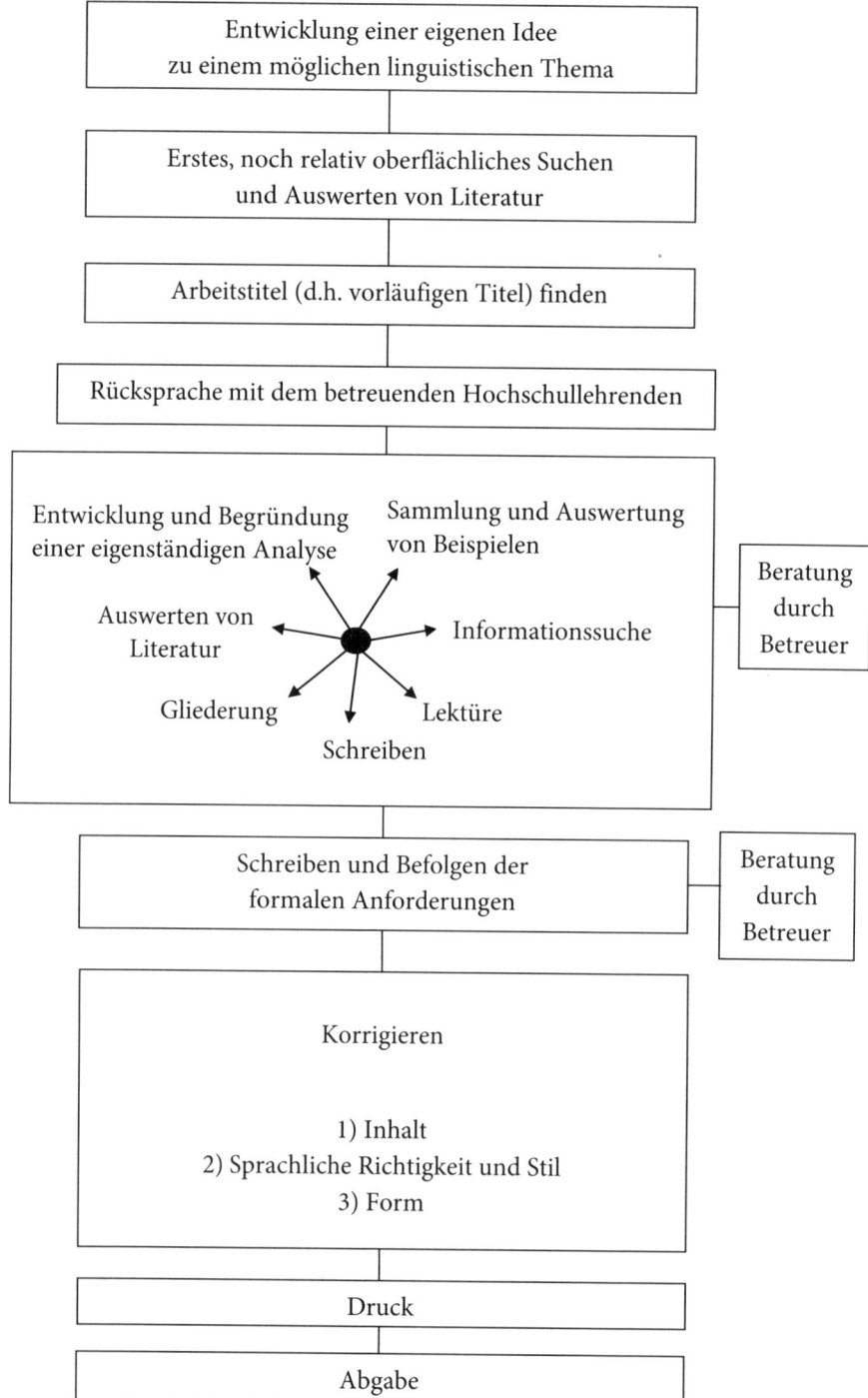

Abb. 0-2: Planungsphasen einer Haus-, Bachelor- oder Masterarbeit

📖 **Literaturhinweise:**

Verblüffenderweise gibt es eine Vielzahl von Einführungen in das literaturwissenschaftliche Arbeiten, kaum jedoch Vorschläge für die Linguistik. Mir bekannt sind:

▶ Gerstenberg, A. (2009): *Arbeitstechniken für Romanisten. Eine Anleitung für den Bereich Linguistik*. Tübingen: Niemeyer.

▶ Stephany, U. & Froitzheim, C. (2009): *Arbeitstechniken Sprachwissenschaft*. München: Fink.

Zum empirischen Arbeiten im Bereich der Linguistik möchte ich folgende deutschsprachige Werke empfehlen:

▶ Albert, R. & Koster, C. J. (2002): *Empirie in Linguistik und Sprachlehrforschung. Ein methodologisches Arbeitsbuch*. Tübingen: Narr.

▶ Albert, R. & Marx, N. (2010): *Empirisches Arbeiten in Linguistik und Sprachlehrforschung. Anleitung zu quantitativen Studien von der Planungsphase bis zum Forschungsbericht*. Tübingen: Narr.

▶ Lemnitzer, L. & Zinsmeister, H. (2010): *Korpuslinguistik. Eine Einführung*. Tübingen: Narr.

▶ Scherer, C. (2006): *Korpuslinguistik*. Heidelberg: Winter.

Detaillierte Informationen zur Form von wissenschaftlichen Arbeiten finden sich zum Beispiel im folgenden Buch:

▶ Standop, E. & Meyer, M. (2008): *Die Form der wissenschaftlichen Arbeit*. Wiebelsheim: Quelle & Meyer.

# I. Inhalt

# 1. Wie finde ich (m)ein Thema? – Von der Idee zum Thema

## 1.1 Ziel dieses Kapitels

Jede wissenschaftliche Studie beginnt mit der Themenfindung. Meist fragen sich jedoch vor allem Studierende, wie sie ein **linguistisches Thema** finden bzw. allgemeiner, unter welchen Aspekten ein solches überhaupt behandelt werden kann. In diesem Kapitel geht es darum,

- ▶ mögliche Wege zur Themenfindung aufzuzeigen und
- ▶ Aspekte darzustellen, unter denen ein Thema angegangen werden kann.

Im Abschnitt 1.2 wird zunächst die Wahl des Themas, in 1.3 dann die Herangehensweisen an das Thema vorgestellt.

## 1.2 Wahl des Themas

Wie entscheidet man sich für das Thema seiner linguistischen Studie und wie findet man es überhaupt? Diese Wahl sollte keinesfalls auf die leichte Schulter genommen werden, sondern wohl überlegt sein, denn mit diesem Thema wird man je nach Art der Qualifikationsarbeit viel Zeit verbringen und es muss von vornherein eine Aussicht auf Erfolg bei der Themenbewältigung bestehen. Sobald ein Thema gefunden wurde, ist in der Regel ein Gespräch mit dem betreuenden Dozenten notwendig.

Natürlich kann das Thema vom jeweiligen Betreuer vergeben werden und manche Hochschullehrende handhaben dies auch in Form von Listen, aus denen sich die Studierenden und Doktoranden Themen aussuchen dürfen. Bekommt man das Thema jedoch nicht zugewiesen, müssen **Strategien zur Themenfindung** angewandt werden.

An erster Stelle steht Ihr **Interesse**. Wofür interessieren Sie sich linguistisch? Sie können von vornherein festlegen, ob Sie in einem bestimmten linguistischen Bereich arbeiten wollen. Sind es eher Themen aus dem Bereich der Grammatik (Syntax, Morphologie, Phonologie) oder möchten Sie eher in der Domäne der Bedeutung arbeiten (Semantik, Pragmatik)? Gilt Ihre Neugier vielleicht interdisziplinären Fragestellungen, also der Soziolinguistik, der Textlinguistik usw.? Oder sind Sie besonders etwa an Verben interessiert und überlegen sich, dazu eine Arbeit zu schreiben?

Eine relativ offene und zeitaufwändige Strategie besteht aus der **Rezeption von linguistischer Literatur**. Sie werden dort auf immer wiederkehrende Fragestellungen, Forschungsdesiderata und unbeantwortete oder schlecht beantwortete Fragen treffen.

Dabei ist es wichtig, dass Sie nicht völlig wahllos zu lesen beginnen, sondern im Vorfeld schon eine thematische Eingrenzung suchen.

> Beispiel
>
> Sie können sich beispielsweise überlegen, ob Sie etwas im Themenkomplex *Tempus* schreiben möchten. Beim Lesen von zunächst einführender Literatur werden Sie auf bestimmte Phänomene aufmerksam, zu denen Sie weitere Fachliteratur lesen können. Sie werden dabei sehen, dass innerhalb dieser Literatur immer wieder bestimmte Fragestellungen oder Probleme angegangen werden. Demnach könnten Sie in den gängigen Einführungen zu Tempus (Vater 1994, Rothstein 2007b) etwa auf das deutsche Präsens aufmerksam werden. Dazu würden Sie weitere Studien lesen, etwa Ek (1996) und Thieroff (1992), und erkennen, dass immer wieder diskutiert wird, wie viele Bedeutungen das deutsche Präsens hat: Zwei Hauptverwendungen kennzeichnen dieses Tempus. Es kann zum Ausdruck von Gegenwärtigem (*ich schreibe gerade ein Buch*) oder Zukünftigem (*ich gehe heute ins Kino*) gebraucht werden. Die Frage ist nun, ob diese zwei Verwendungen sich unter einer Bedeutung zusammenfassen lassen oder ob zwei Bedeutungen beschreibungsadäquat sind. Damit haben Sie eine bestimmte Fragestellung gefunden. Sie können sich nun mit Hilfe der oben genannten Methoden überlegen, wie Sie weiterarbeiten. Beispielsweise können Sie sich das Präsens in einem bestimmten Dialekt anschauen.

Gelegentlich bringt es auch viel, sich mit offenen Ohren und Augen durch den **sprachlichen Alltag zu bewegen**. Man findet mehr, als man zunächst vermutet, z.B. besondere oder neue Wörter und Wortverbindungen, sprachliche Eigentümlichkeiten in Chatforen usw. Herbert Brekle beschreibt in einem Aufsatz zu Wörtern wie *U-Turn* oder *X-Beine*, wie er zu seiner Fragestellung kam:

> Beispiel
>
> Aufmerksam geworden auf den hier insbesondere zu diskutierenden Typus der Verschränkung ikonischer Elemente mit Manifestationen geschriebener Sprache bin ich auf einer Reise durch die USA im Greyhound-Bus. Dabei begegneten mir Verkehrsschilder mit der Aufschrift NO U-TURN oder DEER XING.
> (Brekle 1981: 172)

Wesentlich **systematischer vorgehen** kann man mit folgenden Leitfragen:

▶ Wofür interessiere ich mich? Mit welchem Thema möchte ich meine Zeit verbringen?
▶ Welches Vorwissen habe ich? Welche Seminare habe ich besucht, welche Literatur schon gelesen?

▶ Was sind die Anforderungen an meine Arbeit? Soll es um empirische Erhebungen (= grob: Finden und systematisches Auswerten von Beispielen) gehen oder steht eher die Theorie im Hintergrund? Geht es um Semantik, Morphologie usw.?

▶ Welche Leistungserwartung ist mit der Arbeit verbunden? Reicht ein Forschungsüberblick, bedarf es eines neuen Ansatzes?

Die Systematisierung Ihres Vorgehens können Sie noch beträchtlich erhöhen, wenn Sie mit Techniken des **Clusterns**, des **Mind-Mappings** und des **linearen Strukturierens** arbeiten, die in der genannten Reihenfolge nun vorgestellt werden.

> **Clustern** aktiviert Ihr Vorwissen. Es hilft daher bei der Ideenfindung. Clustern ist eine assoziative Technik, all das miteinander zu verknüpfen, was einem zu einem Thema einfällt. Wichtig dabei ist, dass man seinen Gedanken freien Lauf lässt und zunächst alle Gedanken und Ideen stichwortartig notiert.

Verdeutlichen wir dies erneut am Beispiel des Tempus. Zunächst erstellen Sie ein relativ grobes Cluster mit Überblick zu den einzelnen möglichen Themen von Tempus. Dies könnten etwa die Tempora sein und die mit ihnen häufig verbundenen Fragestellungen. Fragen zum Präsens sind die Anzahl von Bedeutungen, seine Verwendungen in Erzähltexten und die Frage, ob es überhaupt ein Tempus ist (es kann ja zum Ausdruck von Gegenwart, Vergangenheit und Zukünftigem verwendet werden).

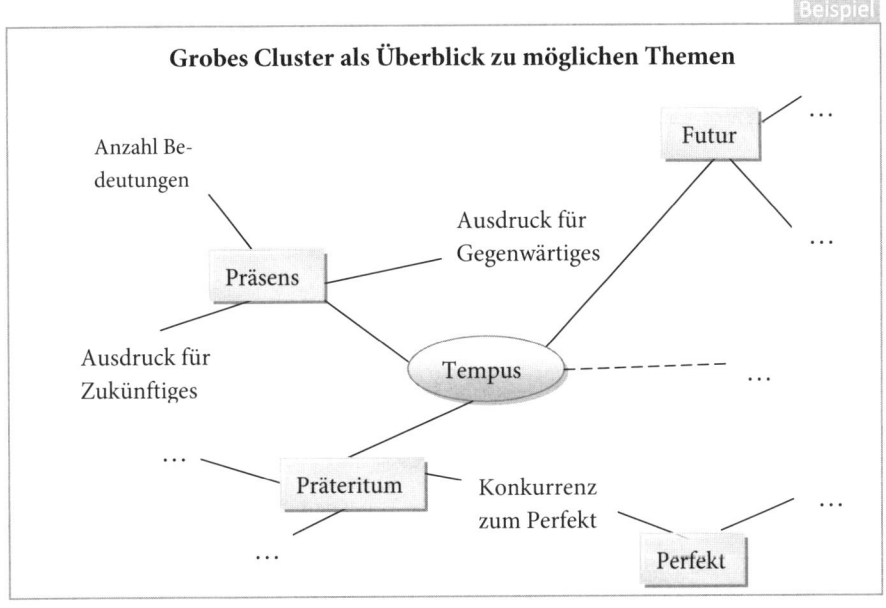

Beispiel

**Grobes Cluster als Überblick zu möglichen Themen**

Angenommen, man entscheidet sich nun für das Präsens als Thema: Bei Durchsicht der Literatur trifft man neben den oben genannten Punkten auch auf seine Funktion als historisches Präsens und auf die Frage nach seiner Beschreibung. Demnach lässt sich das Cluster in diesem Punkt weiter präzisieren:

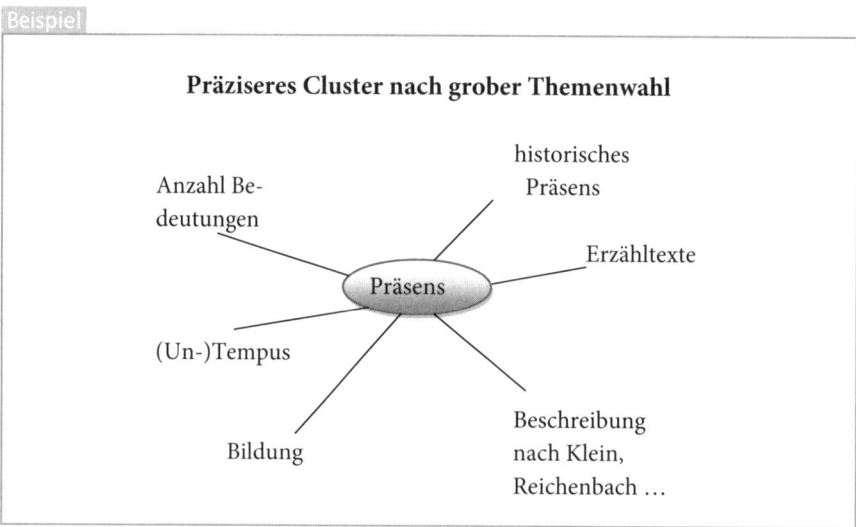

Nun wird es möglich, den Themenkomplex des Präsens noch enger einzugrenzen. Wer sich etwa mit der Anzahl seiner Bedeutungen auseinandersetzen will, wird sich Fragen zum Zusammenspiel von Semantik und Pragmatik stellen und die verschiedenen Modellierungen der Präsensbedeutung nach den Theorien von Klein, Reichenbach und anderen vergleichen müssen. Das Cluster sieht demnach wie folgt aus:

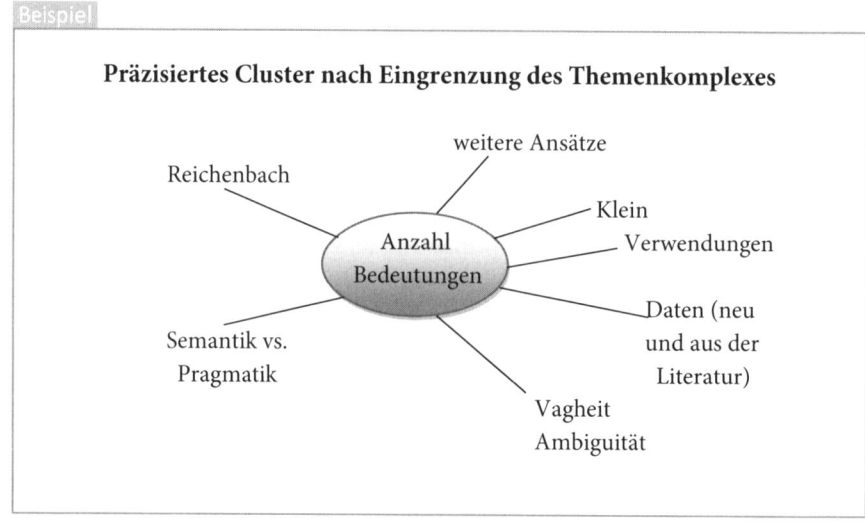

Demnach konnte das Thema gut auf eine bestimmte Fragestellung eingegrenzt werden. Die durch die Eingrenzung gesammelten Punkte müssen nun durch die **Mindmap-Methode** geordnet werden.

**Mindmaps** sind Strukturbäume, die die verschiedenen gefundenen Einzelpunkte
des Clusters graphisch ordnen. Mindmaps funktionieren durch die systematische
Zusammenfassung von Einzelpunkten unter übergeordneten Punkten, die wiederum in Abhängigkeit zueinander stehen können.

Eine mögliche Mindmap kann wie folgt aussehen:

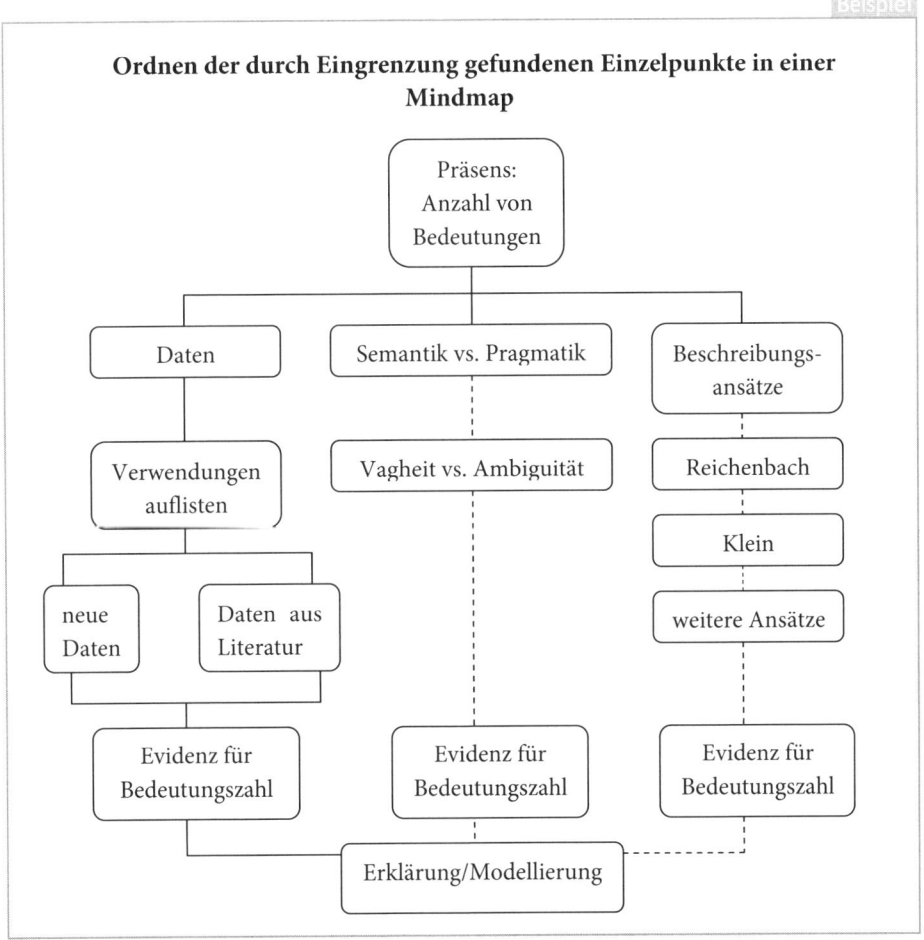

Die Mindmap kann nun wie folgt **linear strukturiert** (d.h. numerisch gegliedert) und
unter Umständen schon als Gliederung für die Arbeit verwendet werden. Es wird dabei deutlich, dass die Mindmap-Methode vor allem in Phasen angewandt wird, nachdem Sie Ihr Thema gefunden haben.

Beispiel

> Das deutsche Präsens
> 1. Einleitung
> 2. Die Datenlage
>    2.1 Daten aus der Literatur
>    2.2 Neue Daten
>    2.3 Evidenz für Bedeutungsanzahl
> 3. Beschreibungsansätze
> 4. Semantik vs. Pragmatik
>    4.1 Vagheit
>    4.2 Ambiguität
> 5. Ein neuer Beschreibungsansatz
> 6. Zusammenfassung

Alternativ kann versucht werden, mit einem **Fragenkatalog** zu arbeiten.

> Beim **Fragenkatalog** geht es darum, assoziativ Fragen zu einem Thema zu entwickeln und dadurch das eigene Interesse am Thema und das Vorwissen zu erkennen.

Demnach kann diese Methode angewandt werden, ohne zunächst Forschungsliteratur als Ausgangspunkt nehmen zu müssen. Anschließend werden die weniger relevanten oder interessierenden Fragen sowie Doppelungen gestrichen. Es folgt das Sortieren und Hierarchisieren der Fragen. Daran anknüpfend kann durch gezielte Lektüre der Themenkatalog vergrößert und dann einer der Themenschwerpunkte gewählt werden. Die Themenfindung endet mit der numerischen Gliederung. Machen wir uns das am Beispiel der Gebärdensprache klar. Zunächst ergibt sich folgender assoziativ gesammelter Fragenkatalog:

Beispiel

**Assoziativ gesammelte Fragen zum Thema Gebärdensprache**

*Gebärdensprache*

> *Was sind Gebärdensprachen?*
> *Wie funktionieren Gebärdensprachen?*
> *Wer spricht Gebärdensprachen?*
> *Wie erlernt man Gebärdensprachen?*
> *Was macht eine Gebärdensprache aus?*
> *Wie entstehen Gebärdensprachen?*
> *Wozu benötigt man Gebärdensprachen?*

*Welche sprachlichen Ebenen gibt es in Gebärdensprachen?*
*Sind Gebärdensprachen mit anderen Sprachen vergleichbar?*
*Wie verschriftlicht man Gebärdensprachen?*
*Gibt es nationale Gebärdensprachen?*
*…*

Nun werden Doppelungen und irrelevante Fragen gestrichen:

**Streichungen – zweiter Schritt der Themenfindung**

*Gebärdensprache*

> *Was sind Gebärdensprachen?*
> ~~*Wie funktionieren Gebärdensprachen?*~~
> *Wer spricht Gebärdensprachen?*
> *Wie erlernt man Gebärdensprachen?*
> ~~*Was macht eine Gebärdensprache aus?*~~
> *Wie entstehen Gebärdensprachen?*
> ~~*Wozu benötigt man Gebärdensprachen?*~~
> ~~*Welche sprachlichen Ebenen gibt es in Gebärdensprachen?*~~
> *Sind Gebärdensprachen mit anderen Sprachen vergleichbar?*
> *Wie verschriftlicht man Gebärdensprachen?*
> *Gibt es nationale Gebärdensprachen?*
> *…*

Die Fragen können wie folgt sortiert werden:

**Sortierung der Fragen**

*Gebärdensprache*
*Definition*
*- Was sind Gebärdensprachen?*
*- Wer spricht Gebärdensprachen?*
*- Sind Gebärdensprachen mit anderen Sprachen vergleichbar?*
*- Gibt es nationale Gebärdensprachen?*

*Erwerb und Entstehen*
*- Wie erlernt man Gebärdensprachen?*
*- Wie entstehen Gebärdensprachen?*

Nun kann etwa die Lektüre einführender Literatur zur Ergänzung des Fragenkatalogs führen. Beispielsweise kann die linguistische Modellbildung von Gebärdensprachen eingeführt werden. Im nun anstehenden fünften Arbeitsschritt geht es um das Auswählen eines oder mehrerer Fragenkomplexe des Katalogs. So kann beispielsweise die Definition von Gebärdensprachen bearbeitet werden. Hierzu können je nach Bedarf weitere Fragen gesucht oder durch weitere Literatur gefunden werden. Die numerische Gliederung könnte wie folgt aussehen:

Beispiel

**Numerische Gliederung**

*Definition von Gebärdensprachen*
*1. Einleitung*
*2. Was sind Gebärdensprachen?*
    *2.1 Definition*
    *2.2 Sprecher*
    *2.3 Sind Gebärdensprachen mit anderen Sprachen vergleichbar?*
*3. Gibt es nationale Gebärdensprachen?*
*4. …*

Nachdem Sie Ihr Thema gefunden haben bzw. noch im Auswahlprozess müssen Sie sich überlegen, unter welchen Aspekten Sie dieses Thema angehen wollen.

Entscheidend ist dabei, dass Sie sich nicht zu viel vornehmen, sondern je nach Umfang der zu erbringenden Qualifikationsarbeit die Größe Ihres Themas realistisch einschätzen. Wenn Sie beispielsweise zu Deutsch als Zweitsprache schreiben wollen, so müssen Sie dieses Thema für Ihre Masterarbeit eingrenzen, da Sie es sonst nur sehr oberflächlich, weil zu breit gewählt, darstellen können.

## 1.3 Die Herangehensweisen an Ihr Thema

Erfahrungsgemäß bereitet Studierenden weniger die Wahl des Themas Schwierigkeiten, sondern eher die Herangehensweise an das Thema. Es gibt dazu eine Reihe von Möglichkeiten:

▶ Ein Vergleich verschiedener Theorien ist möglich.

Beim **Vergleich verschiedener linguistischer Modelle** geht es um die Diskussion verschiedener sprachwissenschaftlicher Theorien in Bezug auf ein oder mehrere sprachliche Phänomene.

Dazu eignet sich insbesondere die Diskussion über die Beschreibungsadäquatheit dieser Modelle in Bezug auf ein bestimmtes sprachliches Phänomen. Beispielsweise hat

Jörg Meibauer in einem vielbeachteten Aufsatz zu Phrasenkomposita wie *Abgerech-net-wird-am-Schluss-Taktik* Modelle zur Schnittstelle zwischen Syntax und Morphologie miteinander verglichen und überprüft, welches der Modelle am ehesten der Datenlage gerecht wird.

▶   Denkbar ist auch die Überprüfung von theoretisch hergeleiteten Hypothesen anhand von empirischem Material.

> Bei der **empirischen Überprüfung eines linguistischen Modells** geht es um die Hinterfragung theoretischer Annahmen anhand von Datenmaterial von einem oder mehreren sprachlichen Einzelphänomenen.

Marga Reis untersucht in einem alten Aufsatz den grammatischen Status von Hilfsverben und greift eine von Ross in die Diskussion getragene Analyse der Hilfsverben als Vollverben auf. Hilfsverben sind im Deutschen die Verben *sein*, *haben* und *werden*. Sie unterscheiden sich von Vollverben, also von denjenigen Verben, die ohne andere Verben verwendet werden können. Hilfsverben haben im Gegensatz zu Vollverben unter anderem eine abgeschwächte Semantik und keine Imperativformen. Demnach zeigt *haben* in *Er hat geschlafen* keinen Besitz an wie die Vollverbvariante *Er hat Geld*, ein Imperativ ist nicht möglich (*\*Habe ausgeschlafen!*) und es wird mit dem Partizip verbunden. Ross behauptet nun in einem 1969 erschienenen Aufsatz, dass Hilfsverben dennoch als Vollverben analysiert werden könnten. Reis weist diese Hypothese aufgrund der deutschen Daten zurück. Der Aufsatz endet mit:

> Beispiel
>
> Welche von diesen angedeuteten Möglichkeiten die richtige ist, ob und in welcher Weise sie in einem richtigen Losungsansatz zu kombinieren wären, ob sich überhaupt der richtige Ansatz darunter befindet, das weiß im Moment der Himmel. Mir ist nur eines offenbar: Eine radikale Revision der klassischen generativen Grammatik ist unvermeidlich.
> (Reis 1976: 80)

▶   Auch andere empirische Herangehensweisen sind lohnend:

> Gelegentlich betreten linguistische Arbeiten Neuland, indem sie bisher **unbekannte Daten publik** machen oder aber Daten bzw. sprachliche Phänomene belegen, für die es bisher keinen empirischen Nachweis gab.

Casper De Groot (2000) und Petra Vogel (2007) sammeln etwa Daten aus vielen europäischen Sprachen zu einer bis heute relativ unbekannten Konstruktion: dem Absentiv. Gemeint sind Bildungen des Typs *Anna ist essen*. Sie bringen zum Ausdruck, dass die durch das Subjekt bezeichnete Person vom Sprechort abwesend ist und zu diesem nach der mit dem Infinitiv beschriebenen Tätigkeit zurückkehren wird.

▶ Umgekehrt kann eine neue Theorie entwickelt werden.

> Eine besondere Herausforderung ist die **Entwicklung einer neuen Theorie**.

Zumeist erfolgt dies erst auf der Ebene der weiterführenden Qualifikationsarbeiten, also Dissertationen und Habilitationen. Prince & Smolensky (1993) haben beispielsweise einen neuen Ansatz innerhalb der Phonologie entwickelt. Dieser Ansatz ist mittlerweile häufig rezipiert worden. Gereon Müller fasst sehr anschaulich die Optimalitätstheorie zusammen:

> Beispiel
>
> Da die StVO allen Lesern vertraut ist, bietet sie sich für eine Darstellung der Grundkonzepte der Optimalitätstheorie an. Die Aufgabe der StVO […] im Bereich der Vorfahrtsregelung ist es, für Situationen, die sich bei gleichzeitiger Ankunft von zwei oder mehr Verkehrsteilnehmern an einer Kreuzung (bzw. Einmündung) ergeben, eindeutige Strategien zur Auflösung dieser Situationen vorzugeben, also normalerweise einem Verkehrsteilnehmer die Vorfahrt zuzuweisen. Die Ausgangssituationen können wir *Inputs* nennen; die zunächst einmal denkbaren Strategien zur Auflösung sind dann *Outputs*. Zwischen den Outputs besteht ein Wettbewerb. Derjenige Output, der aus dem Wettbewerb als Gewinner hervorgeht und somit die korrekte ("grammatische") Strategie repräsentiert, heißt *optimaler Output*; alle nicht optimalen Outputs sind Verstöße gegen die StVO (somit gleichermaßen "ungrammatisch"). Wie gewinnt nun ein Output den optimalitätstheoretischen Wettbewerb? Er muß in optimaler Weise, d.h. besser als alle konkurrierenden Outputs (die auf denselben Input zurückgehen), die verletzbaren und gewichteten Vorfahrtsregeln der StVO erfüllen (genauer: im Vergleich mit jedem konkurrierenden Output bei der höchstgeordneten Regel, wo sich die beiden unterscheiden, besser abschneiden). Ein optimaler Output muß aber *nicht*, und dies ist entscheidend, alle Regeln erfüllen.
> (Müller 2001: 11)

▶ Zu manchen Themen wird so viel unkoordiniert geforscht, dass ein **Forschungsüberblick** bereits eine eigene Forschungsleistung darstellt. Solche Vorhaben sind nur möglich, wenn auf keinen extensiven Forschungsüberblick beim Schreiben zurückgegriffen werden kann. Nora Wiedenmann (1998) hat beispielsweise die Literatur zu Versprechern und die Versuche zu deren Erklärung auf ungefähr 200 Seiten gruppiert und zusammengefasst.

▶   Liest man aufmerksam linguistische Arbeiten, so erkennt man schnell, dass häufig Fragen gestellt werden, ohne dass sie beantwortet werden.

In vielen linguistischen Studien bleiben **Fragen offen**, die Anlass zu weiteren Studien geben. Gelegentlich werden diese Fragen im Sinne von Forschungsdesiderata angegeben.

In meiner eigenen Studie zu Fügungen des Typs *das Pferd hat die Fesseln bandagiert* (als Partizipialer Haben-Konfigurativ, kurz: PHK bezeichnet) werden etwa am Ende des Aufsatzes weitere Fragen genannt:

> Ziel dieses Beitrages war, dem morphosyntaktischen Status des Partizips II im PHK auf die Schliche zu kommen. Obwohl es auf den ersten Blick sowohl adjektivische wie auch verbale Eigenschaften zeigt, konnte durch Anwendung von Standardtests nachgewiesen werden, dass dieses Partizip II ein Adjektiv ist. […]
> Die Syntax der Gesamtkonstruktion gleichwohl wie die Syntax von Objektprädikativ-Konstruktionen im Allgemeinen erwarten noch weitere Untersuchungen. Unklar ist beispielsweise, warum *haben* eine Art komplexes AP/DP-Komplement seligiert, dessen Konstituenten beide obligatorisch im PHK sind. Auch der Status von *haben* muss weiter untersucht werden: Ist es ein Vollverb oder liegt mit dem PHK eine weitere Kopula-Konstruktion im Deutschen vor? […]
> (Rothstein 2007a: 297)

▶   Eine weitere Methode ist folgende:

Zum Teil kann auch versucht werden, einen für ein bestimmtes Phänomen entwickelten Ansatz auf weitere Datentypen oder Fragestellungen zu übertragen. Demnach geht es um die **Übertragung eines Konzepts auf einen anderen Bereich**.

Paula López Ruá wendet etwa die ursprünglich für die lexikalische Semantik entwickelte Prototypentheorie für die Analyse von Akronymen (ZDF, BRD …) an. Die Prototypentheorie ermöglicht es, prototypische von peripheren Vertretern einer Wortfamilie zu trennen. Z.B. sind Rotkehlchen prototypische Vertreter von Vögeln, weil sie fliegen, singen und Flügel haben. Pinguine fliegen und singen nicht, haben aber Flügel. Daher sind sie periphere Vertreter. Paula López Ruá kann in ihrer Untersuchung der Akronyme feststellen, dass es eher typische und eher untypische Vertreter unter ihnen gibt.

▶   Zum Teil werden innerhalb einzelphilologischer Studien Ansätze entwickelt, die bei der Untersuchung anderer Sprachen zunächst unbeachtet bleiben.

Demnach kann die Übertragung einer einzelsprachlichen Analyse auf eine andere Sprache versucht werden.

Im Rahmen meiner Doktorarbeit habe ich beispielsweise die Stichhaltigkeit von übereinzelsprachlich gültigen Theorien zum Perfekt, die vorwiegend anhand des Englischen und Deutschen entwickelt wurden, an der schwedischen Datenlage überprüft. Natürlich können auch **dialektale Daten** hier eine Rolle spielen.

► Auch kann versucht werden, Theorien, die für synchrone Daten entwickelt wurden, auf **diachrone, d.h. historische Entwicklungen** anzuwenden.

Für kleinere Qualifikationsarbeiten eignen sich vor allem Themen, die entweder eine empirische Überprüfung vom bisher Gesagten, den Vergleich verschiedener linguistischer Aussagen und Modelle oder die Übertragung eines Konzepts auf einen anderen Bereich erlauben. Die entsprechenden Themen können dann unter Fragestellungen, die aus der Literatur bekannt sind, auf die eigene Arbeit angewandt werden. Die empirische Untersuchung fällt dabei in einem realistisch großen Umfang aus.

## 1.4 Zusammenfassung

Die folgende Graphik fasst die Möglichkeiten der Themenfindung zusammen:

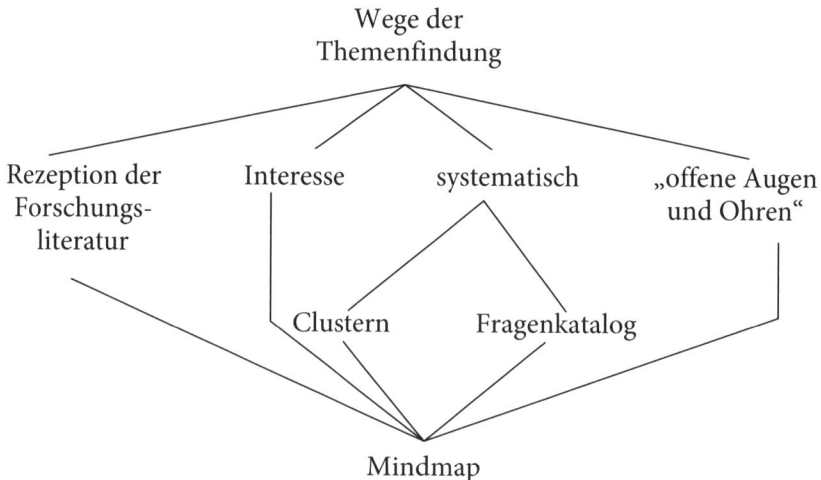

Abb. 1-1: Möglichkeiten der Themenfindung im Überblick

Dabei ist es möglich, das Thema unter verschiedenen Gesichtspunkten anzugehen:

▸ Vergleich linguistischer Modelle
▸ Empirische Überprüfung eines linguistischen Modells
▸ Publikmachung unbekannter Daten
▸ Entwicklung einer eigenen, neuen Theorie
▸ Forschungsüberblick
▸ Übertragung eines Konzepts auf einen anderen Bereich
▸ Übertragung einer einzelsprachlichen Analyse auf eine andere Sprache

---

☑ **Checkliste**

☐ Gibt es Vorgaben vom Betreuer?
☐ Wofür interessiere ich mich?
☐ Was habe ich in letzter Zeit Linguistisches gelesen? Zu welchem dieser Themen würde ich gerne arbeiten?
☐ Habe ich in letzter Zeit ein interessantes sprachliches Phänomen beobachtet (im Bus, Fernsehen, Kino, beim Einkaufen …)?
☐ Habe ich mit Clustern und Mindmaps oder alternativ mit einem Fragenkatalog gearbeitet?
☐ Habe ich gedanklich alle Herangehensweisen durchgespielt?
  ○ Vergleich linguistischer Modelle
  ○ Empirische Überprüfung eines linguistischen Modells
  ○ Publikmachung unbekannter Daten
  ○ Entwicklung einer eigenen, neuen Theorie
  ○ Forschungsüberblick
  ○ Übertragung eines Konzepts auf einen anderen Bereich
  ○ Übertragung einer einzelsprachlichen Analyse auf eine andere Sprache

# 2. Informationssuche

## 2.1 Ziel dieses Kapitels

In allen Phasen Ihres linguistischen Arbeitens werden Sie mit bereits zu Ihrem Thema durchgeführten Studien anderer Wissenschaftler konfrontiert sein. Zumeist ist es jedoch so, dass diese Literatur gewissermaßen „versteckt" in anderen Publikationen (etwa Sammelbänden oder Zeitschriften) ist und Sie die relevanten Arbeiten selbst heraussuchen müssen. Dazu gibt es bestimmte Strategien, um deren Darstellung es im folgenden Abschnitt geht. Ziel dieses Kapitels ist, eine Einführung in das Suchen und Finden von linguistischer Literatur zu geben.

## 2.2 Wie findet man wissenschaftliche Literatur?

Das Suchen und Finden von Literatur gehört zu den **Grundvoraussetzungen** jeglichen wissenschaftlichen Arbeitens und ist – in gewisser Weise – dank moderner elektronischer Suchmaschinen in dem Maße einfacher geworden, dass nun die Erfassung und Durchforstung großer Datenmengen in sehr kurzer Zeit erfolgen kann. Bevor Sie sich an das Schreiben Ihrer Arbeit machen können, müssen Sie zunächst die für Ihr Thema relevante Literatur finden, lesen und sich eine Meinung zum Forschungsstand erarbeiten.

> Bibliographien, d.h. Literaturverzeichnisse, sind die Visitenkarten Ihrer wissenschaftlichen Arbeiten. Sie belegen, dass Sie die **Basisarbeit der wissenschaftlichen Tätigkeit** beherrschen, und sie zeigen ebenfalls, dass Sie in der Lage sind, sich in den jeweils aktuellen Forschungsstand einzuarbeiten.

Sollte sich bei der Durchsicht Ihrer Bibliographie herausstellen, dass Sie wichtige Arbeiten nicht beachtet haben, so hat dies Konsequenzen für die Bewertung Ihrer wissenschaftlichen Leistung. Ich gebe Ihnen ein drastisches Beispiel: Vor einigen Jahren habe ich auf der Jahrestagung der *Deutschen Gesellschaft für Sprachwissenschaft* den Vortrag einer Kollegin gehört. Ihr wurde in der anschließenden Diskussion nicht recht gegeben. Während sie sich zu Beginn noch gut behaupten konnte, musste sie klein beigeben, als man ihr vorhielt, die relevante Literatur nicht beachtet zu haben.

> Die **relevante Literatur** ist diejenige Literatur, die sich mit Ihrem Thema auseinandersetzt. Es gibt drei Faktoren, die gewisse Texte besonders relevant machen: inhaltliche und kanonische Faktoren sowie Aspekte der Prominenz.

Der wichtigste Aspekt ist natürlich die **inhaltliche Richtigkeit**. Aber auch Arbeiten, die als überholt gelten müssen, sind dann relevant, wenn sie für Folgearbeiten wichtige Impulse geliefert haben. Das merkt man insbesondere daran, dass sie immer wieder von der späteren relevanten Literatur genannt und diskutiert werden. Auch ist diejenige Literatur in besonderem Maße relevant, die als **kanonisch** für Ihr Thema gelten muss. Das ist in der Regel diejenige frühere Literatur, die alle später veröffentlichten Arbeiten als Grundlage für die weitere Forschung annehmen. Das bedeutet nicht, dass man Literaturlisten abschreiben soll. Aber es ist ein wichtiges Indiz dafür, was den Forschungsstand für eine Arbeit ausmacht. Auch ist es vor allem bei größeren Arbeiten wie Dissertationen oder Habilitationsprojekten wichtig, den Forschungsstand **extensiv** darzustellen. Bei Themen, die noch relativ unerforscht sind, ist es in diesem Fall wünschenswert, die gesamte Literatur zu besprechen. Bei kürzeren Arbeiten wie Haus- und Bachelorarbeiten ist dies schon aufgrund ihrer Länge nicht möglich. Bei Masterarbeiten entscheidet letztlich das Thema darüber. Weiterhin spielen natürlich Faktoren wie **Prominenz** eine gewisse, leider nicht verleugbare Rolle. Es gibt beispielsweise Zeitschriften oder Buchserien, die als Publikationsort besonders begehrt sind, da in ihnen eine Reihe wichtiger Arbeiten bereits publiziert wurde und die Aufnahme der eigenen Schrift in die entsprechende Serie als Prädikat empfunden wird. Zumeist sind dies Reihen mit einem doppelten Peer-review-Verfahren, bei dem zwei Gutachter und die Reihen- oder Zeitschriftenherausgeber die Schrift lesen und bewerten. Ein solches Verfahren führt dazu, dass nicht alle eingereichten Schriften aufgenommen werden. Die Arbeit, die in der Reihe publiziert wird, genügt wissenschaftlichen Ansprüchen aufgrund des strengen Begutachtungsverfahrens und zeichnet ihren Verfasser natürlich aus. Das bedeutet nicht, dass Zeitschriften oder Buchreihen ohne Verfahren eine prinzipiell schlechtere wissenschaftliche Qualität aufweisen.

Prinzipiell gibt es zwei Arten, wie man bibliographiert.

> Bei kürzeren Arbeiten ist das **selektive**, d.h. auswählende Bibliographieren nach den oben genannten Kriterien möglich. Für längere Arbeiten ist es unerlässlich, **extensiv** vorzugehen, um die gesamte relevante Literatur zu finden.

Es ist dabei nicht notwendigerweise so, dass die Gesamtheit der gefundenen Schriften auch tatsächlich Eingang in die eigene wissenschaftliche Arbeit findet. Arbeiten, die aufgrund ihrer Qualität irrelevant sind, können gegebenenfalls weggelassen werden. Das selektive und das extensive Bibliographieren verlaufen zunächst in mehreren parallelen Schritten, deren Reihenfolge zum Teil variabel ist.

## 1. Schritt: Einstieg

**Lesen Sie die grundlegende Literatur.** Dies sind zumeist Einführungsbücher zum jeweiligen Spezialgebiet, hinzu kommen Wörterbücher und Enzyklopädien. Selbstverständlich gehört auch die im Seminar bereitgestellte Literatur dazu.

Ein Blick in das linguistische Programm verschiedener Verlage zeigt die große Bandbreite an einführender Literatur. Um sich nicht in der grundlegenden Literatur zu verlieren, empfiehlt es sich daher, bei Hausarbeiten und kleineren Qualifikationsarbeiten zunächst die vom Dozenten bereitgestellte einführende Literatur zu rezipieren.

Darüber hinaus gibt es mehrere Reihen, die auf hohem, aber einführendem Niveau von Experten geschriebene Artikel zu Spezialthemen bereithalten. Dazu zählt die Reihe der *Handbücher für Sozial- und Kommunikationswissenschaft* (HSK), deren Teilbände unter anderem zu Semantik, Syntax, Morphologie, Gesprächsforschung und Lexikographie ausführlich informieren. Das Anliegen der HSK-Bände ist, eine wissenschaftliche Übersicht, Zusammenfassung und Orientierung auf hohem Niveau zu bieten. Die Publikationssprachen sind vorwiegend Deutsch und Englisch. Eine Liste mit den verschiedenen HSK-Bänden befindet sich in Kapitel 12.

Ein neues Projekt sind die *Wörterbücher zur Sozial- und Kommunikationswissenschaft* (WSK), die Artikel zu verschiedenen Themen enthalten. Auch hier gibt es Bände zur Semantik, zur Syntax, zur Morphologie usw. Im Unterschied zu den HSK-Bänden bietet diese Reihe sehr kurze Lexikonartikel zu den verschiedenen Begriffen. Erneut befindet sich die ausführliche Liste in Kapitel 12.

Sie können nun entweder mit Schritt 2 fortfahren oder zunächst den dritten Schritt wagen. Bei größeren Arbeiten sollten Sie mit Schritt 2, bei kleineren Arbeiten oder kurzen Referaten können Sie auch direkt Schritt 3 wagen.

## 2. Schritt: Fachbibliographien und Schlagwortkataloge

Nach der Einarbeitung in die einführende Literatur empfiehlt es sich, **Fachbibliographien, Schlagwortkataloge und kommentierte Bibliographien** durchzusehen.

Was bedeuten diese Begriffe?

**Bibliographien** sind Verzeichnisse von Literaturangaben.
**Fachbibliographien** sind Bibliographien zu einem bestimmten wissenschaftlichen Fachgebiet.
**Kommentierte Bibliographien** sind Bibliographien mit erklärenden Hinweisen und/oder Zusammenfassungen der dort aufgeführten Literatur.
**Schlagwortkataloge** sind Bibliothekskataloge, die die Literatur nach Schlagwörtern geordnet aufführen.

Zur germanistischen Linguistik gibt es eine vom Mannheimer *Institut für Deutsche Sprache* herausgegebene Fachbibliographie zu einzelnen Themen. Die Bände sind im zwölften Kapitel aufgeführt. Diese Bibliographien werden von Spezialisten erstellt und enthalten für viele Fragestellungen die relevante Literatur.

Eine fortlaufende und zumeist kommentierte Bibliographie liegt mit der Zeitschrift *Germanistik* vor. Über ein Personen- und Sachregister können Themenbereiche recherchiert werden. Die Kommentare sind – sofern vorhanden – angenehm kurz:

> **Beispiel**
>
> Rödel, Michael: Doppelte Perfektbildungen und die Organisation von Tempus im Deutschen. – Tübingen: Stauffenburg-Verl., 2007. 226 S. (Studien zur deutschen Grammatik; 74), ISBN 978-3-86057-465-2: € 44.00
>
> Die Existenz doppelter Perfektbildungen wie *ich habe gesagt gehabt* oder *sie hatte gewartet gehabt* wirft in der Forschung seit längerem die Frage auf, ob bzw. wie diese Formen in die Grammatik und insbesondere in das Tempussystem des Deutschen integriert sind. Die vorl. Studie (zugl. Univ. Bamerg, Diss., 2006) ist nach V.P. Litvinov/V.I. Radčenko (*Doppelte Perfektbildungen in der deutschen Literatursprache*, vgl. *Germanistik* 39.1998. Nr. 2529) die zweite Monographie, die dieser Frage nachgeht. Rödels zentrale Idee ist, die bisherigen, überwiegend temporalen Erklärungsansätze um eine weitere Dimension, die der Abgeschlossenheit, d.h. des Aspekts, zu erweitern. Er argumentiert, daß, diachron betrachtet, der Abbau des Aspektsystems dazu geführt habe, daß beim Perfekt die temporale Komponente gegenüber der Aspektmarkierung in den Vordergrund trete. Die daraus resultierenden Konsequenzen stellen das traditionelle Verständnis vom Doppelperfekt als Ersatzform des – infolge des Präteritumschwunds abgebauten – Plusquamperfekts in Frage. Nach Rödel treten zwar die Perfektformen in Konkurrenz zu präteritalen Formen und verdrängen diese. Es sei jedoch die fehlende Möglichkeit, Aspekt zu markieren, welche die Bildung doppelter Perfektformen motiviere. Erst durch das zweite Partizip finde die „Addition eines aspektuellen Potenzials auf eine temporale Basis" (200) statt, werde also die aspektuelle Lesart ausgelöst. (Scherer 2007: 604)

Eine unkommentierte selektive linguistische Bibliographie *Bibliographie zur deutschen Grammatik* liegt mit der mittlerweile vier Bände umfassenden Reihe der *Studien zur deutschen Grammatik* vor. Die vier Bände beziehen sich jeweils auf unterschiedliche Zeiträume. Auch hier leitet ein Register zu den einzelnen Schriften.

Eine nicht nur auf die Linguistik spezialisierte Suchmaschine aus dem anglophonen Raum ist die *International Bibliography* der *Modern Language Association* (MLA), die in Papierform seit 1926 besteht und Fachgebiete wie die Literatur, Landeskunde und die modernen Philologien umfasst. Gesucht werden kann beispielsweise nach Titel, Autor und Schlagwort. Weiterführende Suchbefehle sind leicht zu bedienen. Nützlich ist die Funktion, sich die gefundenen Angaben per E-Mail zuschicken zu lassen. Die *Modern Language Association* stellt unter www.mla.org/bibliography Informationen zur Bedienung zur Verfügung.

In der Regel hält Ihre Instituts- oder Universitätsbibliothek eine Reihe weiterer elektronischer Suchmaschinen und Bibliographien bereit, mit Hilfe derer Sie schnell und effektiv bibliographieren können. Fragen Sie daher nach oder suchen Sie auf den Internetseiten dieser Bibliotheken. In jedem Fall müssen Sie beachten, dass alle genannten Bibliographien und Suchmaschinen **unvollständig** sind. Das heißt, Sie sollten mit mehreren dieser Handreichungen gleichzeitig arbeiten und sich auf keinen Fall auf nur eine verlassen.

### 3. Schritt: Schneeballsystem

Ein weiterer Schritt ist unter der Bezeichnung „*Schneeballsystem*" bekannt.

> Beim „*Schneeballsystem*" nehmen Sie die neueste relevante Schrift, die Sie gefunden haben, und benutzen deren Bibliographie, um nach älterer Literatur zu suchen. Dann schauen Sie in diese Literatur und suchen nach noch älterer weiterer Literatur.

Was wie ein Schneeball anfängt, endet dann zumeist mit einer Lawine. Sie werden schnell viel Literatur finden. Dabei werden Sie auch den Literaturkanon, d.h. diejenige Literatur, die immer zitiert wird, entdecken. Es ist selbstverständlich, dass Sie die gefundenen bibliographischen Angaben auf ihre Richtigkeit und Relevanz überprüfen müssen.

Häufig arbeiten Linguisten nicht nur einmal zu einem bestimmten Thema, sondern widmen sich ihm mehrmals. Es kann daher von Vorteil sein, wenn Sie die Website der Linguisten besuchen, die etwas über Ihr Thema geschrieben haben, und so nach neueren relevanten Publikationen suchen.

### 4. Schritt: Arbeit mit systematischen Bibliographien

> **Systematische Bibliographien** sind Bibliographien, die jahresweise erscheinen und die Anspruch auf die Aufführung sämtlicher im betreffenden Jahr publizierter Literatur erheben.

Für das systematische Bibliographieren empfiehlt sich nun die Auswertung von Allgemein- und von Nationalbibliographien, zu denen etwa für die Linguistik die *Bibliography of Linguistic Literature / Bibliographie Linguistischer Literatur* (BLL) gehört. Sie listet Arbeiten zur Allgemeinen Linguistik und zur anglistischen, germanistischen und romanistischen Linguistik auf. In der BLL werden unter anderem Monographien, Dissertationen, Manuskripte, Aufsätze aus etwa 1000 laufenden Zeitschriften, Beiträge aus Sammelwerken, Festschriften, Kongress- und Institutsberichten aufgeführt. Sie erscheint jährlich und enthält jeweils die Literatur des Vorjahres in einem Umfang von ungefähr 10 000 Titeln. Mittlerweile ist sie auch online verfügbar unter http://www.blldb-online.de. Bitte erkundigen Sie sich, ob Ihre Universitätsbibliothek eine Lizenz für diese Bibliographie hat. In linguistischen Arbeiten findet man im Übrigen immer wieder Hinweise auf die Arbeit mit BLL:

> Die Kombination KOMM- + Partizip II ist im heutigen Deutsch eine durchaus geläufige Fügung. Allerdings scheint ihre geschichtliche Entwicklung besser belegt zu sein als ihre heutige Verwendung und Semantik.[1]
> […]
>
> ――――――――
>
> [1] Das schließen wir aus den uns über *BLL* und *Germanistik* von 1975 bis Sept. 1993 zugänglichen Veröffentlichungen, wobei wir davon ausgegangen sind, daß frühere Publikationen in dem einen oder anderen der ab 1975 publizierten Artikel genannt sein müßten. Hier liegt also eine mögliche Fehlerquelle.
>
> (Krause 1994: 163)

## 5. Schritt: World Wide Web

Sie zählen vermutlich zu einer mit dem Internet schon beinahe aufgewachsenen Generation. Es wäre müßig, wenn ich Ihnen Suchmaschinen wie *google* erklären würde. Natürlich können Sie auch hier Literatur suchen und eventuell werden Sie auch ganze Aufsätze im Word- oder PDF-Format finden, die Sie sich unter Umständen gleich ausdrucken können. Trotz Ihrer umfassenden Kenntnis möchte ich eine Warnung mitschicken: Nicht alles, was Sie dort vorfinden werden, und nicht alles, was glänzt, ist Gold. Die Gefahren, die das Internet für wissenschaftliche Recherchen und Arbeiten darstellt, sind insofern beträchtlich, als die Autorschaft eines Internetdokuments nicht stets überprüfbar ist und obendrein dessen Qualität nicht notwendigerweise fremdgeprüft wurde. Jeder kann im Internet publizieren, ohne die veröffentlichten Dokumente wertschätzen zu lassen. Dies gilt insbesondere für private Seiten, aber auch für Wikipedia und ähnliche Formate.

Obwohl es in Wikipedia und ähnlichen Formaten durchaus exzellente Beiträge zu wissenschaftlichen Themen gibt, ist dringend vor einem unvorsichtigen Arbeiten mit diesen Quellen zu **warnen**. Die wissenschaftliche Qualität dieser Seiten ist aufgrund fehlender bzw. zum Teil unzureichender Begutachtungsverfahren nicht prinzipiell gewährleistet.

Dennoch bietet sich die internetbasierte Literatursuche mittels *google* etc. an. Eventuell stoßen Sie hier auf Schriften, die in namhaften Reihen publiziert wurden. Das sind in der Regel Reihen, bei denen nur mehrfach begutachtete Arbeiten erscheinen, die jedoch nicht notwendigerweise durch die obigen Schritte 1 bis 3 gefunden werden konnten.

Im World Wide Web gibt es auch eine Reihe von Seiten für Linguisten. Dazu zählen zunächst einmal die Seiten des Instituts, an dem Sie studieren. Vermutlich werden dort Hinweise und Links bereitgehalten, mit Hilfe derer Sie recherchieren können. Ein Blick auf die Seiten anderer Institute kann sich dabei ebenfalls lohnen.

Besonders hervorzuheben ist die *linguist list*, die Sie unter http://linguistlist.org/ finden. Erklärtes Ziel dieser Seite ist, ein Forum zur Diskussion linguistischer Angelegenheiten zu bieten. Geboten werden neben einer Jobbörse eine Liste mit aktuellen Konferenzen und Informationen zu Linguisten, linguistischer Literatur und Projekten. Finanziert wird die Seite unter anderem durch Gelder von linguistischen Verlagen.

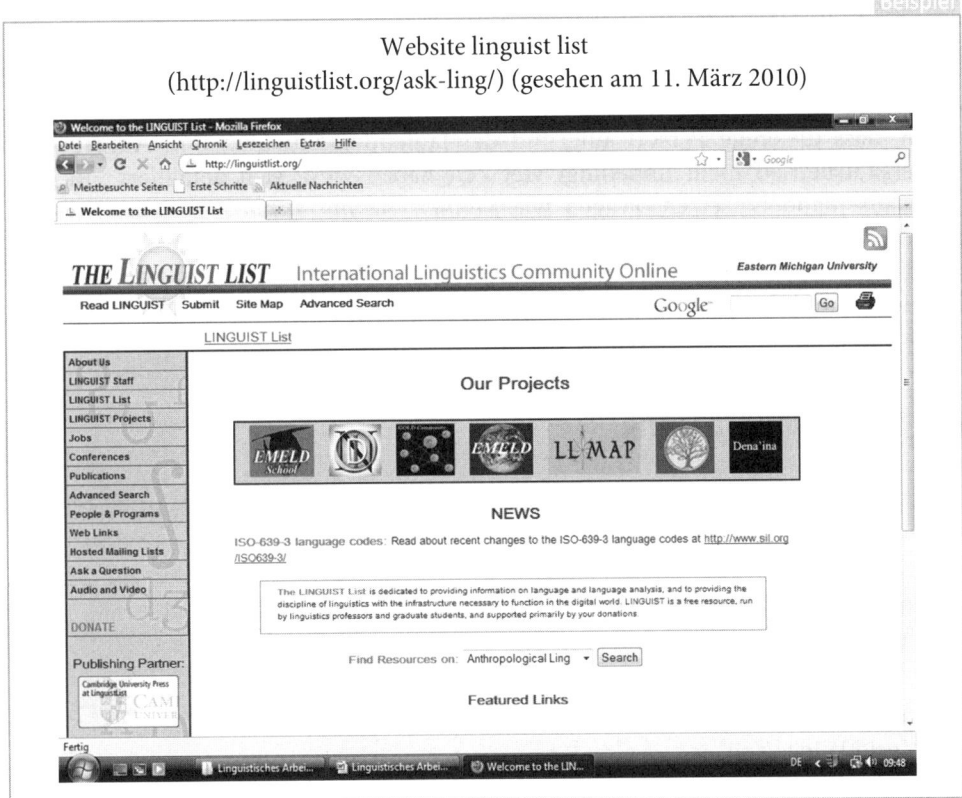

Website linguist list
(http://linguistlist.org/ask-ling/) (gesehen am 11. März 2010)

Die Rubrik *ask a question* kann bei besonders kniffligen Fragestellungen ein Forum zum Austausch mit anderen sein.

Letztlich besteht auch die Möglichkeit, einen Autor oder eine Autorin **direkt zu kontaktieren**. Die entsprechenden Kontaktdaten werden Sie in aller Regel über die Internetpräsenz des Instituts finden, an dem diejenige Person beschäftigt ist. Ein direkter Kontakt ist vor allem bei größeren wissenschaftlichen Arbeiten sinnvoll und wenn durch die Lektüre weitreichende Fragen aufgeworfen werden, die diskussionswürdig sind.

> Dass direkte Kontakte fruchtbar sein können, belegt auch das Vorwort des bekannten Linguisten Daniel Büring:
>
> Special thanks go to Arnim von Stechow, who one day got a call from somebody he had never seen, immediately agreed to provide that person with semantic help, and finally became the supervisor of my thesis. Hopefully, at least some of his expertise, offered in office hours, at late night dinners, and pub visits eventually percolated into this work. I enjoyed every minute of discussion and talk with you (*stets Ihr Diener!*).
> (Büring 1997: x-xi)

Wenn Sie einen Wissenschaftler kontaktieren, sollten Sie sich allerdings vor Augen halten, dass diejenige Person aufgrund der laufenden Pflichten und Aufgaben im Universitätsbetrieb nicht unbedingt viel Zeit haben wird, sich detailliert mit Ihrer Frage auseinanderzusetzen. Fragen wie *Können Sie mir Ihren Ansatz noch einmal kurz erklären?* werden vielleicht nicht beantwortet, da Sie selbst in der Lage sein sollten, die Lösung zu finden. Demnach bietet sich der direkte Kontakt nur bei Fällen an, die nicht autodidaktisch lösbar sind und die auch für den betreffenden Linguisten von vordergründig wissenschaftlichem Interesse sind.

## 2.3 Zusammenfassung

Dieses Kapitel hat fünf Schritte aufgezeigt, mit Hilfe derer die für Ihre Arbeit relevante Literatur gefunden werden kann:

1. Lesen der grundlegenden, einführenden Literatur
2. Verwendung von Fachbibliographien und Schlagwortkatalogen
3. Arbeiten mit Querverweisen („*Schneeballsystem*")
4. Arbeiten mit systematischen Bibliographien
5. World Wide Web

Beim Suchen von Literatur müssen Sie natürlich die gefundenen Texte zum Teil lesen, um weitere Literatur zu finden. Im folgenden Kapitel soll es daher um Lesetechniken gehen.

**☑ Checkliste**

☐ Habe ich gesucht
   ○   in der grundlegenden, einführenden Literatur?
   ○   in Fachbibliographien und Schlagwortkatalogen?
   ○   nach dem Schneeballsystem?
   ○   mit systematischen Bibliographien?
   ○   im World Wide Web?
☐ Habe ich die Punkte, die die Relevanz von Literatur einschätzen lassen, beachtet?
☐ Habe ich mehrere Handreichungen gleichzeitig verwendet, um ein vollständiges Sichten der Literatur zu gewährleisten?
☐ Habe ich die eingeschränkte Zitierfähigkeit des Internets beachtet?

# 3. Lektüre

## 3.1 Ziel dieses Kapitels

Wer Linguistik oder eine der Philologien, deren Teilgebiet die Linguistik ist, studiert, wird sehr **viel lesen** müssen. Das mag zunächst nicht erschreckend wirken, da die betreffenden Personen vielleicht ohnehin gerne lesen.

Allerdings ist die Lektüre wissenschaftlicher Texte nicht zu verwechseln mit dem freizeitlichen Lesevergnügen. **Wissenschaftliches Lesen** ist sorgfältiges Lesen. Es ist ein Lesen mit Bleistift, Unterstreichungen, Bemerkungen und Zusammenfassungen. Damit ist es ein Lesen, das eine intensive Reflexion des Gelesenen und mehr als nur einen Lektüredurchgang erfordert und das daher sehr zeitaufwändig ist.

Da der Löwenanteil des linguistischen Studiums aus Lektüre und Reflexion der wissenschaftlichen Schriften anderer besteht, wünschen sich Studierende zumeist Schnelllesetechniken, mit Hilfe derer sie Zeit sparen können. Doch muss ich eben dieses Publikum auf den nächsten Seiten enttäuschen. Der Nutzen von beschleunigenden Lesetechniken ist für das wissenschaftliche Arbeiten nicht nachgewiesen. Da ohnehin die Reflexion des Gelesenen notwendig ist, versprechen diese Techniken letztlich wenig Zeitersparnis. Gleichzeitig ist langsames Lesen nicht notwendigerweise ein gründliches Lesen.

Wir werden die verschiedenen Möglichkeiten des wissenschaftlichen Lesens im Folgenden an einem Aufsatz von Marga Reis aus dem Jahre 1986 studieren. Der Aufsatz ist – um es deutlich zu sagen – harter Tobak; er ist für Studienanfänger schwer zu lesen, doch steckt in ihm eine Menge Potential, zu lernen, wie man linguistisch liest, argumentiert und arbeitet. Sie sollten ihn nach Möglichkeit parallel zu diesem Kapitel lesen.

In diesem Kapitel geht es daher um:

▶ zwei Lesemethoden: die **SQ3R-Methode** und das **selektive Lesen**,
▶ die Darstellung dieser Methoden an einem konkreten Beispiel, einem Aufsatz von Marga Reis,
▶ Techniken des Anstreichens beim Lesen und
▶ eine Anleitung zum Zusammenfassen.

Begonnen wird in 3.2 mit der Lesemethode SQ3R, die anschließend in 3.3 veranschaulicht wird. In 3.4 wird skizziert, wie man die wissenschaftliche Richtigkeit einer linguistischen Studie überprüfen kann. Es folgt in 3.5 eine Besprechung des selektiven Lesens.

## 3.2 Die Lesemethode SQ3R

Die Lesepsychologie hat Methoden entwickelt, um ein gründliches Lesen wissenschaftlicher Texte zu ermöglichen bzw. zu erleichtern. Die bekannteste dieser Methoden heißt SQ3R-Methode und wurde von Robinson (1966) entwickelt.

Der Name **SQ3R** ergibt sich aus den Anfangsbuchstaben der einzelnen Arbeitsschritte: *Survey, Question, Read, Recite* und *Review*. Lesen wird dabei als ein mehrstufiger Vorgang aufgefasst und mindestens in die drei Phasen *Vorbereitung, eigentliches Lesen* und *Nachbereitung* unterteilt, die wiederum teilweise mehrere Stufen beinhalten.

Jede der einzelnen Stufen umfasst Aufgaben, die sich aus ihrer Funktion ergeben:

| Die SQ3R-Methode | | | |
|---|---|---|---|
| **Phase** | **Stufe** | **Funktion** | **Aufgaben** |
| **I Vorbereitung** | **1** Survey | Überblick gewinnen | Durchsehen von Titel und Bibliographie und falls vorhanden auch von Inhaltsverzeichnis und Zusammenfassung der Arbeit |
| | **2** Question | Erarbeitung einer Zielführung oder Struktur für die Textlektüre | Formulierung von Fragen an den Text anhand der klassischen W-Fragen (wer, was, wann, wo, wie, warum …) |
| **II Lesen** | **3** Read | Lesen | Lesen |
| **III Nachbereitung** | **4** Recite | Sich den Text in Erinnerung rufen | Zusammenfassung des Gelesenen |
| | **5** Review | Erneutes Durchsehen, Repetieren | Überprüfung, ob der Text verstanden und die Fragen beantwortet wurden |

Abb. 3-1: Die SQR3-Methode nach Robinson (1966)

## 3.3   Ein Beispiel zur Anwendung der SQ3R

Vergegenwärtigen wir uns die SQ3R-Methode am oben bereits erwähnten Aufsatz: Marga Reis beschäftigt sich in ihrer 1986 veröffentlichten Studie *Subjektfragen in der Schulgrammatik* mit dem Subjekt im Deutschen. Durch Anwendung der Stufe 1 **Survey** innerhalb von Phase I **Vorbereitung** wissen Sie aufgrund des Titels, dass sich die Studie dem Subjekt in der Schulgrammatik widmet. Der Aufsatz enthält keine Zusammenfassung und auch kein Inhaltsverzeichnis. Deshalb sehen Sie sich nun die Bibliographie, die ich hier auszugsweise aufführe, an. Was fällt Ihnen auf? Welche Adressaten werden angesprochen? Wie ist die Bibliographie aufgebaut?

Beispiel

*Aßheuer, Johannes/Hartig, Matthias* (1976): Aufbau einer Schulgrammatik auf Primar- und Sekundarstufe. Düsseldorf.

*Boettcher, Wolfgang/Sitta, Horst* (1981): Der andere Grammatikunterricht. München/Wien/Baltimore.

*Brünner, Gisela* (1982): Wer oder was kennst du? Probleme des Grammatikunterrichts. In: Karl Detering/Jürgen Schmidt-Radefeldt/Wolfgang Sucharowski (Hrsg.) (1982): Akten des 16. linguistischen Kolloquiums Kiel 1981. Bd. 1 (= LA 119). Tübingen, 136-146.

*Duden* (1984): Grammatik der deutschen Gegenwartssprache. 4., völlig neu bearbeitete und erweiterte Auflage (= Duden. Band 4). Herausgegeben und bearbeitet vom Wissenschaftlichen Rat und den Mitarbeitern der Dudenredaktion unter Leitung von Günther Drosdowski. Mannheim/Wien/ Zürich.

*Einecke, Günther e.a.* (1982): Wie integrieren wir Grammatik in den Deutschunterricht der Sekundarstufe I. Frankfurt/Main (Unterrichtspraxis. Deutsch-Sprachunterricht).

[…]

**Lehrwerke**

*bsv Deutsch 5. Lese- und Sprachbuch* (1980). Robert Kainz/Hans-Uwe Rump/Manfred Volk (Hrsg.). München: Bayerischer Schulbuchverlag.

[…]

(Reis 1986: 83)

Das Durchsehen der obigen Bibliographie informiert Sie darüber, dass Reis sowohl fachwissenschaftliche wie fachdidaktische Literatur als auch Unterrichtswerke berücksichtigt hat. Als Leser dieses Aufsatzes wissen Sie demnach, an wen er sich richten wird. Leser, die sich in bestimmten Zeitschriften gut auskennen, wissen häufig auch im Vorfeld schon über die sprachtheoretischen Grundannahmen und die Art, wie die Aufsätze geschrieben werden, Bescheid. Ein Leser der Zeitschrift *Deutschun-*

*terricht* erwartet einen gut verständlichen Aufsatz, der auf linguistische Formalisierungen, d.h. semantische Formeln und morphosyntaktische „Bäume" verzichtet. Leser von *Linguistic Inquiry* werden aber eben darauf warten.

Als Nächstes werden gemäß der Stufe 2 **Question** innerhalb der vorbereitenden Phase I Fragen gestellt. Was würden Sie nun, ohne auf den weiteren Text zu spicken, fragen? Überlegen Sie sich dazu, was Sie bereits über das Subjekt wissen. Was würden Sie gerne wissen? Sie kommen dabei zu Fragen wie:

> Beispiel
>
> - Was ist ein Subjekt?
> - Wer verwendet den Ausdruck?
> - Warum benötigt man ein Subjekt?
> - Wo benötigt man ein Subjekt?
> - Wie verhält sich das Subjekt zu den anderen Satzgliedern?
> - …

Sie können sich diese Fragen als Leitfragen auf ein gesondertes Blatt notieren und am Ende in der Stufe 5 *Review* wieder darauf eingehen und schauen, ob der Aufsatz dazu sinnvolle Antworten gefunden hat.

Marga Reis formuliert in ihrem Aufsatz tatsächlich selbst Fragen, die Sie in der Stufe 3 **Read** innerhalb der Phase II **Lesen** nun zu Beginn Ihrer Lektüre lesen werden:

> Beispiel
>
> Eines der offenbar unverzichtbaren Lernziele auch des elementaren Grammatikunterrichts ist die Beherrschung des Subjektbegriffs. […] Wenn das so ist, dann stellen sich dem Lehrer mindestens vier unterrichtsrelevante Fragen, auf die er eine Antwort haben sollte:
>
> (I) Wie ist „Subjekt" zu definieren, bzw. wie sind Subjekte zu identifizieren?
>
> (II) Wie verhält sich das Subjekt zu anderen Satzgliedern?
>
> (III) Welche Reichweite, bezogen auf die Gesamtheit deutscher Sätze, hat der Subjektbegriff?
>
> (IV) Wozu, bezogen auf sprachbezogene Erkenntnisziele, ist die Kenntnis des Subjektbegriffs gut?
>
> (Reis 1986: 64)

Damit wissen wir schon etwas mehr. Reis (1986) formuliert in ihrer **Einleitung** deutlich, worum es im Folgenden gehen wird:

Soweit ich sehe – und das mag natürlich nicht weit genug sein – gibt es zwar Traditionen mit (I)-(IV) fertigzuwerden; sprachwissenschaftlich befriedigend sind sie jedoch nicht. Die Verantwortung dafür dürfte letztlich alle Beteiligten betreffen. Ich will in diesem Beitrag jedoch vor der eigenen – sprachwissenschaftlichen – Tür kehren, und das mit gutem Grund: Was die Sprachwissenschaft bisher der Schulgrammatik an spezifischen Vorgaben zum Subjektbegriff geboten hat, ist – entgegen dem äußeren Anschein […] – nahezu wertlos. […] Meine Diagnose für diesen Mißstand ist in dessen Beschreibung schon angedeutet: Sprachwissenschaftliche Begriffe lassen sich außerhalb des Gesamtzusammenhangs der Sprachbeschreibung nicht sinnvoll diskutieren.
(Reis 1986: 64-65)

Es geht um die kritische Diskussion des Subjektbegriffs. Sie können nach der Lektüre der Einleitung zunächst einmal den **Schlussteil** des Aufsatzes lesen. Damit kennen Sie die Eckdaten: die Eingangsfragen und das, was nach Meinung von Reis in der Studie tatsächlich erreicht wurde. Mit anderen Worten: Sie wissen nun über *A* und *Z* Bescheid. In der Tat gibt Reis Antworten auf ihre eingangs formulierten Fragen; das heißt, *A* und *Z* passen zusammen. Ich zitiere nur die Einleitung des Schlussteils:

Wenden wir uns abschließend nochmals den Ausgangsfragen zu:
(I) Wie ist „Subjekt" zu definieren?
Nach den vorhergehenden Überlegungen scheint es zumindest fraglich, ob man diesen Begriff für die Beschreibung des Deutschen zusätzlich braucht. Will man ihn trotzdem weiterverwenden – was in sprachvergleichender Hinsicht gerechtfertigt wäre –, ist er am besten mit „Nominativ-NP" gleichzusetzen.
(Reis 1986: 80)

Reis (1986) hat demnach gegen die schulgrammatische Verwendung des Subjektbegriffs argumentiert. Sie möchte ihn durch den Begriff „Nominativ-NP" ersetzen. Zur Erinnerung können verkürzte Definitionen von Nominativ und Nominalphrase hier nachgelesen werden:

**Nominativ** [lat. *nōmināre* >nennen< […]. Morphologischer Kasus in -> Nominativsprachen wie dem Dt., der […] das Subjekt eines Satzes kennzeichnet. Der N. kann jedoch auch beim -> Prädikativ vorkommen (*Er ist Lehrer*) oder außerhalb des Satzverbandes (*Philip, sei jetzt still*). (Bußmann 2008: 480)

**Nominalphrase** […] Abk.: *NP* […]. Syntaktische Kategorie (bzw. -> Phrase), die normalerweise ein Nomen (*Obst, Glück, Pauline*) oder Pronomen (*ich, jemand, man*) als Kern enthält, der in verschiedener Weise erweitert sein kann. Als Erweiterung dienen (a) dem Nomen vorangestellte Attribute in Form von Adjektivphrasen (*sehr gute Weine*), (b) nachgestellte (*lose*) -> Appositionen (*Paul, mein bester Freund*), (c) enge (vorangestellte) Appositionen (*die Stadt Frankfurt*) und (d) -> Attribute in Form eines (voran- oder nachgestellten) Genitivattributs (*Pauls Haus, das Haus meines Freundes*), einer -> Präpositionalphrase (*das Haus auf dem Berg*) oder eines Relativsatzes (*das Mädchen, das nebenan wohnt*). (Bußmann 2008: 479)

Im nächsten Schritt lesen Sie nun den **Hauptteil**, um herauszufinden, wie Reis von *A* nach *Z* kommt. Den Hauptteil müssen Sie auch schon aus dem Grund lesen, da Reis sich im Schlussteil immer wieder auf bestimmte vorher diskutierte Beispiele bezieht. Beim wissenschaftlichen Lesen ist es dabei üblich, dass die relevanten und besonders wichtigen Textpassagen unterstrichen werden, damit man sie später leichter findet.

Ein notorisches Problem, das nicht nur Studierende mit wissenschaftlicher Literatur haben, ist jedoch, dass zu viel unterstrichen wird. Um mit Unterstreichungen effektiv arbeiten zu können, muss man sie sparsam einsetzen. Die Unterstreichungen lassen sich durch Bemerkungen am Rand ergänzen. Diese können etwa in Form von Abkürzungen zur Markierung von inhaltlichen Hervorhebungen (durch ein Ausrufezeichen) und von Zusammenfassungen (mit dem Summenzeichen Σ) gestaltet werden. Ein „L" markiert die Literaturangabe als wichtig. Häufig schlagen Ratgeber zum wissenschaftlichen Lesen sehr komplexe Zeichensysteme für Bemerkungen vor, doch laufen diese zum Teil Gefahr, unübersichtlich zu werden. Kurze ausgeschriebene Bemerkungen sind hier sicherlich von Vorteil. Eine sinnvolle erste Textbearbeitung des letzten Abschnitts der einführenden Bemerkungen von Reis sieht damit ungefähr wie folgt aus. Dieser Abschnitt schließt nahtlos an den oben zitierten Abschnitt an:

> **Beispiel**
>
> Meine Diagnose für diesen Mißstand ist in dessen Beschreibung schon angedeutet: <u>Sprachwissenschaftliche Begriffe lassen sich außerhalb des Gesamtzusammenhangs der Sprachbeschreibung nicht sinnvoll diskutieren.</u> Entsprechend will ich bei der folgenden Diskussion des Subjektbegriffs anders, das heißt <u>„gesamtgrammatisch"</u> (s.u.) verfahren; ich lehne mich dabei an eine bereits erschienene Untersuchung (<u>Reis 1982</u>) an. Dabei ergeben sich auch Antworten auf (I)-(IV), doch kommt es mir darauf weniger an als auf die Überzeugungskraft des eingeschlagenen Verfahrens: <u>Es soll deutlich werden, daß Fragen wie (I)-(IV) auf anderem Weg gar nicht sinnvoll verfolgbar sind.</u> Daß diese Einsicht unserem Fünftklassenlehrer *unmittelbar* nützt, unterstelle ich dabei nicht; falls er von der Sprachwissenschaft vor allem operationale Hilfe – „die" Subjekt-Probe – und kommunikative Sinngebung für sein diesbezügliches Tun erwartet hat, wird sie ihn – zunächst – sogar eher entmutigen.
> (Reis 1986: 65)

!

L

!

Wie Sie unschwer sehen können, ist nicht wirklich viel angestrichen worden. Im Prinzip wird nur die Arbeitsthese von Marga Reis, gesamtgrammatisch zu analysieren, unterstrichen.

Die Lektüre des Hauptteils ist nicht einfach, da jeder einzelne Textbaustein das Verständnis des vorhergehenden Textteils verlangt. Sie sollten daher den gesamten Text lesen und sich das Argument jedes einzelnen Textbausteins notieren. Der Hauptteil beginnt mit folgendem Textabschnitt, den ich anschließend exemplarisch bespreche.

**Beispiel**

1. Zur Einstimmung rekapituliere ich kritisch die Antwortpraxis zu (I)-(IV), wie sie sich in den derzeit gängigen Lehrwerken spiegelt:

1.1. Zu Frage (I), an der kein Lehrwerk vorbeikommt, gibt es <u>einen Kanon üblicher Bestimmungsstücke</u>, vgl. (2a-e).[...] Dabei bilden heute die morphosyntaktischen bzw. operationalen Kriterien (2a-c) in der Regel die Leitmerkmale, mit denen die semantische Bestimmung (2d) oder die pragmatische Bestimmung (2e) (fakultativ) korreliert sind. Hinzu kommt gelegentlich die „Infinitivprobe" (2f).

(2)   *Das Subjekt*
    a.   *steht im Nominativ;*
    b.   *bestimmt die Form des finiten Verbs (Kongruenz);*
    c.   *ist mit „wer oder was?" erfragbar;*
    d.   *ist Ansatzstelle des verbalen Geschehens;*
    e.   *ist das, worüber man spricht („Satzgegenstand");*
    f.   *fällt weg im Infinitiv.*

Kanon
!

Daß (2) sehr unterschiedliche Kriterien umfaßt, wäre weder an sich, noch definitorisch ein Problem, wenn diese korrelierten. Das tun sie aber nicht (s. dazu <u>ausführlich Abschnitt 2</u>). Auch wenn es Implikationsbeziehungen [Schlussfolgerungsbeziehungen, B.R.] gibt (so etwa [2f->a], [2b->a] gibt es keinen einzigen Fall von Äquivalenz, nicht einmal zwischen (2a) und (2f), vgl. die infiniten Sätze in (3), die (neben dem Vokativ) auch eine Nominativgröße enthalten. – Hinzu kommen die bekannten Probleme mit dem sog. Gleichsetzungsnominativ in Kopulasätzen [Er ist Lehrer, B.R.].

(3)   *He, ihr da drüben:* Keiner *aufstehen,* alle *sitzenbleiben!*

Damit liefert (2a-f) aber genau die Definitionssicherheit nicht, die es über simple Fälle wie (1) hinaus gewährleisten sollte: <u>Was als Subjekt zu gelten hat, hängt davon ab, welche Kriterien man auswählt, in welcher Bündelung und Hierarchisierung man sie benutzt, und darüber hinaus, wie man Diskrepanzfälle</u> wie (3) oder Kopulasätze – wichtige oder vernachlässigbare (Rand-) Erscheinungen? – <u>einschätzt.</u>
(Reis 1986: 65-66)

Σ

Es lassen sich folgende Argumente notieren:

Beispiel

> Abschnitt 1.1
>
> Die üblichen Definitionskriterien für Subjekte nach Meinung der Lehrwerke sind:
>
> (2) Das Subjekt
>      a.    steht im Nominativ;
>      b.    bestimmt die Form des finiten Verbs (Kongruenz);
>      c.    ist mit „wer oder was?" erfragbar;
>      d.    ist Ansatzstelle des verbalen Geschehens;
>      e.    ist das, worüber man spricht („Satzgegenstand");
>      f.    fällt weg im Infinitiv.
>
> Diese Kriterien führen zu Problemen, auf die Reis in Abschnitt 2 eingeht. Was man demnach als Subjekt analysiert, hängt ab von
> - der Wahl der zugrunde gelegten Kriterien,
> - ihrer Hierarchisierung,
> - ihrer Bündelung und
> - der Behandlung von Randerscheinungen.

Die Besprechung des gesamten weiteren Texts ist hier leider nicht möglich. Wenn Sie jedoch den Aufsatz weiter verfolgen, so sehen Sie, dass die später genannten Argumente auf den früher diskutierten aufbauen.

In der Stufe 4 *Recite*, die zur Phase III *Nachbereitung* gehört, rufen Sie sich den Text in Erinnerung, indem Sie ihn zusammenfassen. Sie sollten dabei vier Prinzipien berücksichtigen:

**Prinzipien für die Nachbereitung auf Stufe 4 *Recite***
- Ihre Texterfassung muss exakt sein.
- Ihre Texterfassung muss vollständig sein.
- Ihre Darstellung muss übersichtlich sein.
- Ihre Darstellung muss prägnant sein.

Die Zusammenfassungen können stichwortartig oder in zusammenhängenden Sätzen verfasst sein. Sie tun sich einen Gefallen, wenn Sie die bibliographische Angabe der jeweiligen Studie dazuschreiben. Dies erspart Ihnen ein späteres aufwändiges Suchen. Unter Umständen können Sie bestimmte Schlüsselwörter hinzufügen.

Der interessierte Leser sei [für die Analyse des Subjekts, B.R.] […] auf die Ausführungen von Marga Reis verwiesen, die in ihrem viel beachteten Aufsatz *Zum Subjektbegriff im Deutschen* aus dem Jahr 1982 an einer Vielzahl von einschlägigen Daten die Subjektkriterien auf ihre Plausibilität hin überprüft und das Verhältnis von Subjekt und Nominativ thematisiert. In einem weiteren Aufsatz zum Subjekt mit dem Titel *Subjekt-Fragen in der Schulgrammatik?* bezieht sie zudem didaktische Aspekte ein und diskutiert die in Lehrbüchern immer wieder genannten Subjekteigenschaften (vgl. M. Reis 1986). Eine Auflistung solcher Subjekteigenschaften folgt in (3):

(3)   Prototypische Merkmale des Subjekts
Das Subjekt ist mit „wer oder was" erfragbar (semantisches Kriterium).
Das Subjekt ist das, worüber man spricht (pragmatisches Kriterium).
Das Subjekt ist kongruenzauslösend (formales Kriterium).
Das Subjekt wird in der Regel durch eine NP im Nominativ realisiert
(formales Kriterium).
Das Subjekt fällt weg im Infinitiv (syntaktisches Kriterium).

Was das letztgenannte Kriterium betrifft, weist Reis (1986: 66) zu Recht darauf hin, dass das Subjekt im Infinitiv nicht immer wegfällt, obwohl Konstruktionen vom Typ *Er verspricht Paula ____ zu kommen* vs. *Er verspricht Paula, dass er kommt* dies nahelegen [sic!]. Sie nennt als Beispiele Sätze wie *Keiner aufstehen! Alle sitzenbleiben!*, in denen das Subjekt realisiert ist, obwohl das Verb im Infinitiv steht. Ein anderes Problem stellt die gerade im Schulunterricht beliebte Frageprobe mit *wer oder was* dar. In Sätzen wie *Es regnet* oder *Es friert*, in denen das Pronomen *es* referenzsemantisch leer ist, kann auf diese Weise nicht nach dem Subjekt gefragt werden. Die Frage *wer oder was* setzt voraus, dass die erfragte Konstituente referentiell ist, d.h. sich auf ein Objekt in der außersprachlichen Welt bezieht. […] Auch nicht-nominale Elemente können als Subjekt fungieren (vgl. Subjektsätze vom Typ *Wer andern eine Grube gräbt, fällt selbst hinein.*) Umgekehrt muss nicht jede Nominativ-NP das Subjekt des Satzes sein. In dem Satz *Er ist Lehrer* treten beispielsweise zwei nominativisch markierte Glieder auf; doch nur das erste steht im Subjekt, das zweite ist ein Prädikatsnomen bzw. ein Prädikativum.
Aus diesen kritischen Einwänden lassen sich nun verschiedene Schlüsse ziehen. Die einen plädieren wie Reis (1982) dafür, den Subjektbegriff als Beschreibungskategorie im Deutschen ganz aufzugeben, die anderen verweisen darauf, dass solche Satzgliedbegriffe trotz der anerkannten Probleme verwendet werden sollen, „weil es praktisch ist und wir gewisse Dinge mit ihrer Hilfe leichter sagen können als ohne sie" (P. Eisenberg 1994: 63).
(Dürscheid 2000: 36)

Ein solches Vorgehen macht sich insbesondere dann bezahlt, wenn Sie große Textmengen bearbeiten müssen. Das einführende Lehrwerk *Syntax. Grundlagen und Theorien* von Christa Dürscheid enthält eine mögliche, jedoch aufgrund der einführenden Natur des Buches verständlicherweise nicht allzu sehr in die Tiefe gehende Zusammenfassung der Reisschen Argumentation, die als exemplarisch für die Einarbeitung von wissenschaftlicher Literatur in eigene Untersuchungen gelten darf. Zu einer solchen Zusammenfassung kommen Sie in etwa mit den folgenden Schritten:

**Arbeitsschritte zur Erstellung einer Zusammenfassung:**
1. Lesen Sie den Hauptteil überfliegend und markieren Sie Ihnen nicht unmittelbar verständliche Textstellen. Sie können dabei nach jedem Einzelkapitel zunächst mit Punkt zwei fortfahren und dann erst den nächsten Textabschnitt in Angriff nehmen.
2. Erschließen Sie sich nun sprachlich wie inhaltlich die als schwer markierten Textpassagen.
3. Lesen Sie den Text erneut: Versuchen Sie den Text inhaltlich in Sinnabschnitte zu unterteilen.
4. Verfassen Sie knappe vorläufige Zusammenfassungen der einzelnen Sinnabschnitte.
5. Bauen Sie nun aus Ihren knappen vorläufigen Zusammenfassungen eine präzise Zusammenfassung des Gesamttexts.
6. Überprüfen Sie Ihre eigene Zusammenfassung durch die erneute Lektüre des Texts.

Beim vierten Schritt sollten Sie sich bereits auf einem separaten Blatt erste eigene kritische Bemerkungen zum Gelesenen notieren. Sie können beispielsweise dabei auf Widersprüche, Probleme bei der Argumentation oder eine falsche Datenlage hinweisen (s. auch 5). Die fünfte Stufe **Review** gehört ebenfalls zur Phase der Nachbearbeitung. Sie sollten nun den Text erneut durchsehen und überprüfen, ob Ihre eingangs formulierten Fragen beantwortet wurden. Ich gebe dazu einige kurze, exemplarisch zu verstehende Antworten:

**Beispiel**

- Was ist ein Subjekt?
  Reis argumentiert dafür, den Begriff Subjekt zu ersetzen durch Nominativ-NP, da dieser beschreibungsadäquater ist. Der Begriff Subjekt vereinigt zu verschiedene Kategorien wie Subjektsätze und Nominativ-NP.

- Wer verwendet den Ausdruck?
  Der Begriff Subjekt gehört nach Reis zu den traditionell etablierten Kategorien der Satzgliedanalyse.

Damit hat der Aufsatz eine Reihe unserer Fragen beantwortet. Sie sollten sich nun **Gedanken über die wissenschaftliche Richtigkeit des Aufsatzes** machen.

## 3.4 Die Überprüfung der wissenschaftlichen Richtigkeit

Dazu gibt es verschiedene Möglichkeiten, die auch im Kapitel zum linguistischen Argumentieren dargestellt werden:

**Möglichkeiten zur Überprüfung der Richtigkeit:**
- Sie können die im Aufsatz genannten Thesen **empirisch überprüfen** und feststellen, ob die von Reis (1986) erhobene Datenlage korrekt und vollständig ist bzw. ob der Reissche Vorschlag empirisch korrekt ist.
- Häufig lassen sich auch **innere Widersprüche** in Aufsätzen ausmachen, die der Überzeugungskraft der Argumentation schaden.
- Die wissenschaftliche Aussagekraft einer Studie wird geschmälert, wenn nicht die **relevante Literatur** verarbeitet wurde.
- Eine linguistische Analyse versucht nicht nur ein oder mehrere Phänomene korrekt zu erfassen. Sie muss auch **falsche Vorhersagen** ausschließen. Es geht demnach nicht darum, zu sagen, was alles innerhalb einer Grammatik richtig ist, sondern vor allem auch darum, zu zeigen, was falsch ist: Gibt es Beispiele, die fälschlicherweise als korrekt vorhergesagt werden?
- Ferner ist vor Stipulation (d.h. Behauptung ohne empirische oder theoretische Begründung) zu warnen. Linguistische Analysen sollten demnach begründbar sein und nach Möglichkeit auf der Folie von bereits **etablierten linguistischen Prinzipien** erfolgen. Um ein sprachliches Phänomen zu erklären, sollte daher auf bereits an anderer Stelle etablierte Prinzipien zurückgegriffen werden. Dadurch soll verhindert werden, dass Erklärungen einfach erfunden werden können.
- **Einfachere Analysen** sind komplizierteren vorzuziehen, sofern sie beide beschreibungsadäquat, d.h. richtig sind.

Machen wir uns das erneut am Aufsatz über das Subjekt klar. Reis argumentiert demnach gegen einen weit gefassten Subjektbegriff. Die Definition des Subjekts solle sich auf Nominalphrasen im Nominativ, d.h. im Wesentlichen auf Konstituenten, deren Kern ein Nomen im Nominativ ist, beschränken.

Die Nominalphrasen im Nominativ (= Nominativ-NPs) stimmen in Person und Numerus mit der Verbflexion überein. Was bedeutet das genau? Verben werden im Deutschen unter anderem nach Person (*ich/wir, du/ihr, er/sie/es/sie*) und nach Numerus (*ich* vs. *wir, du* vs. *ihr, er/sie/es* vs. *sie*) konjugiert. Die Nominativ-NP und das Verb müssen in diesen Merkmalen übereinstimmen. Man bezeichnet dies als Kongruenz. Beispielsweise müssen daher sowohl das Verb als auch die Nominativ-NPs in der Mehrzahl, im Plural, stehen, andernfalls ist der Satz ungrammatisch:

> (4)  Peter und Mark gehen nach Hause.
> (5)  *Peter und Mark geht nach Hause.

Zu *dass*-Sätzen in Funktion eines sogenannten Subjekts führt Reis (1986) nun aus:

> Bei Verbalkongruenz hingegen gibt es klare Anzeichen dafür, daß „Subjekt"-Sätze *nicht* wie die Nominativ-NPs als Bezugsgröße [für die Verbalflexion] fungieren. In allen Sätzen mit „Subjekt"-Satz steht das Verb in der 3. Sg., auch bei *und*-koordinierenden Fällen wie bei (36), denen in Parallele zu (36') pluralische Referenz zugesprochen werden kann.
>
> (36)  *Daß Hans nicht kommt und daß Fritz sich nicht dafür entschuldigt,*
> *ärgert/*ärgern mich sehr.*
> (36')  *Hansens Absage und Fritzens fehlende Entschuldigung*
> *(*)ärgert/ärgern mich sehr.*
>
> Das heißt, es kann nur die Nebenregel – 3. Ps., falls die regelgerechte Bezugsgröße fehlt – angewandt worden sein, und das heißt: Für den Sprecher enthalten die betreffenden Satztypen keine Bezugs-NP für Kongruenz. Dies zeigt, daß die Kongruenzregel tatsächlich und nur nominativbezüglich ist.
> (Reis 1986: 77-78)

Dieser Abschnitt ist relativ schwer zu verstehen, da er eine Reihe von linguistischen Fachbegriffen enthält, die Sie etwa in Hadumod Bußmanns *Lexikon der Sprachwissenschaft* nachschlagen müssten. Dort erfahren Sie Folgendes:

**Koordination** [mlat. *coordinare* >aufeinander abstimmen<, zu latōrdo >Reihe<]. […].
(1) Syntaktische Struktur, die aus zwei oder mehr -> Konjunkten (Wörter, Satzglieder oder Sätze) besteht. K. kann vorkommen als asyndetische Konstruktion, d.h. die einzelnen Elemente der K. sind nicht durch Konjunktionen verknüpft (*bergauf, bergab laufen*), oder als syndetische Konstruktion, wobei die Elemente durch koordinierende -> Konjunktionen (*und, aber, denn*) verknüpft sind. […] (Bußmann 2008: 375-376)

**Flexion** [lat. *flexio* >Biegung<, >Beugung<; engl *accidence/inflection*. – Auch: Beugung, Biegung, Formenlehre, Wortformbildung]. Wortstämme (-> Lexeme) bestimmter -> Wortarten werden in morphologisch verschiedenen -> Wortformen realisiert, die regelhaft wortartspezifisch verschiedene syntaktisch-semantische Funktionen mitausdrücken, vgl. im Dt. -> De-

klination (Nomen), -> Konjugation (Verb), -> Komparation (Adjektiv).
Die Gesamtheit der Flexionsformen eines Wortes bilden (Flexions-) -> Paradigmata. […] (Bußmann 2008: 193)

**Referenz.** In der traditionellen Semantik Bezeichnung für die Beziehung
zwischen dem sprachlichen Ausdruck (Name, Wort) und dem Gegenstand
der außersprachlichen Realität, auf den sich der Ausdruck bezieht […].
(Bußmann 2008: 574)

**Kongruenz** [lat. *Congruentia* >Übereinstimmung<; engl. *agreement,
concord*].
(1) Übereinstimmung zwischen zwei oder mehreren Satzelementen hinsichtlich ihrer morpho-syntaktischen Kategorien (Kasus, Person, Numerus,
Genus). […] (Bußmann 2008: 357)

Die Verbalkongruenz bezieht sich demnach auf Verben und betrifft die Merkmale
Person (*ich/wir, du/ihr, sie/er/sie/es*) und Numerus (Anzahl).
   Demnach tanzen die *dass*-Sätze aus der Reihe. Fasst man sie und die Nominativ-
NPs als Subjekte zusammen, so ist es nicht ohne weiteres möglich, eine subjektbezogene Regel für Kongruenz zu formulieren. Subjektsätze stehen nur mit einem Verb
im Singular (= in der Einzahl). Sie kongruieren damit nicht mit dem Verb im Numerus. Nicht-satzwertige Subjekte stimmen in Person und Numerus mit dem konjugierten Verb überein. Demnach gibt es Kongruenz nur bei nicht-satzwertigen Subjekten. Sie überprüfen nun also diese Schlussfolgerung von Reis und kommen zu folgenden Überlegungen:

▶ **Empirische Überprüfung:** Sie erkennen, dass die von Reis (1986) aufgeführten
Daten empirisch richtig sind.

▶ **Innere Widersprüche:** Sie suchen nach Widersprüchen innerhalb der Reisschen Argumentation und stellen fest, dass zumindest die hier zitierten Passagen in ihrer Aussagekraft übereinstimmen.

▶ **Überprüfen der Literatur:** Natürlich werden Sie bemerken, dass die Literaturliste nicht auf dem letzten Stand der Sprachwissenschaft ist (da sie bereits 1986
publiziert wurde).

▶ Was die **Nicht-Kompatibilität mit allgemein etablierten linguistischen Prinzipien** anbelangt, so können Sie Reis eine detaillierte Auseinandersetzung mit
der damals einschlägigen Literatur bescheinigen. Reis berücksichtigt zeitgemäße linguistische Beschreibungskategorien wie die der Nominalphrase und
macht, da sie auf diese zurückgreift, nicht von **stipulierten** Erklärungsparametern Gebrauch.

▶ Zwar ist die Datenlage schon lange bekannt, die von Reis vorgetragene Sichtweise hat jedoch einen großen **Neuigkeitswert**.

▶ Soweit ich dies überblicken kann, macht Reis bezüglich der hier zitierten Passagen **keine falschen Vorhersagen**. Ihre Erklärung führt damit weder zum Ausschluss eigentlich akzeptabler Sätze noch zur Möglichkeit falscher Sätze.

Wenn Sie nun den Text von Reis (1986) als relevant für Ihre Arbeit betrachten – und das ist er für jede Arbeit zum Subjekt –, so empfiehlt es sich, Ihre Zusammenfassung so zu gestalten, dass Sie sie zu einem späteren Zeitpunkt direkt in Ihre schriftliche Arbeit integrieren können. Seien Sie dabei großzügig mit dem Platz, den sie einnimmt. Sie können später immer noch kürzen. Eine im Nachhinein angefertigte ausführlichere Darstellung wird Sie dagegen nur unnötig Zeit kosten, da Sie dann den gesamten Text noch einmal im Detail werden lesen müssen.

Eine Möglichkeit, den Text zu formulieren, sieht dabei für den Punkt der Kongruenz wie folgt aus. Dabei bezieht sich die folgende Textbesprechung auf eine frühere Version von Reis (1982):

---

**Beispiel**

Für mit **und** koordinierte nominale Subjekte gilt nun im allgemeinen [sic!], daß sie beim Verb den Plural fordern, auch wenn sie selbst im Singular stehen […].

(4)  […]  Hansens Absage und Fritzens fehlende Entschuldigung
             *ärgert   mich sehr.
             ärgern

Formt man diese Subjekte in (Subjekt-)Sätze um, so ist aber für das Verb nicht mehr der Plural, sondern der Singular erforderlich.

(5)  […]  Daß Hans nicht kommt und Fritz sich nicht dafür entschuldigt,
             ärgert   mich sehr.
             *ärgern

Reis zieht aus diesem Unterschied den Schluß (1982: 195) „die betreffenden Satztypen enthalten für den Sprecher keine Bezugs-NP für Kongruenz. Dies zeigt, daß die Kongruenzregel tatsächlich Nominativ-bezüglich ist; eine ‚Subjekt'-bezügliche Formulierung und die damit verbundene Gleichstellung von Nominativ-NPs und den betreffenden Gliedsätzen als ‚Subjekte' sind damit nicht gerechtfertigt." (Eisenberg 1986: 287-288) [Eisenberg bezieht sich dabei auf Reis (1982).]

---

Mit dieser Zusammenfassung à la Eisenberg können Sie zu einem späteren Zeitpunkt leicht weiterarbeiten, bei der zuerst aufgeführten Zusammenfassung wird jedoch eine erneute intensive Lektüre des Textes notwendig.

Es stellt sich natürlich die Frage, ob ein zu ausgiebiges Zusammenfassen der Aufsätze letztlich nicht zu einer **Verlangsamung des Arbeitsprozesses** führt. Sie müssen dazu entscheiden, wie relevant die jeweilige Studie ist, und sich gegebenenfalls auf eine kursorische Zusammenfassung einzelner Ihnen wichtig erscheinender Argumente beschränken. Häufig entsteht in diesem Zusammenhang das Bedürfnis nach schneller bewältigbaren Wegen bei der wissenschaftlichen Lektüre. Auf diese geht der nächste Abschnitt zum selektiven Lesen ein.

## 3.5   Selektives Lesen

Geübte Leser werden daher nicht immer den gesamten Text einer wissenschaftlichen Arbeit betrachten, sondern – sofern es möglich und sinnvoll ist – selektiv lesen.

> **Selektives Lesen** ist ein konzentriertes Suchen nach bestimmten Informationen. Mit anderen Worten, die vorliegenden Texte werden nicht vollständig gelesen. Daher muss man im Vorfeld bereits klären, welche Informationen man durch das Lesen erhalten will.

Das selektive Lesen ist eine schwierige Angelegenheit, da es häufig zu Verständnisschwierigkeiten und vor allem zu Fehlinterpretationen des Gelesenen führt. Versäumt man etwa die Erklärung eines wichtigen Begriffs, so sind falsche Schlüsse vorprogrammiert.

> Das **selektive Lesen** erfolgt in mehreren Schritten. Ein erstes kursorisches Durchsehen ermöglichen in der Regel Inhaltsverzeichnisse, Kapitel- und Tabellenüberschriften sowie – sofern vorhanden – das Sach- und das Personenregister. Nummerierte Beispiele können ebenfalls eine Orientierung bieten. Die als relevant befundenen Textpassagen werden nun nach der oben beschriebenen Lesetechnik durchgearbeitet.

Folgendes Beispiel illustriert die selektive Lesetechnik. Angenommen, Sie interessieren sich nach der Lektüre von Reis weiterhin für das Subjekt und bekommen das kurze Einführungsbuch *Satzgliedanalyse* von Renate Musan in die Hand. Sie werden dieses Buch – wenn Sie sich nur für das Subjekt interessieren – wahrscheinlich nicht vollständig durchlesen. Sie haben nun zwei Möglichkeiten: Entweder suchen Sie über das Inhaltsverzeichnis oder mit Hilfe des Sachregisters. Das Inhaltsverzeichnis wird Sie auf den Abschnitt 1.1 verweisen, das Sachregister auf die Seiten 1, 45 und 91 sowie – unter dem Begriff *formales Subjekt* – auf die Seite 46. Das zusätzliche Glossar wird Ihnen eine kurze Definition liefern. Interessanterweise werden Sie dabei auf einen Widerspruch aufmerksam, für den Sie durch die Lektüre von Reis (1986) bereits sensibilisiert sind. Im Glossar heißt es:

> **Beispiel**
>
> Subjekt: Die Ergänzung zu einem Verb, die im Nominativ steht, sofern sie als Nominalphrase oder Pronomen realisiert ist, und die mit dem finiten Verb in Person und Numerus kongruiert.

Auf Seite 1 heißt es jedoch:

> **Beispiel**
>
> Das Subjekt ist generell der Ausdruck im Satz, der mit einer Wer-oder-was-Frage erfragbar ist und der mit dem Prädikat des Satzes bzw. einem Teil davon kongruiert, d.h. in bestimmten grammatischen Merkmalen übereinstimmt.
> (Musan 2008: 1)

Demnach vertritt das Glossar ein Verständnis des Subjekts als Nominativ-NP, der Haupttext auf Seite 1 jedoch die schulgrammatisch weitverbreitete Analyse als Konstituente, die eine Antwort auf *Wer-oder-was*-Fragen ist. Je nachdem wie Sie die Kongruenz nun auslegen, sind auch Subjektsätze Subjekte, da man sagen kann, dass sie durch Pronomina im Singular ersetzbar sind. Wenn Sie es nun bei dieser selektiven Lektüre belassen, so werden Sie Renate Musan Unrecht tun, denn sie diskutiert durchaus die kritischen Fälle auf den Seiten 45 bis 48 und die Subjektsätze auf Seite 77. Das kurze Beispiel soll Ihnen also die **Gefahren des selektiven Lesens** vor Augen führen, da Sie Renate Musan unter Umständen falsch verstehen würden.

## 3.6 Zusammenfassung

In diesem Kapitel ging es um Methoden des Lesens und ihre Exemplifizierung anhand eines schweren Aufsatzes, einer Studie von Marga Reis. Dargestellt wurden die SQ3R-Methode und das selektive Lesen. Die SQ3R-Methode besteht aus mehreren Teilschritten, deren Abarbeitung stufenweise erfolgt (vgl. Abb. 3-1). Auch das selektive Lesen erfolgt in mehreren Schritten. Auf ein erstes kursorisches Durchsehen folgt eine genauere Lektüre einzelner Textpassagen. In beiden Fällen ist es notwendig, Anstreichungen vorzunehmen.

Sie haben nun eine Einführung zum Lesen linguistischer Studien gelesen. Die nächsten Kapitel handeln davon, wie Sie selbst zum Verfasser solcher Texte werden. Zunächst behandeln wir die Art und Weise, wie in der Linguistik argumentiert wird.

☑ **Checkliste**

- ☐ Wie möchte ich die Arbeit lesen?
  - ○ selektiv, weil mich nur Einzelaspekte interessieren
  - ○ vollständig, weil mich die gesamte Argumentation bzw. der Gesamtzusammenhang interessiert
- ☐ Bin ich beim selektiven Lesen vorsichtig und erfasse ich die Aussage des Textes korrekt?
- ☐ Beim vollständigen Lesen achte ich auf die einzelnen Phasen:
  - ○ Survey
  - ○ Question
  - ○ Read
  - ○ Recite
  - ○ Review
- ☐ Achte ich beim Überprüfen der wissenschaftlichen Richtigkeit auf folgende Möglichkeiten?
  - ○ empirische Überprüfung
  - ○ innere Widersprüche
  - ○ Verarbeitung der relevanten Literatur
  - ○ Ausschluss falscher Vorhersagen
  - ○ keine Stipulation
  - ○ einfachere Analyse möglich
- ☐ Benötige ich für das weitere Arbeiten eine (sehr) ausführliche Zusammenfassung oder reicht eine oberflächliche?
- ☐ Gehe ich sparsam und systematisch mit den Anstreichungen um?
- ☐ Habe ich die relevanten Begriffe, bei deren Verständnis ich mir unsicher bin, nachgeschlagen?
- ☐ Habe ich Notizen und Zusammenfassungen angefertigt?

# 4. Linguistische Argumentation

## 4.1 Ziel dieses Kapitels

Wer wissenschaftlich arbeitet, muss andere von seinen Thesen überzeugen. Dies gelingt nur, wenn der Aufbau der eigenen Argumentation logisch und für den Leser bzw. Hörer nachvollziehbar ist.

▶ In diesem Kapitel soll in die Art der linguistischen Argumentation eingeführt werden.

## 4.2 Wie man linguistisch argumentiert

Die Kunst der Argumentation fällt in den Bereich der Rhetorik, des feingeschliffenen und überzeugenden Vortragens von Thesen, Argumenten und Gegenpositionen. Um rhetorische Ratschläge kann es hier leider nicht gehen. Stattdessen soll aufgezeigt werden, wie die Gestaltung einzelner linguistischer Argumente und Argumentationsketten ausfallen kann.

> Eine **linguistische Argumentation** beginnt mit einer Behauptung, d.h. einer These. Diese muss anschließend gestützt werden durch Belege. Eventuell können auch Gegenbelege und eine Widerlegung der These erfolgen. Es folgt eine Kurzzusammenfassung. Die Argumentation muss schlüssig und widerspruchsfrei sein.

Die folgenden drei Graphiken verdeutlichen dieses Vorgehen.

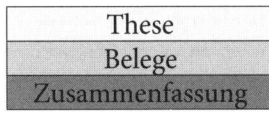

Tab. 4-1: Möglicher Argumentationsgang 1

| These | |
|---|---|
| Belege | Widerlegung |
| Zusammenfassung | |

Tab. 4-2: Möglicher Argumentationsgang 2

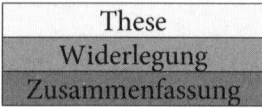

Tab. 4-3: Möglicher Argumentationsgang 3

Exemplarisch lässt sich dieses Vorgehen gut an einem Aufsatz von Claudia Maienborn über das sogenannte Zustandspassiv (*das Bild ist aufgehängt*) aufzeigen. Im nun
aufgeführten Abschnitt weist sie die These zurück, dass das Zustandspassiv eine Ellip-
se (eine Verkürzung) des Vorgangspassivs (*das Bild ist aufgehängt worden*) ist.

| Beispiel | |
|---|---|
| **These** <br><br> **Beleg** | Das Zustandspassiv als Vorgangspassiv-Ellipse: Diese […] Analyse führt Konstruktionen vom Typ (1) auf das Vorgangspassiv zurück. Dem Zu- standspassiv liegt demnach ein Vorgangspassiv im Perfekt mit getilgtem Partizip II des Passiv-Auxiliars *worden* zugrunde; s. (5). |
| **Widerlegung** | (5) Der Brief ist geöffnet ~~worden~~. <br><br>     [Part. II: Verbform + (getilgtes) *worden*: Passiv-Auxiliar + <br>     sein: Perfekt-Auxiliar] <br><br> Die […] Ellipsen-Theorie macht die Vorhersage, dass beim Zustands- passiv immer eine Ergänzung des (getilgten) *worden* möglich sein sollte, ohne Auswirkungen auf Grammatikalität und Interpretation des Ge- samtausdrucks. Die folgenden Diagnostiken zeigen, dass dies nicht zu- trifft. <br><br> Diagnostik I: Temporaladverbiale [z.B. gestern, heute etc., B.R.] (z.B. Rapp 1998: 236). <br> Das Zustandspassiv ist mit Zeitdaueradverbialen wie *seit zwei Stunden* kombinierbar, die Vorgangspassiv-Variante nicht; s. (10). Umgekehrt finden Temporaladverbiale wie *vor zwei Stunden*, die das vom Verb ein- geführte Ereignis zeitlich einordnen, nur bei der Vorgangspassiv-Vari- ante Anschluss; s. (11). <br> Offenbar bezeichnet das Zustandspassiv eben nicht ein solches Ereignis, sondern einen daran anschließenden Zustand. <br><br> (10)  a.  Das Fenster ist seit zwei Stunden geöffnet. <br><br>        b.  *Das Fenster ist seit zwei Stunden geöffnet worden. <br> (11)  a.  *Das Fenster ist vor zwei Stunden geöffnet. <br>        b.  Das Fenster ist vor zwei Stunden geöffnet worden. […] |
| **Zusammenfassung** | Die Liste der hier einschlägigen Diagnostiken ließe sich fortsetzen. Sie alle zeigen, dass das Zustandspassiv weder in seinen formalen Eigen- schaften noch hinsichtlich seiner Interpretation via *worden*-Ellipse auf das Vorgangspassiv zurückgeführt werden kann. <br> (Maienborn 2007: 85-89) |

Zur **Belegung und Widerlegung einer wissenschaftlichen These** gibt es im Bereich der Linguistik im Wesentlichen zwei Möglichkeiten. Entweder kann – wie im obigen Beispiel – aufgrund von **empirischer Evidenz** gezeigt werden, dass die These haltbar oder nicht haltbar ist. Dazu zählen etwa Beispiele, Ergebnisse von Experimenten, Quellen usw. Oder es kann versucht werden, durch **theoriegeleitete Argumente** die Falschheit oder Richtigkeit der These zu belegen. Für beide Möglichkeiten gilt obiger Aufbau.

Demnach können Sie Thesen linguistisch überprüfen durch:

▶ die **Diskussion neuer, bisher unbeachteter Daten** (gewonnen durch: Korpuslinguistik, Experiment, Beobachtung, Interview …) (s. 5.3),

▶ die **Diskussion weiterer Daten aus anderen Sprachen**. Wenn Sie etwa zum Präsensperfekt eine Arbeit schreiben und immer wieder auf Studien stoßen, die etwa das Deutsche und das Englische miteinander vergleichen, so können Sie weitere Sprachen hinzunehmen. So wird in der Regel behauptet, dass die über-einzelsprachlichen Unterschiede zwischen Englisch und Deutsch im Falle des Präsensperfekts auf das Präsens zurückzuführen sind.

Beispiel

| These | What one should generally expect according to such a proposal [Perfektverwendung abhängig vom Präsens, R.B.] is that languages with similar present tenses have similar present perfects. |
|---|---|
| Widerlegung | This, however, is not the case, as has been argued by Rothstein (2006). While the Swedish present tense patterns systematically with the German present tense against the English present, the Swedish present perfect behaves like the English present perfect, e.g. in not allowing for a past adverbial to apply to the present perfect:<br><br>(14)   a.   *Sigurd har kommit igår. [Swedish]<br>                  S. has come yesterday.<br>         b.   *Sigurd has arrived yesterday.<br>         c.   Sigurd ist gestern gekommen. [German]<br>                  S. is yesterday come. |
| Zusammenfassung | Based on the Swedish data, Rothstein concludes that the behavior of the present tense in a language is not correlated with the behavior of the present perfect in the same language.<br>(Schaden 2009: 121) |

▶ die **Diskussion der Richtigkeit bisheriger Daten**. Maienborn (2007) diskutiert etwa Daten des Typs *die Prinzessin ist geheiratet*, die von früheren Studien als ungrammatisch eingestuft worden sind (etwa Rapp 1996).

| Beispiel | |
|---|---|
| These | Beim Blick auf die einschlägige Literatur zum Zustandspassiv fällt auf, wie sehr die Grammatikalitätsurteile hier schwanken und wie willkürlich gefällt sie zuweilen anmuten. […] In (55) sind einige mehr oder weniger zufällig ausgewählte Belege aufgeführt.<br><br>(55) a. *Die Antwort ist gewusst. (Kratzer 2000: 5)<br>     b. *Carola ist (seit letztem Sommer) geheiratet. (Rapp 1998: 253) |
| Widerlegung | […] Recht instruktiv für die weiteren Überlegungen ist der Fall von geheiratet sein. Rapp (1997: 185, 1998: 253) stellt fest, dass heiraten […] kein Zustandspassiv bildet. Wegen der Existenz der Konkurrenzform verheiratet komme es hier vielmehr zu einer lexikalischen Blockade. Die beiden Belege (56d, e) zeigen allerdings, dass es durchaus Kontexte gibt, in denen sich kein solcher Blockade-Effekt einstellt und geheiratet sein neben verheiratet sein offenbar systematisch verfügbar ist. […]<br><br>(56') e. Formel zur Geringhaltung der Lebenshaltungskosten: „Mein<br>     Haus ist gemietet, mein Auto ist geleast, und meine Frau ist<br>     verheiratet." |
| Zusammenfassung | […] Die bisherige Diskussion der Daten in (55) und (56) weist darauf hin, dass es nicht in erster Linie die Grammatik ist, die über die Zulässigkeit des Zustandspassivs entscheidet […], sondern dass hier offenbar maßgeblich pragmatische Bedingungen beteiligt sind.<br>(Maienborn 2007: 102-104) |

▶ den **Einbezug jüngerer/modernerer Theorien, die Sie auf eine oder mehrere Einzeltheorien oder Daten anwenden**. Arnim von Stechow (1999) wendet etwa eine neuere Perfekttheorie, die von McCoard (1978) für das Englische entwickelt wurde, auf das Deutsche an.

## 4.3 Zusammenfassung

Der prototypische Aufbau eines linguistischen Arguments sieht wie folgt aus:

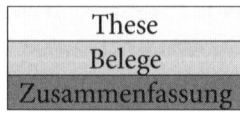

Tab. 4-1: Möglicher Argumentationsgang 1

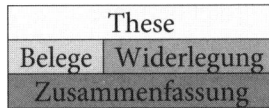

| These | |
|---|---|
| Belege | Widerlegung |
| Zusammenfassung | |

Tab. 4-2: Möglicher Argumentationsgang 2

| These |
|---|
| Widerlegung |
| Zusammenfassung |

Tab. 4-3: Möglicher Argumentationsgang 3

Es gibt nun weitere Möglichkeiten für den Aufbau von Argumenten, insbesondere, wenn diese sich aus mehreren Einzelthesen aufbauen:

| Thesenkomplex | | |
|---|---|---|
| Belege | | |
| Autor 1 | Autor 2 | Autor 3 |
| Widerlegung | | |
| Zusammenfassung | | |

Tab. 4-4: Möglicher Aufbau von Argumenten in Bezug auf Einzelthesen 1

| Thesenkomplex | | |
|---|---|---|
| Autor 1 | Autor 2 | Autor 3 |
| Belege 1a-z | Belege 2a-z | Belege 3a-z |
| Widerlegung | | |
| Zusammenfassung | | |

Tab. 4-5: Möglicher Aufbau von Argumenten in Bezug auf Einzelthesen 2

| Forschungsstand | | | | | | | | |
|---|---|---|---|---|---|---|---|---|
| Thesenkomplex 1 | | | Thesenkomplex 2 | | | Thesenkomplex 3 | | |
| Autor 1 | Autor 2 | Autor 3 | Autor 4 | Autor 5 | Autor 6 | Autor 7 | Autor 8 | Autor 9 |
| Beleg 1a-z | Beleg 2a-z | Beleg 3a-z | Beleg 4a-z | Beleg 5a-z | Beleg 6a-z | Beleg 7a-z | Beleg 8a-z | Beleg 9a-z |
| Widerlegung | | | Widerlegung | | | Widerlegung | | |
| Zusammenfassung | | | | | | | | |

Tab. 4-6: Möglicher Aufbau von Argumenten in Bezug auf mehrere Themenkomplexe

Ihre eigene These können Sie wie folgt belegen:

| Eigene These | | |
|---|---|---|
| Beleg 1 | Beleg 2 | Beleg 3 |
| Kritische Diskussion (möglicher Einwände) | | |
| Zusammenfassung | | |

Tab. 4-7: Möglicher Argumentationsgang einer eigenen These

Im folgenden Kapitel wird es um das Beweismaterial zur Stützung linguistischer Argumente gehen, um die sprachlichen Daten.

☑ **Checkliste**

- ☐ Wie lautet meine jeweilige These?
- ☐ Wird diese These durch Belege gestützt?
- ☐ Gibt es eine/ mehrere Widerlegung/en?
- ☐ Wie lautet die Zusammenfassung?
- ☐ Habe ich die empirischen Möglichkeiten zur Be- und Widerlegung beachtet?
  - ○ Diskussion neuer Daten
  - ○ Diskussion weiterer Daten aus anderen Sprachen
  - ○ Diskussion der Richtigkeit bisheriger Daten
  - ○ Einbezug jüngerer/ modernerer Theorien und Anwendung auf (neue) Daten
- ☐ Weist meine Arbeit einen klaren Argumentations- und Gedankenweg auf?
- ☐ Ist die Argumentation stichhaltig?

# 5. Daten

## 5.1 Zum Aufbau dieses Kapitels

In diesem Kapitel soll es um die Erhebung, d.h. Gewinnung, von Daten gehen. Diese Daten werden in Korpora verwaltet und ausgewertet.

> Ein **Korpus** ist im linguistischen Sinne eine angemessen große Sammlung von sprachlichen Belegen, die aus bestimmten sprachwissenschaftlichen Gründen und nach bestimmten Kriterien zusammengestellt werden.

Die folgende Graphik fasst einige der Möglichkeiten, linguistische Daten zu erheben, zusammen.

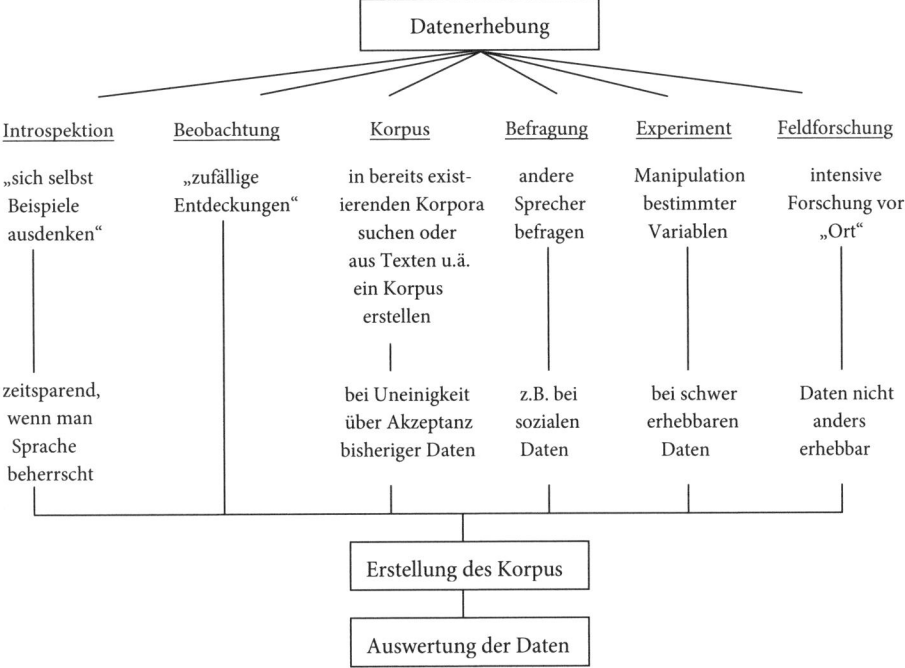

Abb. 5-1: Möglichkeiten zur Erhebung linguistischer Daten im Überblick

Im Folgenden gehen wir diese Möglichkeiten durch. Dabei möchte ich vorausschicken, dass die Datenerhebung aufgrund ihrer Komplexität nur skizzenhaft dargestellt werden kann. Wer Daten erheben will, muss sich in jedem Fall tiefer einarbeiten.

## 5.2 Grundlegendes

Wer linguistische Arbeiten schreibt, wird in der Regel *Daten* besprechen.

**Linguistische Daten** sind Beispiele für ein bestimmtes sprachliches Phänomen.

Dabei können einschlägige Beispiele aus der Literatur aufgeführt und durch neue, selbst gefundene ergänzt oder widerlegt werden.

Man unterscheidet in der Regel Beispiele bezüglich ihrer Akzeptabilität. Ungrammatische Beispiele markiert man mit einem Sternchen, halbwegs akzeptable Beispiele erhalten ein Fragezeichen (gelegentlich auch ein #) und zielsprachlich korrekte Beispiele werden gar nicht markiert:

(1)   *Peter hat gestern auf der Party ungetanzt.
(2)   ʔDas Pferd hat die Fesseln unbandagiert.
(3)   Peter hat gestern auf der Party getanzt.

Doch wie findet man eigene Beispiele? Im Bereich der empirischen Datenerhebung gibt es dazu prinzipiell mehrere Möglichkeiten, Daten zu erheben. Erhobene Daten müssen bestimmten Bedingungen genügen:

Alle Vorgehensweisen der Datenerhebung müssen folgenden Prinzipien genügen:
- Die **Reliabilität** bzw. die **Verlässlichkeit** gibt an, ob das der empirischen Untersuchung zugrunde gelegte Messverfahren exakt ist. Es wird mit anderen Worten festgestellt, ob das, was gemessen wird, tatsächlich exakt erfasst wird. Reliabilität liegt dann vor, wenn das Ergebnis einer Datenerhebung unter den exakt gleichen Testbedingungen bei einer Wiederholung konstant bleibt. Zur Überprüfung von Reliabilität eignet sich auch eine Testbatterie, bei der der gleiche Test unter identischen Testbedingungen bei verschiedenen Testgruppen zum gleichen Ergebnis führt.
- Ein Test ist dann **valide** oder **gültig**, wenn er das misst, was tatsächlich gemessen werden soll. Mögliche Fehler von Testanordnungen können auf eine unangebrachte Auswahl von Testpersonen oder nicht verstandene Fragestellungen zurückgeführt werden.
- Unter dem **Geltungsbereich** eines Tests versteht man die Erfassung der Gegebenheiten, unter denen die Ergebnisse eines Tests gelten.

## 5.3  Arten der Datenerhebung

### 5.3.1 Introspektion

> Es können durch sogenannte **Introspektion** sprachliche Daten gefunden werden. Das heißt überspitzt formuliert, dass man sich hinsetzt und sich schöne Beispiele ausdenkt.

Es sollte deutlich sein, dass dies nicht wirklich eine empirisch basierte Vorgehensweise ist, die den oben genannten Gütekriterien gerecht wird. Die Nachteile eines solchen Vorgehens liegen auf der Hand: Wer einmal länger zu einem bestimmten grammatikalischen Phänomen gearbeitet hat, bekommt gelegentlich Zweifel an der Richtigkeit der selbst konstruierten Beispiele und wird auf Beispiele kommen, die zwar der eigenen Intuition entsprechen, jedoch nicht von allen Sprechern einer Sprache geteilt werden. Ebenso deutlich sind die Vorteile: Eigene Beispiele bereitzustellen kostet weitaus weniger Zeit, als sie mühsam durch Fragebogenuntersuchungen, Interviews oder Korpusrecherchen zu finden.

> Es lassen sich Daten durch Arbeiten mit einem selbst erstellten oder einem bereits existierenden **Korpus** erheben.

Fillmore, einst selbst ein glühender Verfechter der introspektiv erhobenen Daten, beschreibt die unterschiedlichen Verfahrensweisen der introspektiven und der korpusbasierten Datengewinnung wie folgt:

> He [the armchair linguist] sits in a deep soft comfortable armchair, with his eyes closed and his hands clasped behind his head. Once in a while he opens his eyes, sits up abruptly shouting, "Wow, what a neat fact!", grabs his pencil, and writes something down. Then he paces around for a few hours in the excitement of having come still closer to knowing what language is really like. [...] Every corpus that I've had a chance to examine, however small, has taught me facts that I couldn't imagine finding out about in any other way.
> (Fillmore 1992: 35)

### 5.3.2 Fragebögen

Eine häufig angewandte Methode, linguistische Daten zu erheben, ist die Verwendung eines Fragebogens.

Bei **Fragebögen** sollen die Testpersonen schriftlich formulierte Fragen ohne direkte Einwirkung des Forschenden ausfüllen. Fragebögen dienen der Datenerhebung und werden vor allem eingesetzt, um soziale, politische und psychologische Einstellungen und Eigenschaften der Befragten zu ermitteln. Im Bereich der Linguistik dienen Fragebögen vor allem zur Ermittlung von Grammatikalitätsurteilen zu bestimmten sprachlichen Phänomenen oder von Einstellungen des Sprechers zu bestimmten sprachlichen Varietäten.

Fragebögen werden in der Linguistik häufig eingesetzt, um Akzeptabilitätsurteile zu bestimmten ausgewählten Beispielsätzen zu ermitteln. Zumeist werden diese Urteile mittels einer Skala von „ungrammatisch" bis „korrekt" angegeben.

Entscheidend für die Konzeption von Fragebögen ist die Planung der Fragen, da durch die verschiedenen Fragemöglichkeiten unterschiedliche Ziele verfolgt werden können. Grob kann zwischen **geschlossenen und offenen Fragen** unterschieden werden.

**Offene Fragen** erlauben viele Antwortmöglichkeiten und legen den Befragten nicht auf bestimmte Antworten fest.

Solche Fragen bieten sich an, wenn man an der frei formulierten, eigenständigen Antwort der Befragten interessiert ist. Bei offenen Fragen ist es möglich, Dinge in Erfahrung zu bringen, an die der Befragende vielleicht bei der Konzeption des Fragebogens nicht gedacht hat. Bremerich-Vos (1981) beschäftigt sich mit dem muttersprachlichen Grammatikunterricht im Deutschunterricht aus der Schülerperspektive und fördert durch die Verwendung von offenen Fragen die Erkenntnis zutage, dass Schüler einen solchen Unterricht nicht besonders attraktiv finden.

Beispiel

Notieren Sie bitte alles, was Ihnen zu folgendem Thema einfällt: ‚Mein Grammatikunterricht in der Unter- und Mittelstufe'!

Abgesehen von zwei nicht klassifizierbaren Antworten finden sich in *allen* anderen Fällen Prädikate wie „langweilig", „öde", „ziemlich zäh", „unheimlich trist". Immerhin fünf Mal ist aber zusätzlich die Rede davon, daß Grammatikunterricht nötig sei.

(Bremerich-Vos 1981: 18)

Bei der Formulierung geschlossener Fragen gehen Sie anders vor:

> **Geschlossene Fragen** geben die Antwort entweder direkt vor in Form von anzu-kreuzenden Antwortmöglichkeiten oder sind so eng formuliert, dass sie mit „ja" oder „nein" beantwortet werden können.

Geschlossene Fragen werden zumeist zur Ermittlung von Akzeptabilitätsurteilen verwendet. Zu beachten ist, dass die ausgewählten Antwortkriterien sich nicht über-schneiden dürfen, sondern skalar angeordnet sein müssen.

Beispiel

Sprechen Sie beruflich Englisch?

immer          häufig          gelegentlich          selten          nie

Gelegentlich ist es schwierig, Kategorien zu benennen, bei denen wirklich keine Überschneidungen vorliegen. Man kann sich hier helfen, indem anstelle von Kate-gorien Ziffern und an den Eckpunkten die beiden Pole angegeben werden.

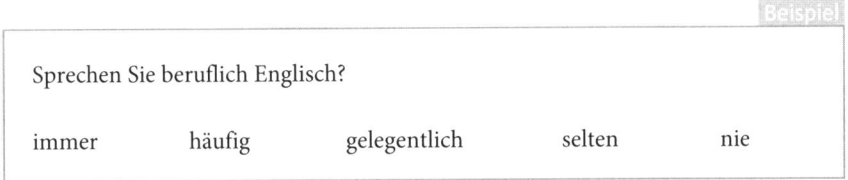

Beispiel

Sprechen Sie beruflich auf Englisch?

immer          1          2          3          4          5          nie

Es sollte dabei die Balance zwischen positiven und negativen Antwortmöglichkeiten gehalten werden. Mit anderen Worten, es sollten gleich viele positive wie negative Antworten angeboten werden. Auch ist es wichtig, eine neutrale Antwortoption be-reitzustellen, damit die Befragten sich nicht von vornherein festlegen müssen.

Bei geschlossenen Fragen muss man sich davor hüten, die Befragten zum me-chanischen Ankreuzen derselben Ziffer zu verleiten. Es ist daher wichtig, bei der Art der Frage zu variieren. So sind beispielsweise auch verneinte Fragen möglich.

Neben der Formulierung der Fragen ist es entscheidend, den Aufbau des Frage-bogens genau zu planen. Zu Beginn des Fragebogens sollten diejenigen Fragen ste-hen, die am ehesten Interesse bei den befragten Personen auslösen werden und so am ehesten dazu verleiten, den gesamten Fragebogen zu beantworten. Heikle oder persönliche Fragen sollten gegen Ende des Fragebogens stehen. Was die Ermittlung von Akzeptabilitätsurteilen angeht, so entsteht häufig das Problem, dass die Be-fragten allzu leicht ein Gruppierungsprinzip der Fragen erkennen. Beispielsweise darf man nicht zuerst mit den grammatischen Sätzen beginnen, sondern man sollte grammatische und ungrammatische Sätze gut mischen und nach Möglichkeit den Befragten das eigentliche Phänomen auch nicht verraten. Dabei können Sätze, die das Phänomen nicht enthalten, zur Ablenkung dienen.

Für die Durchführung einer Fragebogen-basierten Untersuchung liefert Wellenreuther (1982) ein anschauliches Phasenmodell:

| Phasen der Fragebogenentwicklung | Gesichtspunkte/Kriterien |
|---|---|
| 1) Präzisierung, Einengung des Themas, Klärung der zu erfragenden Inhalte, geordnet nach ihrer Bedeutsamkeit Aufstellung von Hypothesen | ▶ Entscheidungen über Ausmaß der Standardisierung; ob schriftliche oder mündliche Befragung (Interview) <br> ▶ Analyse der Literatur zum Thema <br> ▶ Entscheidung über Gruppen, die befragt werden sollen <br> ▶ Intensives Erfragen eines Bereichs oder oberflächliches Abfragen verschiedener Bereiche |
| 2) Formulierung von Fragen zu den interessierenden Bereichen/zu den Hypothesen | ▶ Balance der Fragen, Konkretheit, Verständlichkeit, Eindeutigkeit <br> ▶ Trennung von unabhängigen und abhängigen Variablen <br> ▶ Mischung geschlossener und offener Fragen (Adressatenkreis, Monotonie des Fragebogens, Präzision und objektive Auswertbarkeit der Fragen) |
| 3) Ordnung der Fragen in eine Reihenfolge | ▶ Einleitung: Allgemeine Information, Motivierung, Zusicherung der Anonymität <br> ▶ Aufwärmfragen <br> ▶ Peinliche Fragen nicht an den Anfang <br> ▶ Abhängigkeit vom Fragekontext: Kontrollgruppen |
| 4) Überprüfung des Fragebogens | ▶ Vortest an ca. 20 Befragten <br> ▶ Fragen nach Unebenheiten der Frageformulierung <br> ▶ Statistische Auswertung (wenn nur eine Antwort auf eine Frage vorkommt, dann ist die Frage nicht informativ) |
| 5) Vorbereitung der Hauptuntersuchung: Interviewerschulung und Auswahl der Stichprobe | ▶ Versuchsplanung: Ist eine Variation der unabhängigen Variablen durch die Auswahl der Stichprobe möglich? <br> ▶ Interviewerschulung <br> ▶ Organisation von Adressenlisten usw. |

Tab. 5-1: Die Entwicklung eines Fragebogens nach Wellenreuther (1982: 179)

Ein Fragebogen zu Zweifelsfällen soll dies abschließend verdeutlichen:

> Ein sprachlicher Zweifelsfall (Zf) ist eine sprachliche Einheit (Wort/Wortform/Satz), bei der kompetente Sprecher im Blick auf (mindestens) zwei Varianten (a, b...) in Zweifel geraten können, welche der beiden Formen (standardsprachlich) korrekt ist (vgl. Sprachschwankung, Doppelform, Dublette). Die beiden Varianten eines Zweifelsfalls sind formseitig oft teilidentisch (z.B. *dubios/dubiös, lösbar/löslich, des Automat/des Automaten, Rad fahren/rad fahren/radfahren, Staub gesaugt/ staubgesaugt/gestaubsaugt*).
> (Klein 2003: 7)

In Rothstein (2010) wollte ich herausfinden, ob auch Schüler Schwierigkeiten bei der Bewertung von Zweifelsfällen haben. Die Fragebogenstudie wurde an einem Tübinger beruflichen Gymnasium durchgeführt, 87 Schüler aus den Klassen 11 und 12 nahmen daran teil. Diese Schülergruppe nenne ich im Folgenden Testgruppe β. Da mir die Schüler bekannt waren, konnte ich auf einen formalen Fragebogenkopf (Angabe der Universität/ Forschungseinrichtung, Kontaktadresse, betreuender Hochschullehrer) verzichten. Über die sprachlichen Daten hinaus musste sichergestellt werden, dass die Schüler Deutsch als erste Sprache erworben hatten. Daher wurde danach gefragt, welche Sprache zu Hause gesprochen wird und welche Sprache nach eigener Einschätzung am besten beherrscht wird. Die Befragung belegte die Unsicherheit der Testgruppe β bezüglich der Richtigkeit der einzelnen Formen.

Beispiel

---

Die folgenden zwei Aufgaben sollen mir helfen, die nächste Unterrichtseinheit vorzubereiten, die ich bei Euch halten werde. **Es ist keine Klassenarbeit und wird NICHT BENOTET.** Es ist wichtig, dass Du die Aufgaben alleine machst. In drei Wochen bringe ich die Blätter mit in den Unterricht und wir besprechen sie anonym.

Name: _____    Alter: _____
Welche Sprache sprecht Ihr zu Hause? _____
Welche Sprache kannst Du am besten? _____

1.  Kreuze die Antworten an, die Dir richtig erscheinen!
    1.  Ist Namenkunde oder Namenskunde richtig?
        - ☐  *Namenkunde* und *Namenskunde* sind beide richtig.
        - ☐  *Namenkunde* ist richtig.
        - ☐  *Namenskunde* ist richtig.
        - ☐  *Namenkunde* und *Namenskunde* sind beide falsch.
        - ☐  Ich weiß es nicht.

    2.  Was ist richtig? *Heilsarmee* oder *Heilarmee*?
        - ☐  *Heilsarmee* ist richtig.
        - ☐  Ich weiß es nicht.
        - ☐  *Heilsarmee* und *Heilarmee* sind beide richtig.
        - ☐  *Heilsarmee* und *Heilarmee* sind beide falsch.
        - ☐  *Heilarmee* ist richtig.

[...]

### 5.3.3 Arbeiten mit bereits existierenden Korpora

Zum Teil werden verlässliche linguistische Korpora online zur Verfügung gestellt. Dazu zählt COSMAS II.

**COSMAS II** ist ein Korpusrecherchesystem, das vom Institut für Deutsche Sprache (IDS) in Mannheim bereitgestellt wird. COSMAS steht für Corpus Search, Management and Analysis-System und ist eine Volltextdatenbank, die sprachwissenschaftlich motivierte Recherchen in den Korpora des IDS erlaubt. Sie erlaubt Suchanfragen zu Wörtern, Teilwörtern und Wortgrundformen, Wortklassen, Angaben zu Wort- und Satzabstand und zu Textbereichen. Die Ergebnisse können nach Entstehungszeit, Erscheinungsland und Thematik sortiert und statistisch auf häufig verwendete Gebrauchsmuster untersucht werden. COSMAS II erlaubt die Bereitstellung unterschiedlicher Kontextgrößen und die Dokumentation der Herkunft.

COSMAS II ist damit keine Suchmaschine wie *google*. Suchmaschinen lesen fremde Texte und Textbestände und machen sie der Öffentlichkeit zugänglich. COSMAS II ist eine Datenbank, die aus einer sich ständig vergrößernden Sammlung von ausgewählten Texten besteht. Die in COSMAS II versammelten Texte stammen aus Zeitungen, Sach- und Fachtexten sowie der Belletristik aus Deutschland, Österreich und der Schweiz. Die ältesten Belege stammen von 1772. COSMAS II eignet sich damit zum Arbeitswerkzeug für Sprachwissenschaftler, deren an sprachlichen Fragestellungen interessierte Kollegen aus anderen Wissenschaften, Übersetzer, Studierende und alle anderen an Sprache Interessierten.

Der **Zugang** zu COSMAS II ist kostenfrei für wissenschaftliche und nicht-kommerzielle Zwecke: http://www.ids-mannheim.de/cosmas2/uebersicht.html.

COSMAS II liegt in mehreren Varianten vor. COSMAS II$_{win}$ kann nur auf WINDOWS-Betriebssystem oder mit WINDOWS kompatiblen Systemen verwendet werden und muss daher unter dem obigen Link installiert werden. COSMAS II$_{web}$ kann unabhängig vom Betriebssystem online verwendet werden. Für beide Verwendungen gibt es Hilfsprogramme, zu denen man über die oben aufgeführten Links kommt.

Nach Angaben des Instituts für Deutsche Sprache wird für jede Applikation mindestens eine Version *x.y* pro Jahr freigegeben. Dass COSMAS II weiterentwickelt wird, muss dabei nicht eigens betont werden. Informationen zu Änderungen sind über den COSMAS II-Newsletter, der im Menübereich Optionen vom jeweiligen Nutzer selbst aktiviert werden kann, einsehbar.

Trotz der immer wieder anstehenden Veränderungen sind die wesentlichen Arbeitsabläufe bei COSMAS II über die Jahre hinweg konstant geblieben und werden in folgender Graphik zusammengefasst:

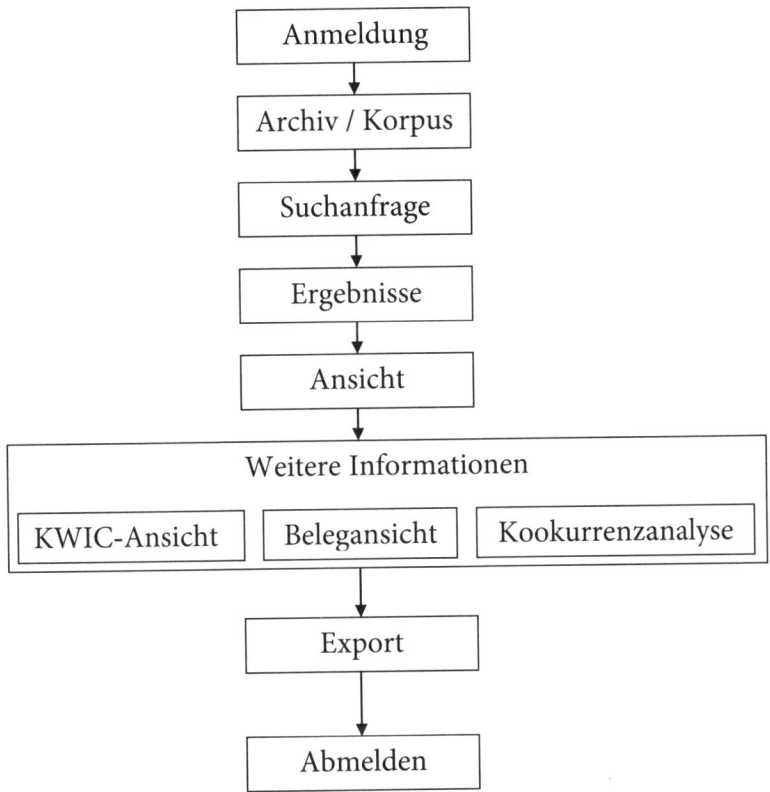

Abb. 5-2: Arbeitsschritte bei Cosmas II

Zunächst muss man sich anmelden. Die Einstiegsseite ist bei der online-Version http://www.ids-mannheim.de/cosmas2-web/, bei der Vollversion genügt ein Doppelklick auf den Speicherort des Programms. Bei der Erstanmeldung ist eine Registrierung notwendig.

Nach der Anmeldung wird zunächst das Archiv und dann das Korpus ausgewählt. Ein Archiv kann aus mehreren Korpora bestehen. Die Archive werden u.a. nach Textsorte, Textverfasser, Textalter und Bedienbarkeit unterschieden. Korpora sind bei Cosmas II Zusammenstellungen verschiedener Texte oder Textsorten nach bestimmten Kriterien (z.B. Zeitungstexte, Belletristik, Sachbücher, historische Aspekte etc.). Die Wahl von Archiv und Korpus hängt von der jeweils interessierenden Fragestellung ab.

Sind nun diese beiden ausgewählt, kann eine Suchanfrage formuliert werden. Für die Formulierung dieser Anfragen gibt es eine Hilfsfunktion. Sollten auf eine Suchanfrage mehrere Arten von Treffern passen, zeigt Cosmas II eine Liste mit den verschiedenen Wortformen an, innerhalb derer die interessierenden Formen angeklickt und dadurch zum ausschließlichen Untersuchungsgegenstand der nachfolgenden Suche werden.

Eine erfolgreiche Suche endet mit dem Anzeigen der Ergebnisse, die in verschiedenen Präsentationsarten gesehen werden können. Man kann sie beispielsweise sortieren oder nach verschiedenen Kriterien zusammenfassen. Anschließend sind detailliertere Informationen (z.B. mehr Kontext) aufrufbar. Die Funktion **K**ey **W**ord **I**n **C**ontext (KWIC) ermöglicht es, die jeweiligen Treffer farbig hervorzuheben. Die KWIC-Ansicht ist auf eine Zeile beschränkt, die Belegansicht ermöglicht die Betrachtung eines bis zu drei Absätzen umfassenden Kontexts.

Natürlich ist es wichtig, die gefundenen Dateien zu sichern. Dies ist mittels der Export-Analyse möglich, die unter Angabe der Quellen eine rtf-Datei (eine etwas vollwertigere Word-Datei) erstellt, die Sie anschließend bearbeiten können.

Betrachten wir dazu ein Beispiel aus der Praxis. Angenommen, Sie wollen herausfinden, mit welchen morphologischen Basen sich *Alt-* verbindet. Es geht Ihnen demnach darum, Verbindungen wie *Altkanzler, Altmeister* etc. zu untersuchen. Auf der online-Version von Cosmas II müssen Sie sich zunächst anmelden.

Anschließend geht es um die Wahl eines Archivs. Für die Bildungen auf *Alt-* unter gegenwartsdeutscher Perspektive kann beispielsweise das Archiv der geschriebenen Sprache gewählt werden. Dann können Sie als Korpus beispielsweise das zur Hamburger Morgenpost von 2005 bis 2008 wählen.

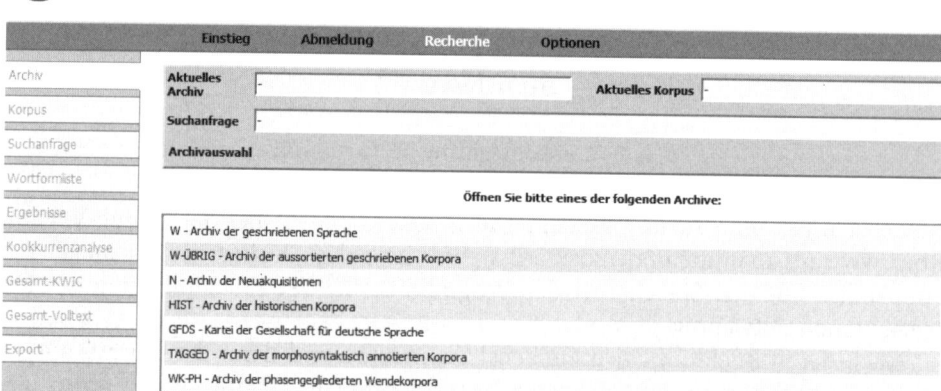

Nun geht es an die Formulierung der Suchbefehle. Da Sie an Formen wie *Altkanzler* und *Altmeister* interessiert sind, interessieren Sie Bildungen mit Adjektiven wie *alter Kanzler* nicht. Demnach müssen Sie einen Befehl verwenden, durch den nach Formen gesucht wird, die mit *Alt* beginnen. Ein solcher Befehl ist *Alt\**, den Sie durch die Hilfefunktion mit dem Button *Hilfe zu den Suchanfragebeispielen* ermitteln können.

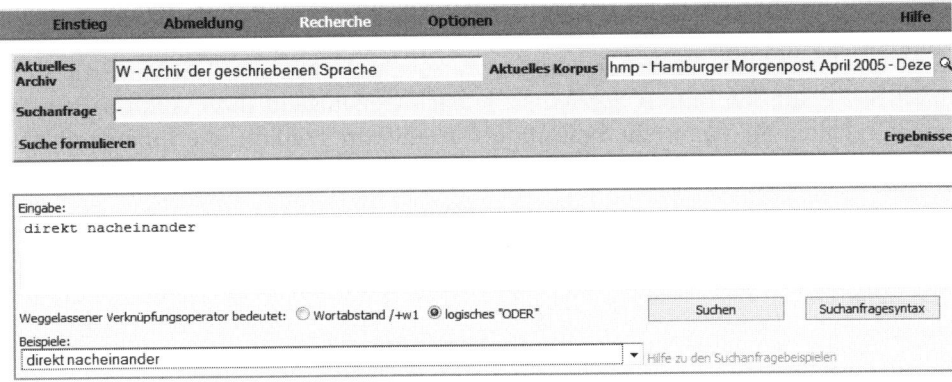

Beim Suchen mit *Alt\** kommen Sie nun zur Anzeige der temporären Wortformliste, die Sie öffnen müssen. 1409 Wortformen wurden am 9. März 2010 gefunden. Die Liste sieht wie folgt aus:

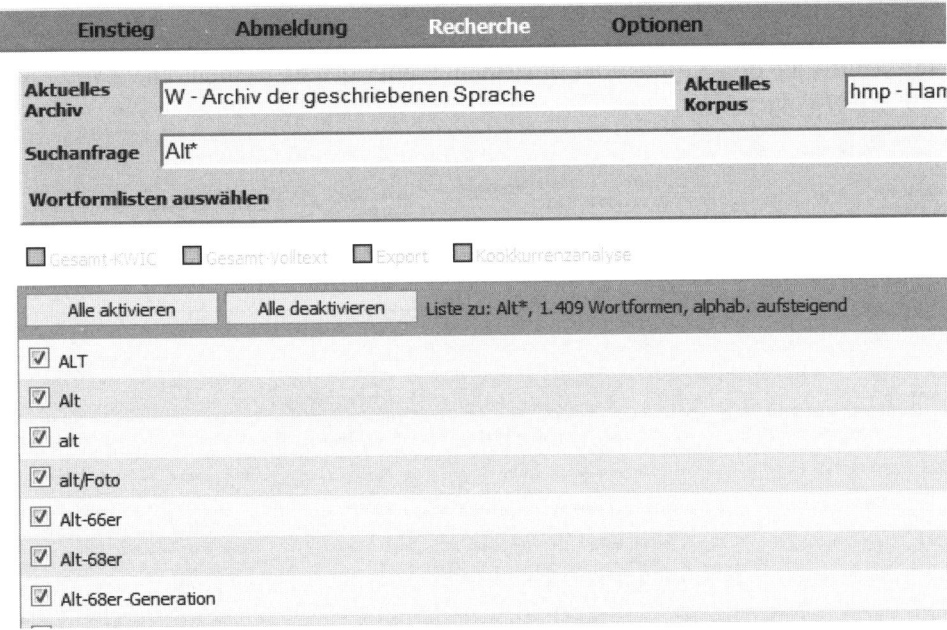

Durch ein einfaches Anklickverfahren können Sie die Häkchen vor den Belegen entfernen. Wenn Sie dies tun, wird anschließend nicht nach der abgeklickten Form gesucht. Natürlich wäre es nun langwierig, die 1409 Wortformen einzeln durchzusehen. Sie können sich daher im Vorfeld überlegen, welche Formen Sie ausschließen möchten, und nach diesen in der alphabetisch angeordneten Wortformliste suchen.

Dies sind *alt* und alle seine adjektivischen Flexionsformen: *alte, alter* etc. Beim Durchblättern erkennen Sie, dass es noch weitere Formen gibt, an die Sie vielleicht nicht im Vorfeld gedacht haben: *Altenheim.* Sobald Sie mit dem Klicken fertig sind, drücken Sie auf den Button *Ergebnisse.* Je nach Genauigkeit Ihrer Abklick-Bemühungen erhalten Sie dann eine bestimmte Anzahl von Treffern, die Ihnen zunächst wie folgt präsentiert wird:

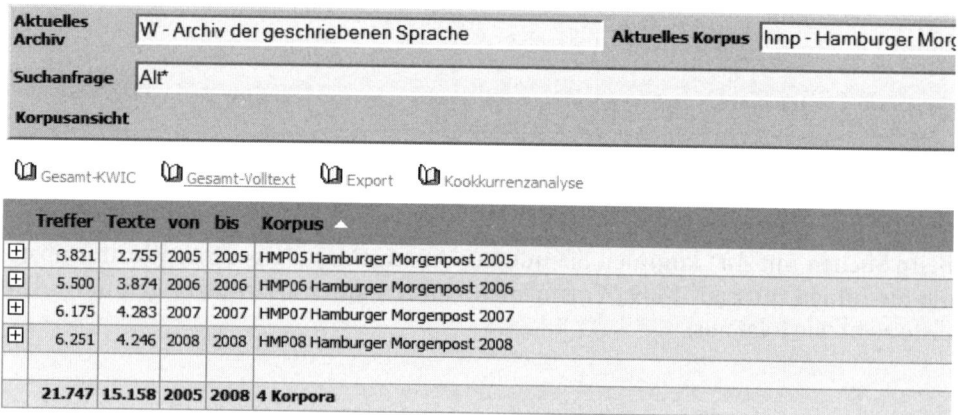

Nun wollen Sie den Kontext der einzelnen Treffer genauer sehen. Die KWIC-Ansicht ergibt Folgendes:

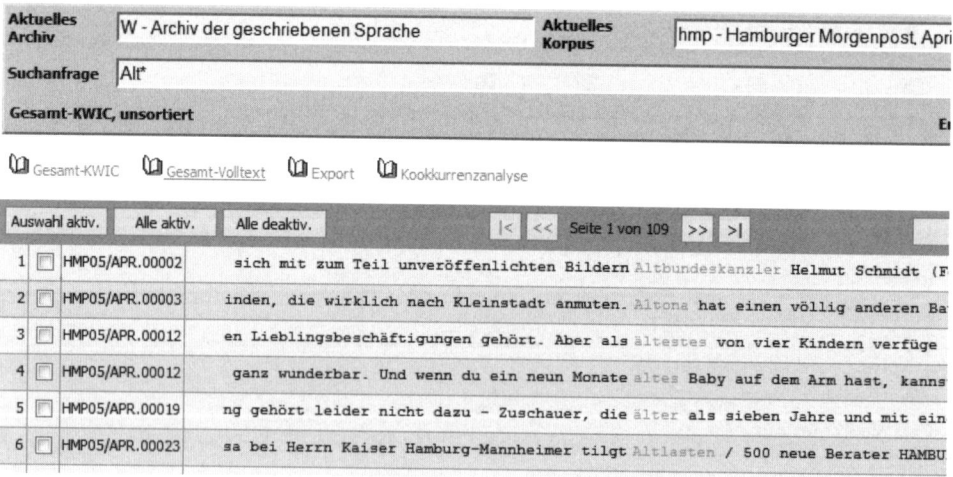

Der Volltext sieht so aus:

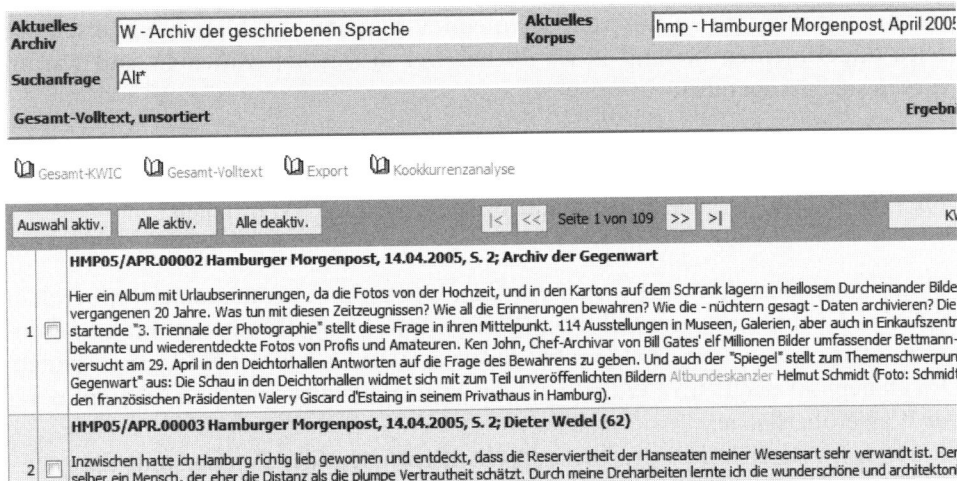

Sie können innerhalb der KWIC- und der Volltextansicht nun Beispiele auswählen, die Sie anschließend mit der Export-Taste in ein rtf-Dokument überführen.

Die durch Cosmas II gewonnenen Daten können nun ausgewertet werden. Aufgrund des oben dargestellten Ziels können die einzelnen Lexeme (genauer: Basen), mit denen *Alt-* sich verbindet, untersucht werden.

Eine andere Möglichkeit, Daten zu erheben, ist mit Experimenten gegeben, um die es im nächsten Abschnitt geht.

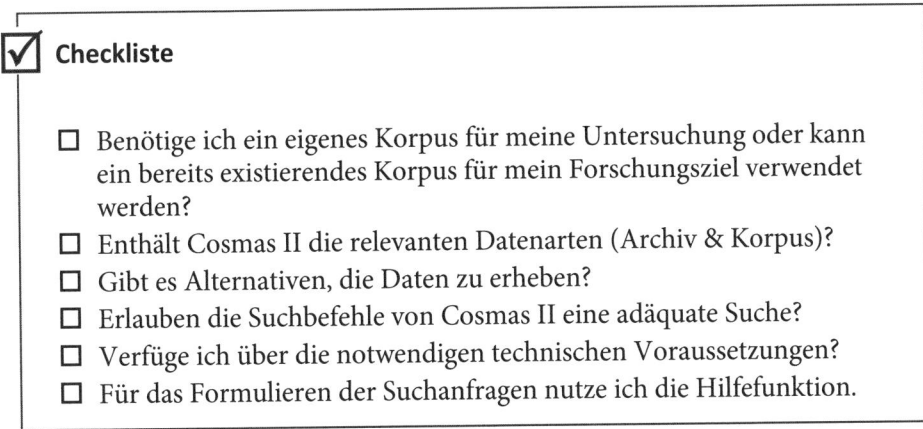

**☑ Checkliste**

☐ Benötige ich ein eigenes Korpus für meine Untersuchung oder kann ein bereits existierendes Korpus für mein Forschungsziel verwendet werden?

☐ Enthält Cosmas II die relevanten Datenarten (Archiv & Korpus)?

☐ Gibt es Alternativen, die Daten zu erheben?

☐ Erlauben die Suchbefehle von Cosmas II eine adäquate Suche?

☐ Verfüge ich über die notwendigen technischen Voraussetzungen?

☐ Für das Formulieren der Suchanfragen nutze ich die Hilfefunktion.

### 5.3.4 Experimente

Wir alle erinnern uns an unseren Chemieunterricht, der wohl bei den meisten aus vielen Experimenten bestand. Was geschah bei diesen Experimenten und warum wurden sie durchgeführt?

> Bei **Experimenten** werden einzelne Variablen manipuliert mit dem Ziel, die Interaktion dieser Variable in Bezug auf andere Variablen festzustellen.

So kann man beispielsweise durch ein Experiment im Chemieunterricht, bei dem man eine bestimmte Menge Öl in eine bestimmte Menge Wasser schüttet und danach gut verrührt, erkennen, dass Öl und Wasser ein heterogenes Gemisch bilden: Das Öl beginnt nach einer Weile sich vom Wasser abzutrennen und schwimmt auf der Wasseroberfläche.

Auch im Bereich der Sprachwissenschaft, vor allem der Psycho- und Neurolinguistik, spielen Experimente eine große Rolle. Ein sehr bekanntes und mit verhältnismäßig wenig technischem Aufwand verbundenes Experiment ist William Labovs Untersuchung des Amerikanischen in unterschiedlichen New Yorker Kaufhäusern. Labovs Experiment ist eine Pionier-Arbeit in der experimentellen soziolinguistischen Sprachwissenschaft und gehört zu der Gruppe der Feldexperimente.

> Bei **Feldexperimenten** erfolgt die Untersuchung im natürlichen Kontext des Untersuchungsobjekts. Demnach wird der interessierende Gegenstand nicht aus der Umgebung herausgelöst, in der er typischerweise vorkommt.

Labov (1966) untersuchte die Vermutung, dass die Aussprache des [r] nach Vokalen im New York der sechziger Jahre erneut eingeführt wurde. Er war der Auffassung, dass eher jüngere als ältere Sprecher es aussprachen, dass es eher in formalen Äußerungssituationen verwendet wurde und dass es eher am Wortende nach Vokal (z.B. floor) als nach Konsonant (z.B. fourth) auftrat. Um diese Hypothesen zu überprüfen, besuchte er drei New Yorker Geschäfte (Saks, Macy's und S. Klein), die zum Zeitpunkt der Untersuchung von drei eindeutig unterscheidbaren sozialen Klassen besucht wurden (Ober-, Mittel- bzw. Unterschicht). Labov fragte in allen drei Geschäften jeweils nach Abteilungen, von denen er im Voraus wusste, dass sie im vierten Stock (fourth floor) lagen. Wenn der Verkäufer oder die Verkäuferin antwortete, fragte Labov noch einmal nach unter dem Vorwand, den Stock nicht verstanden zu haben. Er bekam so eine mit Umsicht ausgesprochene Antwort.

Labov fand heraus, dass die [r]-Aussprache mehr in Saks als in Macy's erfolgte. Macy's lag wiederum über S. Klein. Die mit Umsicht ausgesprochene Version von *fourth floor* führte fast immer zur [r]-Aussprache. Das [r] wurde stets häufiger in floor als in fourth ausgesprochen. Labovs Untersuchung entbehrt einer statistischen Grundlage, wurde aber als Durchbruch von soziolinguistisch bedingten Studien gefeiert.

Labov fand weiter heraus, dass ältere Menschen in Saks die von ihm untersuchte [r]-Aussprache weniger benutzten. Die Daten aus Macy's belegten jedoch Gegenteiliges. Labov schloss daraus, dass Menschen der Ober- und der Mittelschicht eher dazu neigen, ihre Sprache mit zunehmendem Alter und nach Abschluss der Jugend nicht mehr zu verändern. Menschen der Unterschicht scheinen aufgrund eines möglichen Wunsches nach sozialem Aufstieg eher zu Veränderungen bereit zu sein.

Eine weitere Variante des linguistischen Experiments liegt mit dem sogenannten Laborexperiment vor.

> Beim **Laborexperiment** wird der Untersuchungsgegenstand nicht in seinem natürlichen Kontext experimentell betrachtet, sondern in einer künstlich bereitgestellten Umgebung, in der er gewöhnlich nicht vorkommt.

Nimmt man das Kriterium des künstlichen Kontexts sehr ernst, so ist folgendes Beispiel zu den Laborexperimenten zu zählen. Berman & Slobin (1994) legen eine sprachvergleichende Untersuchung zur Entwicklung kindlichen Erzählens vor, die an Kindern unterschiedlichen Alters erfolgte. Die Kinder sollten die Bildgeschichte *Frog, where are you?* von Mercer Mayers nacherzählen, aus der sämtliche Textteile zuvor entfernt wurden. In der zu erzählenden Bildgeschichte ging es darum, die einzelnen Handlungen sprachlich aneinanderzureihen, in denen ein Junge und sein Hund versuchen, einen Frosch, der ihnen zu Beginn der Geschichte entlaufen ist, wiederzufinden. Dieses Experiment gehört eher zu den Laborexperimenten, da die Kinder in einem für sie unbekannten Kontext die Bildergeschichte erzählen sollten: Der das Experiment Durchführende war die einzige Person, die mit dem Kind im Raum war.

Eine eindeutigere Version von Labor-Experimenten liegt beispielsweise mit der eye-tracking-Methode vor, die die Augenbewegungen einer Versuchsperson beim Lösen einer sprachlichen Aufgabe, z.B. dem Lesen, aufzeichnet. Die eye-tracking-Methode geht dabei von einem kognitionswissenschaftlichen Blickpunkt aus und nimmt einen Zusammenhang zwischen der Augenbewegung und den Vorgängen im Gehirn an. Die beobachtbaren Augenbewegungen werden demnach in Verbindung zu entsprechenden internen Vorgängen gesetzt. Dass es sich um eine Labor-Situation handelt, macht schon die notwendige technische Apparatur der eye-tracking-Methode klar:

Technische Apparatur der eye-tracking-Methode
(http://www.linguistik.hu-berlin.de/forschung/psyling-labor/et,
gesehen am 25. Juni 2010)

Für beide Arten von Experimenten gilt, dass vor ihrer Durchführung bestimmte Voraussetzungen erfüllt sein müssen. Die folgende Tabelle illustriert diese durch das Labovsche Experiment:

|  | Voraussetzung | Bei Labov |
|---|---|---|
| 1. | Identifikation der interessierenden Variablen | Finden der [r]-Aussprache |
| 2. | Hypothese zu kausalen Interaktionen mit anderen Variablen | [r]-Aussprache hängt ab von sozialem Status und Alter |
| 3. | Isolierbarkeit der interessierenden Variablen | gezielte Nachfrage nach dem vierten Stock; alle anderen Variablen müssen konstant bleiben |
| 4. | Überprüfung, ob die interessierende Variable variierbar ist | verschiedene Möglichkeiten der [r]-Aussprache |
| 5. | Sicherstellung, dass Veränderung der Variable wiederholbar ist | wiederholbar mit weiteren Verkäufern der gleichen Warenhäuser |

Tab. 5-2: Voraussetzungen von Experimenten im Allgemeinen und im Besonderen (Labov)

Wie plant man nun ein Experiment? Folgende Tabelle gibt dazu einen Überblick:

| 1 | Planung | *Anlegen eines „Tagebuchs"* (Ich dokumentiere sämtliche mit dem Experiment zusammenhängenden Aktivitäten.) *Themenwahl* (Welches Thema möchte ich bearbeiten?) *Literaturrecherche & Lesen* (Ich informiere mich zum Thema.) *Aufstellen der Hypothese* (Was soll das Experiment nachweisen, ermitteln?) *Versuchsidee* (Welche Art von Experiment verwende ich?) *Ausarbeitung des Experiments* (Wie führe ich das Experiment genau aus?) *Pilotstudie* (Ich führe das Experiment zunächst als kleine Probe durch.) *Auswertung der Pilotstudie* (Ich fasse die Ergebnisse der Pilotstudie zusammen und werte sie aus.) |
|---|---|---|
| 2 | Durchführung | *Konservierung aller Daten* (Ich hebe sämtliche Daten in einem lesbaren oder hörbaren Format auf.) |
| 3 | Auswertung | *Aufbereitung der Daten zur Auswertung* (Ich transkribiere die Daten zum Beispiel.) *Auswertung via Statistik oder anderem* *Interpretation der Ergebnisse hinsichtlich Fragestellung(en) und Hypothese(n)* |
| 4 | Verschriftlichung | |

Tab. 5-3: Planungsschritte eines Experiments

Innerhalb der Linguistik haben sich vielfältige Arten von Experimenten etabliert, von denen ich hier drei nenne:

▶ Bei Experimenten, in denen bestimmte Aussprachemerkmale im Vordergrund stehen, können Texte oder Sätze **laut vorgelesen** werden lassen. Es ist allerdings zu beachten, dass beim Vorlesen zumeist nicht so gesprochen wird wie üblicherweise.

▶ Äußerungen können von den Probanden **vervollständigt** werden. Man erreicht dadurch einen relativ freien Redefluss und kann dennoch in gewisser Weise die Sprachproduktion steuern.

▶ Es können **Bilder benannt** oder **beschrieben** werden.

---

☑ **Checkliste**

- ☐ Benötige ich ein Experiment zur Erhebung der gewünschten Daten?
- ☐ Ist ein Labor- oder ein Feldexperiment sinnvoll?
- ☐ Verfüge ich über die notwendigen technischen, infrastrukturellen und finanziellen Mittel zur Durchführung des Experiments?
- ☐ Welche Variable will ich isolieren?
- ☐ Wie kann ich diese Variable isolieren?
- ☐ Welche Art von Experiment bietet sich an?

---

### 5.3.5 Linguistische Feldforschung

Eine Möglichkeit zur Datenerhebung – die allerdings für kleinere Qualifikationsarbeiten häufig schwer durchführbar ist – ist mit der linguistischen Feldforschung gegeben.

**Feldforschung** erfolgt nicht im „Labor" oder in Bibliotheken, sondern im direkten, längeren und intensiven Kontakt mit den Sprechern der jeweiligen Zielsprache vor Ort unter Einsatz bestimmter Forschungsmethoden und technischer Hilfsmittel wie Tonbandgeräte, Computer usw.

Linguistische Feldforschung bietet sich zumeist bei der Dokumentation von kaum oder gar nicht untersuchten Sprachen oder Varietäten einer Sprache an. Der seit längerer Zeit immer rasanter zunehmende Tod von Sprachen mit wenigen Sprechern hat linguistische Feldforschung besonders notwendig gemacht, da zu diesen Sprachen häufig keine schriftlichen Aufzeichnungen vorliegen. Die betreffenden Sprachen können beispielsweise Aufschluss über die übereinzelsprachliche Architektur der Grammatik, über typologische Besonderheiten und über Versprachlichungsstrategien unterschiedlicher Kulturen geben. Demnach kann die feldlinguistische Erfassung von selten untersuchten Sprachen die fundamentalen Themen der Sprachwissenschaft durch neue Daten vorantreiben.

Ein sehr eindrückliches Beispiel, das die Notwendigkeit linguistischer Feldforschung aufzeigt, stammt aus dem Themenkomplex Tempus. Die Standardauffassung zu Tempus ist im *Lexikon der Sprachwissenschaft* nachlesbar:

> **Tempus** [lat., 'Zeit'; engl. 'tense']. Grundlegende (morphologisch-) gramm. Kategorie des Verbs, die [...].
> (Bußmann 2008: 717)

Tempus wird damit als ein (morphologisch-)grammatisches Merkmal definiert, das typisch für Verben ist. Doch zeigen auch einige Sprachen im Bereich der Nomen

Phänomene, die eng mit denjenigen von Verben verwandt sind. Hierbei sprechen Nordlinger & Sadler (2004: 778) vom nominalen Tempus:

(i)    Nomen zeigen eine temporale Unterscheidung, die vergleichbar mit der Bedeutungsunterscheidung verbaler Tempora ist.

(ii)   Diese Unterscheidung ist produktiv in der gesamten Wortklasse und nicht auf eine Untergruppe von Nomina begrenzt.

(iii)  Diese Unterscheidung ist nicht begrenzt auf Nomina, die als Prädikate in verblosen Sätzen fungieren, sondern tritt in Sätzen mit Verben auf.

(iv)   Die betreffenden Temporalitätsmarkierer sind eine morphologische Kategorie der Wortklasse Nomen. Sie können nicht als Klitikon, das phonologisch an Nomen tritt, analysiert werden.[1]

Nordlinger & Sadler (2004) untersuchen dabei Sprachen wie die Arawak-Sprache Tariana aus dem Nordwesten Amazoniens in Brasilien. Nomen werden in Tariana nach Vergangenheit oder Futur flektiert. Unflektierte Nomen haben keine eigene Tempusbedeutung.

Diese kurze Erwähnung der tarianischen Daten zeigt, dass diese – sofern sie wirklich zum Themenkomplex Tempus gehören sollten – die gängigen Tempustheorien beeinflussen müssen, da Tempus als Merkmal nicht ausschließlich auf Verben zutrifft. Die Daten zeigen damit auch, wie lohnenswert linguistische Feldforschung sein kann.

Linguistische Feldforschung ist eine sehr aufwändige Angelegenheit, bei der in der Regel neben beträchtlichen finanziellen Aufwendungen viel Flexibilität, Abenteuergeist und Zeit mitgebracht werden muss. Sprecher verhalten sich – sobald sie sich beobachtet fühlen – zumeist anders als gewöhnlich. Will man eine Sprache adäquat bearbeiten, so ist die Arbeit mit natürlichen, d.h. ungekünstelten und nichtartifiziellen Daten unabdinglich und es ist wichtig, bei der Feldforschung eine Atmosphäre zu schaffen, bei der die Befragten nicht auf einen Untersuchungsgegenstand reduziert werden.

Die Möglichkeiten, linguistische Feldforschung zu betreiben, sind vielfältig. Diese erfolgt häufig unter Bedingungen, wie sie aus der Expeditionstour in die australische Wildnis im Film *Crocodile Dundee* dargestellt wird: Sie wird in abgelegenen, häufig aufgrund von natürlichen Bedingungen isolierten Gebieten unter hohem persönlichem Risiko betrieben. Dabei kann sie natürlich auch Untersuchungen zum Englischen der Londoner Vororte beinhalten und so unter vermutlich wesentlich angenehmeren Rahmenbedingungen vorgenommen werden.

---

[1] Klitika sind schwach betonte Morpheme, die sich an ein benachbartes Wort bildlich gesprochen anlehnen: *you'll see* (engl.) (Du wirst sehen).

Mehrere Untersuchungsmethoden der linguistischen Feldforschung haben sich etabliert. Bei der **Befragung** werden die jeweiligen Sprecher um Kommentare, Kontexte, Übersetzungen oder Bewertungen zu Beispielen gebeten. Bei der **inszenierten Kommunikation** sollen die Sprecher eine Geschichte oder einen Witz erzählen oder ein Bild oder eine Filmsequenz beschreiben. Diese Daten werden in der Regel aufgenommen, anschließend transkribiert und ausgewertet. Es bleibt noch die linguistische **Beobachtung** der Sprecher.

Die linguistische Feldforschung erfolgt zumeist in drei bis vier Phasen. In der **Orientierungsphase** geht es zunächst darum, die kulturell und natürlich linguistisch neue Umgebung in ihren Grundzügen zu verstehen. Möglicherweise wird in dieser Phase die Sprache zunächst erlernt, erste Gespräche werden aufgezeichnet und transkribiert. Kontakte werden hergestellt. Umstritten ist in der Feldforschung, ob die zu untersuchende Sprache vom Linguisten gelernt werden soll. Es folgt die Phase der **Exploration**, in der wesentlich systematischer und strukturierter aufgrund der gemachten Vorerfahrungen Daten mit Hilfe der oben dargestellten Methoden ermittelt werden. Der linguistische Feldforscher muss während dieser Phase eng mit seinen Informanten zusammenarbeiten und ist in gewisser Weise von ihnen abhängig. Das gemeinsame Arbeiten erfordert ein gutes und ausgewogenes Verhältnis zueinander, Extrovertiertheit und geistige wie kulturelle Flexibilität. Mit zunehmender Aufenthaltsdauer wird es dem Feldforscher mehr und mehr möglich, die tatsächlich repräsentativen Daten der betreffenden Sprachgemeinschaft herauszuarbeiten. In der **Hauptphase** werden die Daten durch unterschiedliche Erhebungsmethoden in all ihrer Komplexität zusammengetragen. Es können nun sehr gezielt die interessierenden Daten erhoben werden. Dabei ist es wichtig, ein Korpus zu erstellen, das sehr unterschiedliche Textsorten und Redeanlässe umfasst, um möglichst repräsentativ zu arbeiten. Die Daten müssen elektronisch aufbereitet werden, zum Beispiel mit dem Programm *The field linguist's toolbox* vom *Summer Institute of Linguistics*.

☑ **Checkliste**

☐ Gibt es zur Feldforschung keine Alternative? Kann ich die Daten nur mittels Feldforschung erheben?
☐ Bin ich zeitlich, infrastrukturell und finanziell ausreichend aufgestellt für eine feldforschende Untersuchung?
☐ Was will ich durch die Feldforschung erreichen?

## 5.4  Vorgehensweise und Datenverwaltung

Wer sich entschließt, empirisch zu arbeiten, tut gut daran, sich von vornherein zu **organisieren**. Gut bekannt sind die Fälle, in denen aufwändig erstellte Datensätze unbrauchbar werden, weil der betreffende Sammler sie nicht ausreichend dokumentiert hat. Zu den Standardangaben zählen zunächst Sprecher (auch anonymisiert möglich als Sprecher 1 …), Datum, Ort, Text plus genaue Textstelle bzw. Dialogstelle bei einem ursprünglich gesprochenen Text. Demnach muss es möglich sein, in einem selbst erstellten Korpus die betreffenden Datensätze problemlos wiederzufinden. Die weiteren Angaben variieren von Korpus zu Korpus. Ein Korpus muss demnach so gut organisiert sein, wie eine sehr gut funktionierende Bibliothek. Andernfalls bricht Chaos aus.

Folgende **Vorgehensweise** bietet sich beim empirischen Arbeiten an.

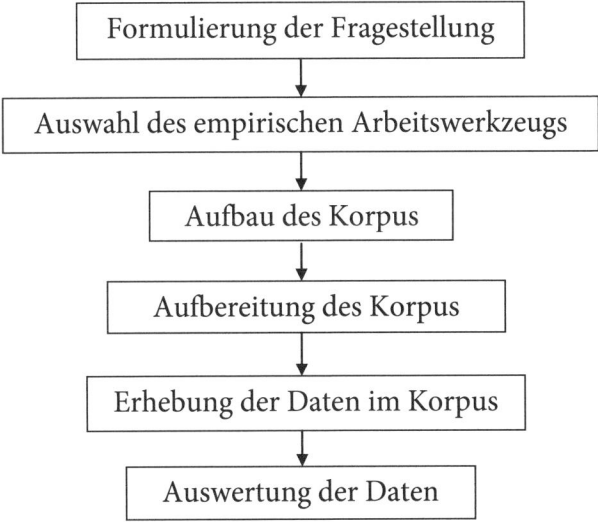

Abb. 5-3: Arbeitsschritte bei der Korpuserstellung

Hilfestellungen zum Finden der **Fragestellung**, der Ihre Arbeit nachgeht, können in Kapitel 1 nachgelesen werden. Anschließend müssen Sie sich ein oder mehrere **empirische Arbeitswerkzeuge** auswählen. Die Wahl hängt dabei letztlich von der zu bearbeitenden Fragestellung und den bereits vorhandenen Ressourcen ab. Sollte es zu Ihrer Fragestellung bereits Korpora geben – etwa für eine Spracherwerbsstudie zum frühen Erwerb des Tempus im Deutschen –, so können Sie auf diese Daten zurückgreifen (in diesem Fall die CHILDes-Datenbank mit dem Einzelkorpus Simone). Gibt es noch keine verfügbaren Daten, so muss ein eigenes Korpus erstellt werden. Die Aufbereitung des Korpus kann in folgende Arbeitsschritte unterteilt werden:

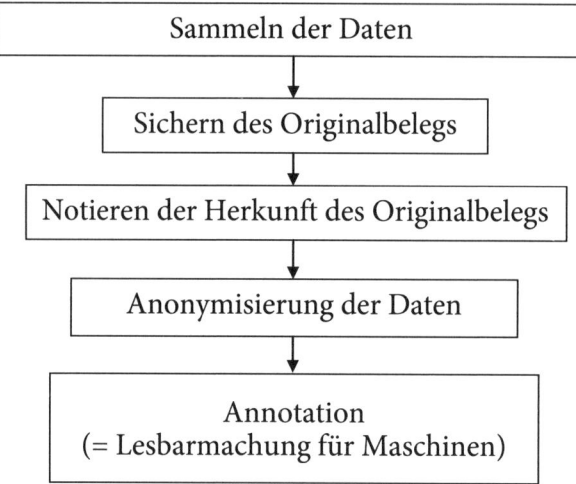

Abb. 5-4: Aufbereitung/Aufbau des Korpus

Während Sie Korpusdaten sammeln, ist es unabdinglich, dass sämtliche Daten mit einem Vermerk zu ihrer Herkunft versehen werden (vgl. oben). Diejenigen Daten, aus denen Sie später Ihr Korpus erstellen, sollten daher zunächst in der Form archiviert werden, in der sie „entdeckt" wurden. Für Websites bedeutet dies etwa, dass sie in Form eines Frames als PDF gespeichert und der Sicherheit halber ausgedruckt werden. Ton- oder Bildaufnahmen werden zwar ohnehin gespeichert, sie sollten aber nach ihrer Integration in das Korpus auch weiterhin als Originaldatei aufbewahrt werden. Die Ergebnisse von Befragungen und Experimenten müssen ebenfalls im „Original" verwahrt werden, schon allein um später die Daten gegebenenfalls nachweisen zu können. Es versteht sich von selbst, dass die Daten hinreichend anonymisiert werden müssen.

Bei der **Aufbereitung des Korpus** geht es um die Erstellung einer maschinenlesbaren Datei, der Annotation. Dabei kann entweder das gesamte Korpus (Korpusannotation) oder nur der relevante Teil (Belegklassifikation) annotiert werden.

**Annotierte Korpora** enthalten über die eigentlichen Daten hinaus Zusatzinformationen zu grammatischen, strukturellen oder inhaltlichen Punkten. Annotationen dienen demnach dazu, nach Daten via Zusatzinformationen leichter suchen zu können. Annotationen auf Wortebene werden als **Tagging**, auf Satzebene als **Parsing** bezeichnet.

Die Annotation soll dazu dienen, bei der maschinellen Suche Informationen ermitteln zu können, die nur mit einer Interpretationsleistung gefunden werden können. Ein Beispiel wäre die Frage, ob das Wörtchen „wenn" zeitlich oder konditional verwendet wird. Der Stellung und der Form von „wenn" kann man diese Information nämlich nicht entnehmen. Durch Tagging und Parsing wird das Korpus um die entsprechenden Informationen ergänzt.

Studentische Hausarbeiten reflektieren zumeist eine überschaubare Datenmenge. Daher ist es nicht unbedingt notwendig, das selbst erstellte Korpus zu annotieren. Allerdings müssen Doktorarbeiten, Habilitationsschriften und häufig auch Masterarbeiten Entsprechendes leisten, sofern sie empirisch arbeiten. Aufgrund der großen Komplexität der Annotierung empfiehlt es sich, sich anhand eines Einführungsbuchs in die Korpuslinguistik detailliert einzuarbeiten.

Nach der Sammlung der für das Korpus relevanten Texte beginnt die eigentliche Korpusuntersuchung. Zunächst müssen die für die Fragestellung interessierenden Daten innerhalb des Korpus erhoben und gesammelt werden. Diese Sammlung besteht demnach aus **Belegen**, die nun jeweils einem **Typ** zugeordnet werden. Diese Auszählung kann je nach Beschaffenheit des Korpus entweder von Hand oder elektronisch mit bestimmten Programmen erfolgen.

Wie sieht das nun in der Praxis aus? Mit Sicherheit haben Sie schon von der Debatte um die *weil*-Sätze im Deutschen gehört. Unterscheidet man *weil*-Sätze nach ihrer Verbstellung, so gibt es zwei Typen, den Verb-Zweit-Satz und den Verb-Letzt-Satz, bei denen die Verben an der entsprechenden Stelle im Satz stehen.

Beispiel

> (1)    weil es geregnet hat
> (2)    weil es hat geregnet

Die Diskussion kreist dabei zum einen um die Akzeptanz der *weil*-Sätze mit Verbzweitstellung (*weil*-V2) und zum anderen um die korrekte Analyse von *weil*-V2 im Gegensatz zu *weil*-Sätzen mit Verbletztstellung (*weil*-VL). Das Thema ist dabei aus sehr unterschiedlichen Perspektiven angegangen worden, die Fragestellung betrifft jedoch immer die korrekte Analyse.

Die Wahl des empirischen Arbeitswerkzeugs kann damit unterschiedlich erfolgen und variiert je nach Art der Analyse. Wer historisch arbeitet wie etwa Eroms (1980), wird mit einem entsprechenden Korpus aus älteren und eventuell neueren Texten arbeiten müssen. Manche Ansätze greifen auch nur auf introspektiv erhobene Daten zurück, etwa Wegener (2000). Günthner (1993) verwendet zum Teil Beobachtungen aus Gesprächen mit Freunden und Gohl & Günthner (1999) arbeiten mit einem Korpus gesprochener Sprache aus Radiobeiträgen, das entsprechend verschriftlicht werden musste. Je nach empirischem Arbeitswerkzeug können unterschiedliche Aussagen in der Analyse gemacht werden. Ein historisches Korpus führt zu einer diachron ausgerichteten Analyse, das Korpus aus Gesprächen zu einem gesprächsanalytischen Standpunkt und die introspektiv erhobenen Daten zumindest zu einer Aussage über die eigene sprachliche Fantasie. Je nach Größe des Korpus kann die Aufbereitung unterschiedlich erfolgen. Introspektiv erhobene Daten werden nicht in einer Datenbank verwaltet, die historischen und die gesprächsbedingten Daten werden entsprechend annotiert und verwaltet, um anschließend innerhalb des Korpus erhoben zu werden.

☑ **Checkliste**

- ☐ Welche Fragestellung möchte ich bearbeiten?
- ☐ Welches empirische Arbeitswerkzeug bietet sich zur Bearbeitung der gewählten Fragestellung an?
- ☐ Wie muss mein Korpus aufbereitet werden, damit ich die Fragestellung bearbeiten kann?
- ☐ Achte ich beim Sammeln der Daten auf:
  - ○ die Sicherung des Orginalbelegs?
  - ○ die Notierung des Originalbelegs?
  - ○ die Anonymisierung des Originalbelegs?
  - ○ die Annotation des Orginalbelegs?

## 5.5   Datenauswertung

Jeder, der einmal begonnen hat, Daten auszuwerten, weiß, wie komplex und fehleranfällig diese Angelegenheit ist. Zur Auswertung von Daten sind Kompetenzen unter anderem in den Bereichen der Analyse, und der Statistik und in der Darstellung der Ergebnisse notwendig. Es ist an dieser Stelle leider nicht möglich, umfassend in die Datenauswertung einzuführen, dazu müsste ein eigenes Buch geschrieben werden.

Ein Beispiel aus der eigenen Forschungspraxis soll aber abschließend die Arbeit mit Fragebögen illustrieren und in die Auswertung von empirischen Arbeiten einführen. Im Rahmen eines linguistisch-didaktischen Projekts (= Rothstein 2010) wollte ich herausfinden, welche thematischen Vorlieben Schüler unter den einzelnen Themenkomplexen des Deutschunterrichts haben und welche außerschulische Nützlichkeit sie diesen Themen zurechnen. In den Schuljahren 2006 bis 2008 nahmen 454 Schüler, im Folgenden als Testgruppe $\gamma$ bezeichnet, an der Umfrage teil. Da mir die Schüler persönlich bekannt waren, war ein offizieller Fragebogenkopf mit Angaben zur Universität etc. nicht notwendig. Die Testgruppe $\gamma$ stammt aus vier verschiedenen Schulen aus dem Tübinger Raum. Befragt wurden die Klassenstufen 6 bis 12. Es handelt sich um zwei allgemeinbildende und ein berufsbildendes Gymnasium sowie um ein Berufskolleg. Die Schulen werden mit S1, S2, S3 und S4 abgekürzt. S3 ist das berufliche Gymnasium, S4 das Berufskolleg. Die Verteilung der Schüler ist wie folgt:

|     | gesamt | Kl. 6 | Kl. 7 | Kl. 8 | Kl. 9 | Kl. 10 | Kl. 11 | Kl. 12 |
|-----|--------|-------|-------|-------|-------|--------|--------|--------|
| S1  | 181    | 25    |       | 26    | 25    | 24     | 15     | 16     |
|     |        |       |       | 18    |       |        | 18     |        |
|     |        |       |       |       |       |        | 14     |        |
| S2  | 136    |       |       |       |       |        | 25     | 24     |
|     |        |       |       |       |       |        | 19     | 21     |
|     |        |       |       |       |       |        | 25     |        |
|     |        |       |       |       |       |        | 22     |        |
| S3  | 93     |       | 21    |       | 15    | 25     | 18     | 14     |
| S4  | 44     |       |       |       |       |        | 23     | 21     |

Tab. 5-4: Anzahl der Schüler und Übersicht der Klassen aus Testgruppe $\gamma$

Beispiel

Liebe Schüler,

dieser Fragebogen soll Eure Interessen und Vorlieben im Fach Deutsch feststellen. Ich bitte Euch, den Fragebogen ehrlich auszufüllen. Ihr bekommt keine Note dafür und müsst Euren Namen nicht angeben. Vielen Dank – Björn Rothstein

Gib Deine drei Lieblingsfächer an!

Wie gut gefällt Dir das Schulfach Deutsch? Kreuze entsprechend an!

überhaupt nicht ☐ ☐ ☐ ☐ ☐ ☐ ☐ ☐ ☐ gefällt mir sehr gut

Welche Themen gefallen Dir gut im Deutschunterricht?

Literatur           überhaupt nicht ☐ ☐ ☐ ☐ ☐ ☐ ☐ ☐ ☐ gefällt mir sehr gut
Rechtschreiben      überhaupt nicht ☐ ☐ ☐ ☐ ☐ ☐ ☐ ☐ ☐ gefällt mir sehr gut
Grammatik           überhaupt nicht ☐ ☐ ☐ ☐ ☐ ☐ ☐ ☐ ☐ gefällt mir sehr gut
Erörtern            überhaupt nicht ☐ ☐ ☐ ☐ ☐ ☐ ☐ ☐ ☐ gefällt mir sehr gut
Geschichten         überhaupt nicht ☐ ☐ ☐ ☐ ☐ ☐ ☐ ☐ ☐ gefällt mir sehr gut
erfinden

Welche Themen sind Deiner Meinung nach außerhalb der Schule nützlich?

Literatur           nicht nützlich ☐ ☐ ☐ ☐ ☐ ☐ ☐ ☐ ☐ sehr nützlich
Rechtschreiben      nicht nützlich ☐ ☐ ☐ ☐ ☐ ☐ ☐ ☐ ☐ sehr nützlich
Grammatik           nicht nützlich ☐ ☐ ☐ ☐ ☐ ☐ ☐ ☐ ☐ sehr nützlich
Erörtern            nicht nützlich ☐ ☐ ☐ ☐ ☐ ☐ ☐ ☐ ☐ sehr nützlich
Geschichten         nicht nützlich ☐ ☐ ☐ ☐ ☐ ☐ ☐ ☐ ☐ sehr nützlich
erfinden

Ist es Deiner Meinung nach wichtig, sich gut und angemessen ausdrücken zu können?

nicht wichtig ☐ ☐ ☐ ☐ ☐ ☐ ☐ ☐ ☐ sehr wichtig

Beschäftigst Du Dich mit Themen des Deutschunterrichts auch außerhalb der Schule? Wenn ja, mit welchen?

Wie wichtig sind für Dich Fremdsprachen?

nicht wichtig ☐ ☐ ☐ ☐ ☐ ☐ ☐ ☐ ☐ sehr wichtig

Im Schuljahr 2006/07 besuchten 333 322 Schüler das Gymnasium in Baden-Württemberg (vgl. Brachat-Schwarz *et al.* 2008: 14). Ich wollte wissen, wie viele Schüler ich befragen müsste, um zu einem zahlenmäßig repräsentativen Ergebnis zu kommen. Die Größe der Stichprobe ermittelte ich mit einem Stichprobenrechner, der über google gefunden wurde. Nach dem damals gewählten Stichprobenrechner sollten mindestens 384 Gymnasiasten befragt werden. Die Grundgesamtheit bezeichnet die Menge aller potentiellen Untersuchungsobjekte. Das sind im Falle meiner Untersuchung alle baden-württembergischen Gymnasiasten im Schuljahr 2006/2007. All diese konnte ich natürlich nicht befragen, sondern ich musste auf eine Stichprobe zurückgreifen. Nun ging es darum, wie groß der tolerierbare Fehler meiner Untersuchung sein durfte. Dies betrifft die **Sicherheitswahrscheinlichkeit**. Dabei wurde standardgemäß für die Verteilung in der Grundgesamtheit der Wert 0,5 aufgrund der unbekannten Verteilung angenommen.

> Die **Sicherheitswahrscheinlichkeit** gibt die Wahrscheinlichkeit an, mit der die empirisch ermittelten Werte für die Stichprobe um den tolerierten Fehler von den tatsächlichen Werten der Grundgesamtheit abweichen.

Die Sicherheitswahrscheinlichkeit der berechneten Stichprobe sollte sich auf 95 Prozent belaufen und das Ergebnis der Stichprobe sollte mit 0,05 nahe der Verteilung in der Grundgesamtheit sein.

Ich konnte insgesamt 454 Gymnasiasten befragen. Bei der klassischen Testtheorie gelten Objektivität, Reliabilität und Validität als die wesentlichen Kriterien der Güte im Rahmen von quantitativen Messungen.

> Die **Validität** soll sicherstellen, dass das, was gemessen wurde, tatsächlich intendiert wurde.

Gemessen werden sollten die Beliebtheit des Schulfaches Deutsch sowie die Beliebtheit und Nützlichkeit der einzelnen Themenbereiche Literatur, Rechtschreibung, Grammatik, Erörterung und kreativer Aufsatzunterricht. Hinzu kamen unter anderem die Bewertung der Wichtigkeit guten Ausdrucks und die der Fremdsprachen sowie die Nennung der Lieblingsfächer.

Für Validitätstests wird in der Regel ein Außenkriterium zur Überprüfung verwendet. Zum Beispiel kann man die Ergebnisse einer Klassenarbeit mit den entsprechenden Schulnoten vergleichen. Doch gibt es für den hier durchgeführten Test kein verlässliches Außenkriterium.

> Die **Reliabilität** bzw. die **Verlässlichkeit** gibt an, ob das der empirischen Untersuchung zugrunde gelegte Messverfahren exakt ist. Es wird mit anderen Worten festgestellt, ob das, was gemessen wird, tatsächlich exakt erfasst wird.

Zur Überprüfung der Reliabilität verfährt man bei Leistungstests in der vorwiegend älteren Literatur häufig nach der „split half"-Methode.

> Bei der **„split half"-Methode** wird die Anzahl der ermittelten Datensätze in zwei Teile mit jeweils der Hälfte der Datensätze (Items) gespalten.

Bevor dieser Test angewandt wird, ist es notwendig, die Daten in ein Format zu bringen, das die weitere elektronische Bearbeitung ermöglicht. Es gibt eine Reihe von Software-Programmen, die eine statistische Behandlung der Daten ermöglichen. Diejenigen, die eher gelegentlich empirisch zu „einfacheren" statistischen Fragestellungen arbeiten, sind sicherlich mit Excel relativ gut bedient.

Ich entschied mich für eine relativ einfache Darstellung der Daten. Den einzelnen Kästchen des Fragebogens wurden Zahlenwerte zugewiesen. Demnach erhielt die erste Frage folgende Kodierung:

| Wie gut gefällt Dir das Schulfach Deutsch? Kreuze entsprechend an! | | | | | | | | | | | |
|---|---|---|---|---|---|---|---|---|---|---|---|
| überhaupt nicht | ☐ | ☐ | ☐ | ☐ | ☐ | ☐ | ☐ | ☐ | ☐ | ☐ | gefällt mir sehr gut |
| | 1 | 2 | 3 | 4 | 5 | 6 | 7 | 8 | 9 | 0 | |

Abb. 5-5: Darstellung der Daten

Diese Kodierung musste nun für jeden Schüler in eine Excel-Tabelle eingetragen werden, die das weitere elektronische Auswerten der Daten ermöglichen sollte. Jede befragte Schule (in diesem Fall vier), jede befragte Klasse und jeder befragte Schüler erhielt dazu jeweils eine Nummer, damit die einzelnen eingegebenen Daten anschließend auch zum jeweiligen anonymen Fragebogen zugeordnet werden konnten. Diese Nummern wurden jeweils in die ersten drei Kästchen der betreffenden Zeile geschrieben. Die Fragen selbst wurden verkürzt eingetragen. Zu jeder Frage wurde ein Mittelwert berechnet.

Ein Auszug der Excel-Darstellung sieht dabei wie folgt aus:

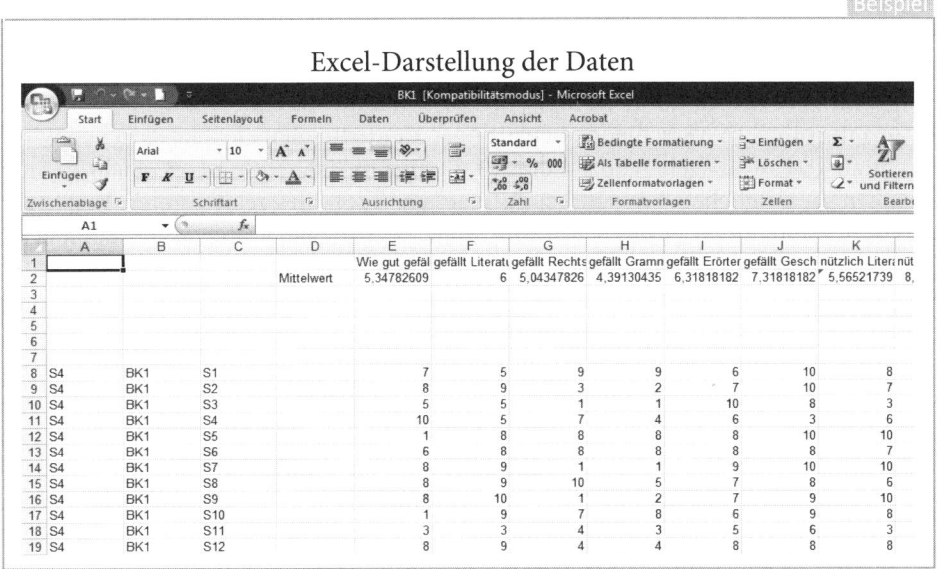

Nach der Kodierung der Daten konnte statistisch weitergearbeitet und somit die Reliabilität des Tests festgestellt werden. Die Reliabilität des Tests lässt sich mit Hilfe einer bestimmten Formel, der **Spearman-Brown-Formel**, aus der Korrelation der beiden Testhälften bei der „split half"- Methode ermitteln. Diese Formel dient demnach dazu, einen Test als reliabel auszuweisen, nachdem seine Länge verändert wurde. Bei Anwendung der Spearman-Brown-Formel gelangt man zu einem bestimmten Koeffizienten, der sich innerhalb eines standardgemäß vorgegebenen Zahlenintervalls bewegen muss, damit der Test als reliabel gelten kann.

Die „split half"-Methode hat jedoch einen wesentlichen Nachteil: Die Aufspaltung in zwei Testhälften ist auf unterschiedliche Weise möglich. Deshalb können mit denselben Daten je nach der Aufteilung der beiden Hälften verschiedene Koeffizienten berechnet werden.

Berechnet man die Reliabilität jedoch mit Hilfe von Cronbachs Alpha, wird dieser Nachteil aufgehoben.

**Cronbachs Alpha** ist der Mittelwert aller möglichen „split half"-Koeffizienten.

Cronbachs Alpha kann mathematisch durch die Anwendung bestimmter Formeln ermittelt werden, die im Prinzip in jeder guten Einführung in die Statistik nachlesbar sind. Es gibt für Excel auch bereits vorprogrammierte Tabellen, mit Hilfe derer Cronbachs Alpha sich berechnen lässt. Sie lassen sich auf relativ einfache Art kombinieren mit der oben dargestellten Excel-Tabelle.

Die Werte von Alpha müssen zwischen 0 und 1 liegen. Akzeptable Werte sind Werte über 0,8. Häufig werden auch weit niedrigere Koeffizienten akzeptiert. Da es sich bei meiner Befragung um eine stichprobenbasierte Untersuchung handelt, ist

Reliabilität unerlässlich. Die Berechnung von Cronbachs Alpha ergab 0,81 und somit einen akzeptablen Wert.

Da die Schüler bei den meisten Fragen ihre Meinung auf einer Intervallskala zum Ausdruck bringen konnten und auch in den anderen Fragebereichen kein Anlass für intersubjektiv verschiedene Deutungen der textuellen „Daten" gegeben wird, kann man davon ausgehen, dass der Test objektiv ist. Nun ist es wichtig, sich Gedanken zu möglichen Einwänden zu machen. Trotz des relativ guten Werts für Cronbachs Alpha und der damit verbundenen Deutung der Daten als akzeptabel ist Vorsicht geboten. Die hier gewonnenen Daten sind unter anderem auch in Abhängigkeit von einem für den jeweiligen Teilbereich motivierenden und motivierten Lehrer zu sehen, von der Gestaltung der Unterrichtsmaterialien, den verwendeten Unterrichts- und Sozialformen und den bereitgestellten Medien. Hinzu kommen die Vorerfahrungen der Schüler im Grammatikunterricht der Mutter- und in dem der Fremdsprache, ihre besonderen Interessen und Vorlieben und die Gefahr, sozialgefällige Antworten geben zu wollen. Insbesondere bei der Frage, welche Fächer die Schüler zu ihren Lieblingsfächern zählen, können Schüler versucht sein, Deutsch anzugeben, um bei ihrem die Untersuchung in der Regel betreuenden Deutschlehrer zu punkten. Diesem letzten Punkt wurde dadurch entgegengewirkt, dass die Schüler ihre Fragebögen, die sie in meiner und des betreuenden Lehrers Anwesenheit im Klassenzimmer ausfüllten, an mich selbst zurückgaben. Ferner muss bedacht werden, dass die Schule S3 eine Schule mit relativ leistungsstarken Schülern ist, von denen viele den so genannten Musikzug besuchen, für den ein deutlicher Mehraufwand im Vergleich zu den nicht-musikalischen Zügen besteht. Problematisch ist zudem, dass kein Vergleichswert zur Belegung der Validität bereitsteht. Besonders problematisch ist jedoch, dass nicht in allen Klassen die Befragung während des Deutschunterrichts erfolgen konnte, sondern zum Teil nur im Fremdsprachenunterricht mit geteilten Klassen. Dies erklärt die teils sehr geringe Anzahl von beantworteten Fragebögen pro Klasse. Hier ist zu bedenken, dass je nach Fremdsprachenunterricht von der jeweiligen Fremdsprache auf das Fach Deutsch geschlossen wird. Interferenzen sind damit nicht auszuschließen. Ein weiteres Problem ist die oberstufenlastige Anzahl von Schülern in meiner Fragebogenstudie. Wünschenswert wäre eine Befragung gewesen, bei der alle Klassenstufen gleichermaßen vertreten sind. Dies war aus organisatorischen Gründen nicht möglich. Der Fragebogen enthielt neben den oben dargestellten geschlossenen Fragen auch offene Fragen. Auf die Bitte, die drei beliebtesten Schulfächer anzugeben, antworteten die Schüler, wie zu erwarten, mit sehr unterschiedlichen Fächerkombinationen. Im Folgenden wird die Beliebtheit der Fächer Englisch, Deutsch, Mathematik und Sport verglichen, da nur diese Fächer in allen Klassen unterrichtet werden:

|  | Deutsch | Englisch | Mathematik | Sport |
|---|---|---|---|---|
| Anzahl Stimmen | 65 | 88 | 124 | 194 |
| Prozent | 14 | 19 | 26 | 41 |

Tab. 5-5: Beliebtheit der Schulfächer Deutsch, Englisch, Mathematik und Sport bei Testgruppe γ

Unter diesen Schulfächern rangiert Deutsch auf dem vierten Platz. Mit immerhin 14 Prozent ist es wohl relativ beliebt, was auch die Beantwortung der zweiten Frage *Wie gut gefällt Dir das Schulfach Deutsch?* zeigt. Auf einer Skala von 1 bis 10 mit 10 als Bestnote kommt Deutsch im Schnitt auf 5,97 und ist, wenn auch nicht übermäßig beliebt, zumindest nicht unbeliebt. Bei den Vorlieben im Deutschunterricht konnten die Testpersonen Auskunft zur Literatur, Rechtschreibung, Grammatik, Erörterung und zu kreativen Schreibaufgaben geben. Die muttersprachliche Grammatik ist damit unter den hier erfragten Unterrichtsgegenständen der Unbeliebteste.

Interessanterweise korrelieren die Themenvorlieben und die Nützlichkeit der einzelnen Themenbereiche nicht. Grammatik wird mit 7,8 als nützlich eingestuft, ist aber mit 3,93 der unbeliebteste Unterrichtsgegenstand. Die Nützlichkeit eines kreativen Schreibunterrichts wird mit 5,18 zwar noch als relativ hoch eingestuft, seine Beliebtheit ist aber mit 7,29 deutlich höher.

Die Fähigkeit, sich gut auszudrücken, wird mit 8,9 als sehr wichtig eingestuft. Hier liegt auch die geringste ermittelte Standardabweichung vor. Ebenso ist die Einschätzung der Wichtigkeit schulischer Fremdsprachen mit 8,21 hoch. Die erfragten Verbaldaten zur außerschulischen Beschäftigung mit Themenbereichen des Deutschunterrichts ergaben folgende Verteilung:

| lesen | 190 | Rhetorik | 2 |
|---|---|---|---|
| keine Beschäftigung | 109 | chatten | 2 |
| keine Angabe | 73 | Theater | 2 |
| Geschichten schreiben | 54 | Fremdwörter | 1 |
| rechtschreiben | 36 | E-Mail | 1 |
| erörtern | 17 | Radio | 1 |
| Grammatik | 14 | Magazine lesen | 1 |
| Gedichte lesen/schreiben | 14 | *weiß nicht* | 1 |
| debattieren | 14 | fernsehen | 1 |
| Briefe schreiben | 10 | philosophieren | 1 |
| Deutsch sprechen | 8 | Körperhaltung | 1 |
| Zeitung | 7 | Ausdruck | 1 |
| guter Ausdruck | 5 | Sprachgeschichte | 1 |
| Hausaufgaben | 4 | Fälle (?) | 1 |
| Bewerbungen | 3 | Geschwistern helfen | 1 |
| kaum | 3 | Schrift und Gestaltung | 1 |
| Liedtexte | 2 | Lebensweisheiten | 1 |

Tab. 5-6: Verbaldaten der Testgruppe γ zur außerschulischen Beschäftigung mit Themen des Deutschunterrichts

Das sich ergebende Bild zeigt, dass sich von 454 befragten Schülern immerhin 190 außerhalb des Deutschunterrichts mit Lesen beschäftigten. Allerdings geben 109 Testpersonen an, dass sie sich nicht bzw. kaum mit den Lerninhalten des Faches Deutsch beschäftigen. 73 machen keine Angabe. Unterstellt man, dass die Testpersonen, die keine Angabe gemacht haben, sich ebenfalls nicht mit den Themen des Deutschunterrichts außerhalb der Schulzeit beschäftigen, so verbringen 185 der Schüler ihre Freizeit ohne für sie erkennbaren Kontakt zu den Lerninhalten des Schulfachs Deutsch. Dies sind immerhin 40,74 Prozent der befragten Testpersonen. Die Werte zu den übrigen Themenbereichen wie dem Kreativunterricht mit 11,89 Prozent sind relativ niedrig.

Holzschnittartig zusammengefasst ist das Ergebnis von Rothsteins Studie die Erkenntnis, dass Schülerinnen und Schülern das Fach Deutsch nicht unsympathisch ist und es durchaus Bereiche gibt, die sie interessieren. Unbeliebt ist hingegen das Themengebiet Grammatik im Schulfach Deutsch für deutsche Schüler. Die Wichtigkeit der Fremdsprachen wird hingegen hoch eingestuft.

☑ **Checkliste**

☐ Habe ich die Größe der notwendigen Stichprobe ermittelt?
☐ Wurde die Sicherheitswahrscheinlichkeit berechnet?
☐ Wurde der Validität, der Reliabilität und der Verlässlichkeit ausreichend Rechnung getragen?
☐ Wurde das Ergebnis durch die „split half"-Methode oder Cronbachs Alpha überprüft?

## 5.6 Zusammenfassung

Dieser kurze Gang durch die verschiedenen Arten der Erhebung und Auswertung von Daten deutet die vielfältigen Möglichkeiten an, wie Belege für linguistische Hypothesen gefunden und behandelt werden können. Viele Fragen mussten dabei aufgrund des einführenden Charakters dieses Kapitels offenbleiben. Eine Checkliste wird hier nicht gesondert aufgeführt, da jedes einzelne Kapitel mit einer solchen endete.

# II. Form

# 6. Darstellungsformen in der Linguistik

## 6.1 Ziel dieses Kapitels

Wer wissenschaftlich arbeitet und zu Ergebnissen kommt, möchte diese in der Regel präsentieren. Wie in jeder Wissenschaft gibt es auch in der Linguistik einige Darstellungsformen mit bestimmten Anforderungen.

> Als **linguistische Darstellungsformen** werden hier wissenschaftlich zumeist hoch standardisierte Präsentationsarten für Ergebnisse von linguistischen Studien bezeichnet.

Dazu zählen etwa Vorträge, Referate, Aufsätze etc. In diesem Kapitel geht es daher um die Definition der einzelnen linguistischen Darstellungsformen. Zu den linguistischen Darstellungsformen zählen mündlich und schriftlich vermittelte Präsentationsformen.

## 6.2 Mündliche Darstellungsformen

Zu den häufigsten mündlichen Darstellungsformen zählen der Vortrag und das Referat.

> Ein linguistischer **Vortrag** ist eine Rede über linguistische Inhalte vor einem Publikum und damit eine mündliche Präsentation, die neben der Berichterstattung über die bisherige Forschung, neue, eigene Ideen, Daten und Analysen enthält.

Linguistische Vorträge können zum Beispiel auf **Tagungen**, d.h. auf Konferenzen, in Arbeitskreisen (Workshops) oder auf Einladung an einer (anderen) Hochschule gehalten werden. **Workshops** sind kleinere Tagungen, die neben einzelnen Vorträgen häufig interaktive Elemente enthalten und als Diskussionsplattform für Forscher über bestimmte Fragestellungen dienen. **Konferenzen** sind größere Tagungen. Sie bestehen in der Regel aus Vorträgen und Workshops. Sie enthalten wenig interaktive Elemente und ihr Themenbereich ist zumeist weniger spezialisiert als der von Workshops.

> Ein **Referat** ist eine bestimmte Art von Vortrag, der jeweils über ein bestimmtes Thema innerhalb einer vorgegebenen Zeitspanne gehalten wird. Das Referat gibt in der Regel bereits durchgeführte Studien wieder; sein Ziel ist damit nicht die ausschließliche Vermittlung neuer Ideen.

In der Regel finden Referate innerhalb von Seminaren und Übungen statt (s. 8.6).

Referate und Vorträge können durch **schriftliche Fixierungen** wie **Handouts** oder **Folien** flankiert werden.

> Auf **Handouts** werden die zentralen Thesen und Aussagen zumeist stichwortartig zusammengefasst. Sie werden dem Publikum in Papierform bereitgestellt.
> Der Begriff **Folie** hat sich durch das Schreibprogramm PowerPoint eingebürgert. Eine Folie ist eine an die Wand projizierbare Seite, die elektronisch mit Graphiken, Text, Tabellen und Programmen erstellt wird. Die Folien können als Handouts gedruckt werden.

Handouts sind häufig so konzipiert, dass man während des Vortrags dort mitlesen oder auch hin- und herblättern kann (s. 8.3). Folien werden zumeist als PowerPoint-Präsentation dargeboten (s. 8.4). Neben diesen Präsentationsformen gibt es noch die (ausschließlich) **schriftlichen Publikationen** (s. 6.3 sowie 8.1).

Beim **linguistischen Arbeiten** unterscheiden sich die einzelnen Präsentationsformen methodologisch nicht wesentlich. Sie dienen nur dazu, das Erreichte in verschiedener Form zu präsentieren.

## 6.3  Schriftliche Darstellungsformen

Wissenschaften haben in der Regel ihre eigenen schriftlichen Darstellungsformen, bei denen es sich häufig um hochstandardisierte Schriften handelt, die ein großes Maß an formalen und inhaltlichen Anforderungen an ihre Verfasser stellen. Man unterscheidet zunächst zwischen selbständigen und nichtselbständigen Publikationen:

> **Selbständige Publikationen** sind wissenschaftliche Schriften, die einen eigenen Eintrag im Bibliothekskatalog haben können. Sie sind physikalisch selbständig und haben daher den Stellenwert eines Buches. **Nichtselbständige Publikationen** sind Studien, die Teil von selbständigen Schriften sind (z.B. Aufsätze).

Innerhalb dieser beiden Publikationsarten wird nun weiter differenziert. Zu den selbständigen Publikationen zählen u.a. Monographien, Sammelbände, Festschriften und Sprachatlanten.

**Monographien** sind selbständige, nicht herausgegebene Publikationen, die ausschließlich von einem oder mehreren Autoren selbst verfasst wurden.

Die wohl bekannteste Art der Monographie ist das Buch in Papierform, wobei in letzter Zeit immer häufiger elektronisch publiziert wird. Monographien können aus Schriften, die zur Erlangung einer Qualifikation geschrieben wurden, hervorgegangen sein. Dazu zählen häufig Doktorarbeiten oder Habilitationsschriften. Wissenschaftliche Monographien können aber auch jenseits dieser Schriften etwa bei der Veröffentlichung der Erkenntnisse aus Forschungsprojekten entstehen. Monographien enthalten mindestens die üblichen Elemente, die uns auch aus nichtwissenschaftlichen Schriften wie Romanen bekannt sind. Neben dem Verfassernamen und dem Titel gibt es ein Inhaltsverzeichnis, zumeist Kapitel und vielleicht ein Vorwort, in dem der Verfasser am Projekt Beteiligten danken kann oder die Entstehungsbedingungen der Arbeit schildert. Wie alle wissenschaftlichen Arbeiten muss die Monographie ein Verzeichnis enthalten, in dem die gesamte während des Projekts verwendete Literatur aufgeführt wird (s. 7.3). Ein Verzeichnis der Abkürzungen, der Bild- und Textquellen und ein Appendix bestehend aus den verwendeten Daten oder Karten können weitere Bestandteile der Monographie sein.

Sammelbände zählen ebenfalls zu den selbständigen Publikationen:

**Sammelbände** enthalten mehrere nichtselbständige Publikationen von (zumeist) verschiedenen Autoren. Sie werden von einem oder mehreren Herausgebern publiziert.

Zumeist gehören die Beiträge in Sammelbänden thematisch eng zusammen, sie behandeln mit anderen Worten miteinander verwandte Themen. Gelegentlich gibt es auch Sammelbände, die zu einem runden Geburtstag eines besonders verdienten Forschers publiziert werden. Man bezeichnet diese Sammelbände als Festschriften.

**Festschriften** sind Sammelbände, die zu Ehren eines Wissenschaftlers zu einem runden Geburtstag oder bei der Pensionierung von seinen Freunden und Schülern publiziert werden.

Festschriften werden zumeist ohne Begutachtung der einzelnen Beiträge publiziert, was gelegentlich ihre Qualität beeinträchtigt. Viele Jubilare sprechen sich daher auch gegen die Veröffentlichung einer Festschrift zu ihren Ehren aus.

Eine andere Form des Sammelbands, die häufig auf ein begutachtendes Verfahren verzichtet, stellen die **Kongressakten**, auch Proceedings genannt, dar.

Die **Kongressakten** enthalten die Beiträge einer Konferenz.

Gelegentlich ist bei Proceedings die Grenze zwischen Sammelband und Zeitschrift fließend. Das *Penn Linguistics Colloquium* wird etwa jährlich durch die Veröffentlichung der Beiträge verschriftlicht.

Eine weitere Form der selbständigen Schriften sind die Sprachatlanten.

**Sprachatlanten** enthalten Varianten zu Einzelwörtern innerhalb eines bestimmten Gebiets. Das können zum Beispiel bestimmte Wortendungen oder Aussprachevarianten sein.

Zeitschriften stellen einen Sonderfall der selbständigen Publikationen dar:

**Zeitschriften** sind regelmäßig erscheinende Sammlungen von nichtselbständigen Schriften. Sie werden durchnummeriert nach Jahresband und Publikationsjahr und erscheinen fortlaufend unter dem gleichen Namen: *Zeitschrift für germanistische Linguistik, Muttersprache, Zeitschrift für angewandte Linguistik* etc.

Auch Zeitschriften werden von Herausgebern betreut. Zeitschriften unterscheiden sich nach der Art der Publikationsmöglichkeit. Peer-review-Verfahren führen in der Regel zu einer doppelten und anonymen Begutachtung des Aufsatzes hinsichtlich seiner wissenschaftlichen Qualität. Wird der Publikation der eingereichten Schrift zugestimmt, so kann die erste Version entsprechend den Kommentaren in der Regel noch überarbeitet werden. Zeitschriften ohne ein solches Verfahren publizieren begutachtungslos. Publikationen, die ein Peer-review-Verfahren überstanden haben und publiziert werden, sind damit mit mehr Prestige verbunden. Zeitschriften sind in der Regel auf bestimmte Aspekte spezialisiert. Die *Zeitschrift für Dialektologie und Linguistik* geht demnach zumeist dialektlinguistischen Fragen nach, die *Beiträge zur Geschichte der deutschen Sprache und Literatur* beschäftigen sich mit vorwiegend historischen linguistischen und literaturwissenschaftlichen Fragestellungen.

Ein Spezialfall von selbständigen Publikationen sind Bibliographien.

**Bibliographien** sind selbständige Publikationen, die aus einem Verzeichnis von Literaturhinweisen in vollständiger oder unvollständiger Übersicht zu einem oder mehreren Themen bestehen. Die Titel können alphabetisch, thematisch oder chronologisch geordnet sein. Suchregister werden zumeist bereitgestellt.

Selbständige Publikationen erscheinen häufig innerhalb von wissenschaftlichen Reihen.

**Wissenschaftliche Reihen** erscheinen in unregelmäßigen Zeitabständen und haben zumeist einen oder mehrere Reihenherausgeber. Sie sind zumeist auf einen bestimmten Themenkomplex spezialisiert.

Die *Linguistischen Arbeiten* etwa setzen auf eine enge Verbindung von empirischen und theoretischen Analysen in diachroner (d.h. historischer) und synchroner (d.h. gegenwärtiger) Perspektive. Damit ist dies eine thematisch relativ offene Reihe; wesentlich spezialisierter ist etwa die *Linguistic Approaches to Literature*, die sich ausschließlich mit linguistischen Herangehensweisen an literarische Texte befasst. Bei manchen Reihen gibt es ebenfalls ein Peer-review-Verfahren.

Für Qualifikationsarbeiten gilt:

Haus-, Master-, Bachelor- und Diplomarbeiten sind – gleich Dissertationen und Habilitationsschriften – **Qualifikationsarbeiten**, die zum Erreichen einer bestimmten wissenschaftlichen Ausbildungsstufe geschrieben werden. Sie werden von mindestens einem wissenschaftlichen Hochschulangehörigen betreut bzw. korrigiert und ihr Thema muss mit diesem abgesprochen werden. Sie enthalten – je nach Art der Qualifikationsarbeit – unterschiedlich große referierende, d.h. reproduktive, und selbst entwickelte, d.h. produktive, Anteile. Sie gelten als selbständige Publikationen.

Zu den selbständigen Publikationen zählen auch Poster und Handouts (s.o.).

**Poster** sind visuelle, kreative Kommunikationsmittel. Sie werden auf Tagungen vorgestellt. Sie enthalten die wesentlichen Kernaussagen der linguistischen Studie in Kurzform.

Ein wissenschaftliches Poster ist ein kreatives Präsentationsmedium und wird auf Tagungen und Kongressen benutzt, in der Regel zusammen mit anderen Medien wie Handouts und Flyern. Oft geht einer Posterpräsentation ein kurzer Vortrag voraus. Zu den **nichtselbständigen Publikationen** zählen Aufsätze, Miszellen, Rezensionen und Abstracts.

**Aufsätze** (Artikel oder Beiträge) sind nichtselbständige Publikationen. Sie erscheinen daher innerhalb von Sammlungen mit mehreren nichtselbständigen Schriften. Zu diesen Sammlungen zählen u.a. Sammelbände, Zeitschriften, Festschriften und Kongressberichte (Proceedings).

Von den Aufsätzen lassen sich die Miszellen unterscheiden:

**Miszellen** sind sehr kurze Aufsätze, die zumeist in Zeitschriften unter der Rubrik Vermischtes erscheinen und häufig die persönliche Meinung eines Forschers zu einer Streitfrage äußern.

Weitere nichtselbständige Publikationen sind die Rezensionen und die Abstracts:

**Rezensionen** (Buchbesprechungen) sind kritische Besprechungen eines wissenschaftlichen Buches. Sie erscheinen in Zeitschriften, fassen die jeweilige Studie unter Einbezug von Forschungsliteratur zusammen und diskutieren die jeweiligen Ergebnisse.

**Abstracts** stehen in der Regel zu Beginn eines Aufsatzes, sie fassen die vertretene Forschungshypothese kurz und prägnant zusammen.

## 6.4 Zusammenfassung

Die folgende Graphik fasst die verschiedenen Darstellungsformen noch einmal zusammen:

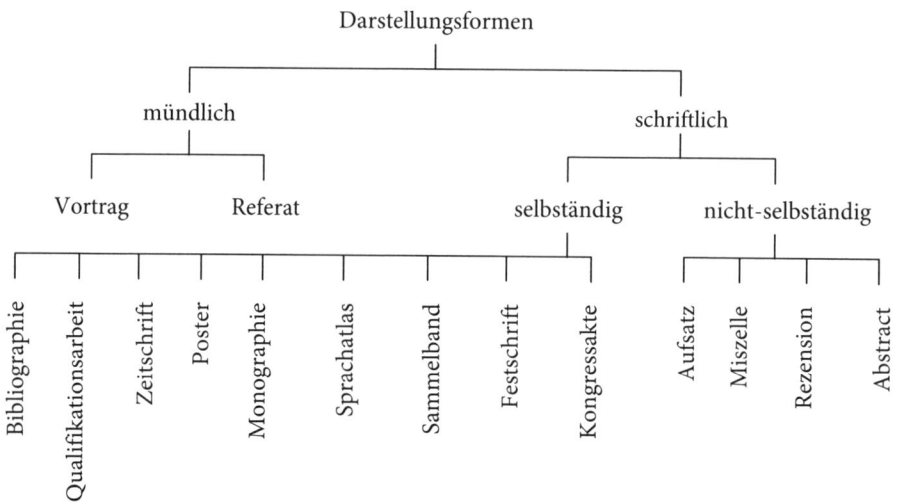

Abb. 6-1: Darstellungsformen in der Linguistik im Überblick

Für diese Darstellungsformen gelten zum Teil unterschiedliche, aber auch gemeinsame formale Anforderungen. Auf diese gehen die nächsten Kapitel ein.

**☑ Checkliste**

☐ Bin ich in der Lage, die folgenden Darstellungsformen zu
unterscheiden?

- ○ Vortrag
- ○ Referat
- ○ Bibliographie
- ○ Qualifikationsarbeit
- ○ Zeitschrift
- ○ Poster
- ○ Monographie
- ○ Sprachatlas
- ○ Sammelband
- ○ Festschrift
- ○ Kongressakten (Proceedings)
- ○ Aufsatz
- ○ Miszelle
- ○ Rezension
- ○ Abstract

# 7. Anforderungen und Darstellungsformen

## 7.1 Ziel dieses Kapitels

Wissenschaftliche Texte sind standardisierte Texte, für die bestimmte Normen gelten. Wer wissenschaftlich schreibt, muss sich an diese Normen halten. Die Normen betreffen u.a. den inhaltlichen Aufbau und die Gestaltung von Bibliographien, Zitaten und Fußnoten.

Dabei wird die Norm vom jeweiligen Publikationsort und der gewählten linguistischen Darstellungsform bestimmt. Mit anderen Worten: Für Beiträge, die in den Zeitschriften *Linguistische Berichte* und *Deutsche Sprache* erscheinen, können unterschiedliche Normen gelten. Im Folgenden wird daher ein einfaches, weil auf viele linguistische Darstellungsformen applizierbares, normatives Format vorgeschlagen.

Bezüglich der linguistischen Darstellungsformen gilt, dass es Bereiche wie den Aufbau, die Zitierung oder die Bibliographie gibt, die für alle linguistischen Darstellungsformen gleichermaßen zutreffen. Dann gibt es Bereiche, die nur für bestimmte Darstellungsformen aufgrund ihrer textuellen Machart zutreffen: Poster können beispielsweise aufgrund ihres visuellen Formats anders gelesen werden als Aufsätze. Folgende Graphik fasst die Gemeinsamkeiten und Unterschiede zusammen:

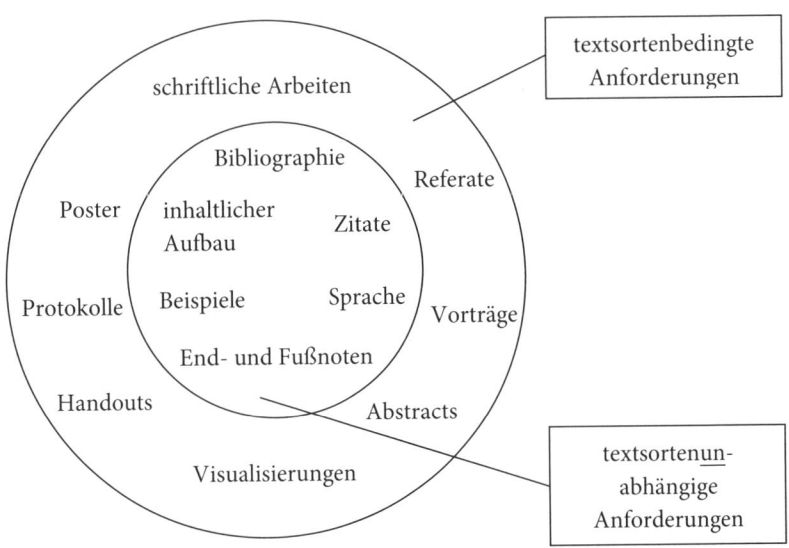

Abb. 7-1: Gemeinsame und unterschiedliche Anforderungen an Darstellungsformen

In diesem Kapitel wird es um die allgemeinen Anforderungen an linguistische Darstellungsformen gehen. Wir gehen dabei nacheinander die Bereiche *inhaltlicher Aufbau, Bibliographien, Zitate, Beispiele, Tabellen, Abbildungen, End-/Fußnoten* und *sprachwissenschaftliche Sprache* durch.

## 7.2 Aufbau

Wann immer Sie eine linguistische Studie durchführen, müssen Sie den Aufbau Ihrer Arbeit gut planen und für Ihre Leser transparent gestalten.

> Wissenschaftliche Arbeiten haben einen in der Regel von der jeweiligen Disziplin festgelegten inhaltlichen **Aufbau**. Im Bereich der Sprachwissenschaft gliedern sie sich in eine **Einleitung**, einen **Hauptteil** und einen **Schlussteil**. Eventuell werden größere Datenmengen aus Gründen der Lesbarkeit in einen Anhang ausgelagert.

In den Kapiteln 6.2 und 6.3 wurden mehrere linguistische Präsentationsformen vorgestellt, zu denen unter anderem die schriftlichen Publikationen und der Vortrag bzw. das Referat zählen.

Der allen linguistischen Präsentationsformen gemeinsame **Aufbau** ist folgender:

| Einleitung | ca. 10 Prozent des Gesamttexts |
|---|---|
| Hauptteil | ca. 80 Prozent des Gesamttexts |
| Schlussteil | ca. 10 Prozent des Gesamttexts |

Tab. 7-1: Allgemeiner Aufbau einer linguistischen Präsentation

Auf den **Schlussteil** folgt in der Regel das Literaturverzeichnis, das nach bestimmten weitgehend standardisierten Verfahren zu gestalten ist (vgl. Kapitel 7.3).

Dem Titel der Arbeit kommt eine besonders wichtige Rolle zu:

> Der **Titel** dient als Bezeichnung der wissenschaftlichen Arbeit. Er orientiert den Leser, indem er die Thematik der Arbeit angibt. Zum Teil werden auch Untertitel als ergänzende Erklärungen hinzugefügt.

In der Regel empfiehlt es sich, mit einem Arbeitstitel, also einem vorläufigen Titel, zu beginnen und den endgültigen Titel nach Abschluss der Arbeit festzulegen. Die Einleitung und der Schlussteil sind diejenigen inhaltlichen Abschnitte von wissenschaftlichen Arbeiten, die am meisten standardisiert sind. Das bedeutet, dass für sie relativ klar definierbare Regeln gelten, die festlegen, was Teil einer guten Einleitung bzw. eines guten Schlussteils ist. Schwieriger wird es, wenn es um den Aufbau des Hauptteils geht, denn dieser kann je nach Thema variieren. Wir beginnen daher mit der Einleitung und dem Schlussteil, sozusagen mit Anfangs- und Endpunkt Ihrer Arbeit, und beschreiben erst danach den Weg, den Sie von der Einleitung aus zum Endpunkt „abschreiten" müssen. Für die Einleitung gilt:

Die **Einleitung** Ihrer Arbeit

- enthält die Zielsetzungen der Arbeit und begründet das Thema,
- bettet das Thema in einen größeren Sachzusammenhang ein,
- formuliert die Fragestellung/die Untersuchungshypothese,
- erläutert die sachliche und methodische Vorgehensweise,
- gibt erste Hinweise zur Untersuchungsmethode,
- liefert darstellungstechnische Hinweise (etwa zur Transkription oder zu Glossen) und
- gibt knapp den Aufbau der Arbeit wieder.

Die Einleitung eines Aufsatzes von Nanna Fuhrhop und Rolf Thieroff zur Definition des Attributs sieht wie folgt aus:

Beispiel

> Die Auffassungen darüber, was unter einem Attribut zu verstehen ist, sind äußerst heterogen und divergieren erheblich von Grammatik zu Grammatik. Dabei herrscht sowohl Uneinigkeit darüber, was im Nachbereich der Attributrelation möglich ist, das heißt zu welchen Elementen Attribute hinzutreten können, als auch über die möglichen Vorbereiche der Attributrelation, also darüber, welche Form die Attribute haben können.
>
> Wir beginnen mit einer Übersicht über die Darstellungen des Attributs in ausgewählten Grammatiken des Deutschen und dokumentieren die Entwicklung von der Auffassung, dass Attribute lediglich Substantive modifizieren, hin zu Darstellungen, in denen der Attributbegriff mit dem des Gliedteils zusammenfällt (Abschnitt 1). Die maximale Ausweitung des Attributbegriffs, wie sie etwa in Duden (1998) oder bei Engel (1988) zu finden ist, zeigt dann, dass der Attributbegriff nicht zu trennen ist von der Frage nach regierten und nicht-regierten Gliedteilen einerseits und von der Frage nach Obligatorik und Fakultativität von regierten Gliedteilen andererseits. Mit diesen Fragen sowie mit der grundsätzlichen Frage, welche Wortarten attribuiert werden können, setzen wir uns in Abschnitt 2 auseinander. Die Ergebnisse der Diskussion führen zu einer Ausweitung der möglichen Nachbereiche der Attributrelation, wobei auch Nominal-, Präpositional-, Adjektiv- und Adverbgruppen als mögliche Nachbereiche der Attributrelation zu gelten haben (Abschnitt 3). Die Ausweitung der Nachbereiche impliziert wiederum, dass auch die möglichen Vorbereiche der Attributrelation ausgeweitet werden müssen. Dies diskutieren wir in Abschnitt 4. In Abschnitt 5 werden dann mögliche Folgen der gewonnenen Ergebnisse für die Struktur der Kopulakonstruktion angesprochen. Abschnitt 6 schließlich bietet das Fazit, in dem wir noch einmal zusammenfassen, welche Konstituenten im Vorbereich der Attributrelation vorkommen und welche Konstituenten nicht attribuiert werden können bzw. keine Attribute sein können.
>
> (Fuhrhop & Thieroff 2006: 307)

Ähnlich wie für die Einleitung zu Ihrer Arbeit gelten bestimmte Konventionen für den Schlussteil:

Der **Schluss**
- enthält eine knappe Zusammenfassung und eine Bewertung sowie eine (selbst-)kritische Reflexion der Ergebnisse,
- setzt sich mit der Forschungshypothese auseinander,
- greift die Fragestellung der Einleitung auf und
- formuliert etwaige Forschungsdesiderate, d.h. neue Fragestellungen für die Forschung.

Folgendes – gekürztes – Beispiel für einen gelungenen Schluss stammt ebenfalls aus Nanna Fuhrhops und Rolf Thieroffs Aufsatz „Was ist ein Attribut?".

**Beispiel**

Es hat sich gezeigt, dass der Begriff des Attributs in den Grammatiken des Deutschen höchst unterschiedlich verwendet wird. Während in älteren Grammatiken der Attributbegriff zunächst nur für „Beifügungen" von Substantiven und pronominal gebrauchten Pronomen gebraucht wird, wird er später, insbesondere in der Folge von Glinz (1952), mehr und mehr ausgedehnt, bis er schließlich (etwa von Engel) synonym mit dem Begriff Gliedteil verwendet wird.
Wir plädieren dafür, den Terminus Attribut für eine Teilklasse der Gliedteile zu verwenden, und zwar für diejenigen Gliedteile, die nicht zugleich kategorial regiert werden und obligatorisch sind. […]
Nur teilweise besprochen haben wir die möglichen Vorbereiche der Attributrelation. Die Attribute des Substantivs und des pronominalen Pronomens sind hinreichend untersucht, die Attribute des Adjektivs und des Adverbs haben wir diskutiert. Es bleibt die Frage, welche Form die Attribute der Präposition und der subordinierenden Konjunktion sowie die Attribute der Wortgruppen haben können. Die angeführten Beispiele legen die Vermutung nahe, dass hier ausschließlich solche Konstituenten möglich sind, die als Adverbiale vorkommen, insbesondere Adverbien und adverbiale Akkusative. Eine genauere Untersuchung der hier möglichen Attribute bleibt aber ein Desiderat.
(Fuhrhop & Thieroff 2006: 340-341)

Während die Einleitung und der Schlussteil Textteile sind, die relativ einfach verfasst werden können, bereitet der Hauptteil Schreibern aller Disziplinen die tatsächlichen Schwierigkeiten.

Der **Aufbau des Hauptteils** bestimmt sich anders als bei den Textsorten Bericht oder Ortsbeschreibung nicht nach primär zeitlichen oder örtlichen Gegebenheiten, deren Anordnung den roten Faden gewissermaßen automatisch liefert. Der Aufbau bestimmt sich durch eine rein inhaltlich bedingte argumentative Vorgehensweise, die zu erkennen und erfassen just die Schwierigkeit des wissenschaftlichen Schreibens ausmacht. Die linguistische Argumentation liefert dabei inhaltlich den roten Faden.

Für das Verfassen des linguistischen Hauptteils gibt es keinen Königsweg – leider. Dennoch kann für den noch ungeübten Schreiber zumindest eine Richtschnur ausgelegt werden, die im Prinzip beliebig variierbar ist.

Der **Hauptteil**

- entfaltet die Fragestellung der Arbeitshypothese,
- begründet das der Untersuchung zugrunde gelegte Material,
- enthält in der Regel Ausführungen zum Forschungsstand, darunter
  - Begriffserklärungen
  - Übersicht über die vorliegende relevante Forschung (bei kürzeren Arbeiten beschränkt man sich auf einige wenige, vermutlich im Seminar besprochene oder mit dem Kursleiter diskutierte Literatur)
  - Diskussion der Forschung und Herausarbeitung eines neuen Forschungspunktes auf der Basis des Forschungsstands
- stellt das methodische Vorgehen dar und begründet es
- entwickelt Argumente für die vertretene These
- und führt die Ergebnisse auf und diskutiert sie.

Entscheidend ist das linguistische Argument, das im Prinzip beliebig oft und in jeder nur denkbaren Version variiert werden kann. Das linguistische Argument besteht aus einer These, Belegen, etwaigen Widerlegungen und einer Zusammenfassung (für eine ausführlichere Darstellung s. 4.2 und 4.3).

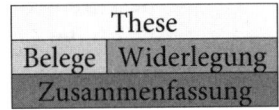

Tab. 7 2: Argumentationsgang

Folgender Aufbau ist dabei für den Hauptteil denkbar, die einzelnen Abschnitte werden im Anschluss an die Graphik besprochen.

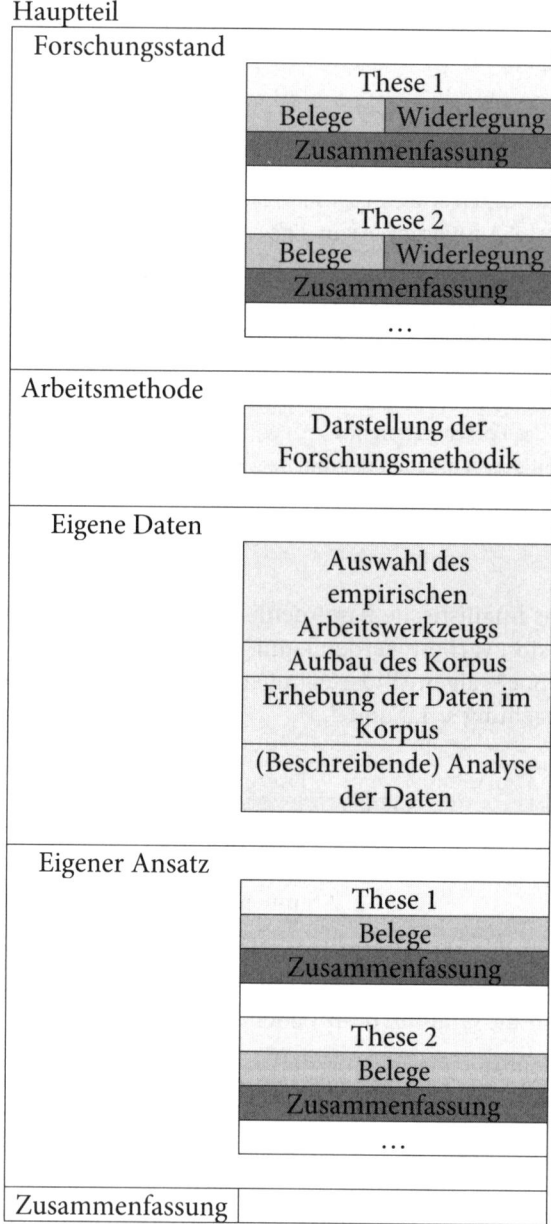

Tab. 7-3: Möglicher Aufbau eines Hauptteils

Es sei dabei betont, dass linguistische Arbeiten keinesfalls genau diesen Aufbau haben müssen. Es handelt sich vielmehr um einen Orientierungsversuch für linguistisch noch ungeübte Autoren. Interessanterweise spiegeln **Inhaltsverzeichnisse** von linguistischen Monographien häufig einen sehr ähnlichen Aufbau wider. Monika Ratherts

Dissertation *Textures of time* geht mit leichter Variation genau den oben beschriebenen Weg:

Beispiel

1.   Introduction
2.   Looking at previous analyses
    2.1.   The German Perfect
        2.1.1.   Anteriority-theories
        2.1.2.   Extended-Now-theories
        2.1.3.   Syncategorematic theories
    […]
    2.2.   Summary
3.   Presenting my own proposals
    3.1.   My proposals for the Perfect
    3.1.1.   The German Perfect
    3.1.2.   The English Perfect
    […]
4.   List of meaning rules
5.   Summary
6.   Bibliography

(Rathert 2004: 10)

Demnach kann der Hauptteil zunächst aus der Diskussion des Forschungsstands bestehen, der durch entsprechende Belege oder theorieinterne Gründe widerlegt wird. Anschließend ist die Darstellung der eigenen Forschungsmethode, der selbst gewonnenen Daten und der eigentlichen These möglich. Eine Zusammenfassung beschließt den Hauptteil.

> Der **Forschungsstand** Ihrer Arbeit enthält einen Überblick zu der für Sie relevanten und wichtigsten Literatur. Der Forschungsstand ist eine Momentaufnahme der Fachliteratur zu einem bestimmten Zeitpunkt und zu einer bestimmten Fragestellung. Dabei kann er sowohl gemeinsame als auch unterschiedliche Analysen der Literatur diskutieren. Die verwendete Literatur sollte man so exakt wie möglich erfassen und in keinem Fall dem Autor des Textes unrecht tun.

Gemeint sind Arbeiten, die zu früheren Zeitpunkten Analysen vorgeschlagen haben, die für Ihre Arbeit von Bedeutung sind. Sollten Sie zum Beispiel eine Arbeit über das Perfekt schreiben (also Konstruktionen des Typs *ich habe geschlafen*), so ist es wichtig, den Leser über frühere Forschungsbeiträge zu informieren. Gemäß den in Kapitel 2 dargestellten Möglichkeiten der Literaturrecherche und -auswertung (s. 3) gelangen Sie zu einer Reihe von Schriften, die Sie systematisch auswerten müssen. Wichtig ist dabei, dass Sie versuchen, diese Arbeiten zu gruppieren, und nicht eine Arbeit nach der anderen besprechen, denn das würde zu einer reinen Nacherzählung der bisherigen Literatur führen. Demnach geht es darum zu ermitteln, was diese Arbeiten gemeinsam haben und was sie voneinander unterscheidet.

Fragestellungen, die Ihnen bei der Darstellung des Forschungsstands helfen, sind:
- Wird die gleiche These vertreten?
- Wird vom gleichen Ansatz ausgegangen (z.B. strukturalistisch)?
- Wird die gleiche Methode angewandt (empirisch, theoretisch)?
- Werden die gleichen Ziele angegeben?
- Werden die gleichen Quellen verwendet?
- Wann wurden die Arbeiten geschrieben?

Ein typischer Fehler beim Verfassen des Forschungsstands ist die wahllose Aufzählung einzelner Studien, ohne sie miteinander in Verbindung zu bringen. Würden Sie eine Arbeit zum deutschen Perfekt schreiben, so sollte Ihr Literaturüberblick nicht wie folgt aussehen:

Beispiel

Musan (2002) stellt eine temporal-aspektuelle Analyse vor, die … . Auch Ehrich (1992) schreibt dem deutschen Perfekt eine temporal-aspektuelle Bedeutung zu. Nach Klein (1994) ist das deutsche Perfekt hingegen … Nach diesem Forschungsüberblick möchte ich nun …

Ein gruppierender Forschungsüberblick liegt etwa mit Veronika Ehrichs Diskussion des deutschen Perfekts vor. Demnach ist eine thematische Gliederung sinnvoll:

Zum Perfekt und Präteritum im Deutschen gibt es in der sprachwissenschaftlichen Diskussion vier verschiedene Hypothesen:

A.   Die Äquivalenzhypothese

Gemäß dieser Hypothese gibt es zwischen Perfekt und Präteritum keinen semantischen Unterschied. Beide Formen werden als Tempora mit der Bedeutung ‚Vergangenheit' analysiert (vgl. z.B. Admoni 1966). Vertreter der Äquivalenzhypothese leugnen nicht, daß es andere als semantische Unterschiede zwischen Perfekt und Präteritum gibt, erklären diese aber – in synchroner Betrachtungsweise – pragmatisch oder – in diachroner Orientierung – dialektologisch. […]

B.   Die Differenzhypothese

Der Äquivalenzhypothese steht die Differenzhypothese gegenüber, wonach Präteritum ein Tempus, das Perfekt hingegen ein Aspekt ist (Watermann 1956). Die Bedeutung des Perfekts als Aspekt wird unterschiedlich angegeben, als ‚Vollzug' (u.a. Brinkmann 1962; Glinz 1970; Heidolph et al. 1981) oder als ‚Gegenwartsrelevanz' (Comrie 1976)

[…]

D.   Die Komplexitätshypothese

Dieser Hypothese zufolge vereinigt das Perfekt in sich zwei Bedeutungskomponenten, eine temporale mit der Bedeutung ‚Gegenwart' und eine aspektuelle mit der Bedeutung ‚Vollzug' bzw. ‚Abschluß'. Beide Komponenten sind in der komplexen Form ‚Finites Auxiliar + Partizip' durch jeweils ein Element vertreten: die temporale Komponente durch das Finitum, die aspektuelle durch das Partizip. […]

Allerdings ist das Perfekt nicht in allen Fällen ohne Akzeptabilitätsverlust (+) oder Bedeutungsverschiebung (→) durch das Präteritum ersetzbar. Vgl.:

(41)  Dahin ist auch die Romantik des angrenzenden Turmes, nachdem man ihn vom Efeu *befreit* hat (+ befreite).

(42)  Stellen Sie sich vor, Sie fahren mit dem Auto die Gruft hinunter und biegen an der Ampel rechts in Richtung Stadt ab. *Haben Sie daran gedacht* (+ *Dachten Sie daran*), daß Sie gerade durch einen ehemaligen Speisesaal *gefahren sind* (+ *fuhren*), den Speisesaal des Hotels Hof von Holland?

[…]

(Ehrich 1992: 88-94)

Es versteht sich, dass bei kleineren wissenschaftlichen Arbeiten der Forschungsstand relativ kurz ausfällt oder sich auf die im Seminar behandelte Literatur beschränkt. Auf den Forschungsstand folgt die Darstellung der eigenen Forschungsmethodik.

Da Wissenschaft nur dann objektiv ist, wenn sie über die subjektive Meinung hinausgehend das Resultat eines geplanten, zielgerichteten und systematischen Prozesses ist, ist es notwendig, die eigene Forschungsmethodik darzulegen.

> **Forschungsmethoden** sind also der planmäßige und systematische Versuch, zu wissenschaftlichen Ergebnissen zu gelangen, der es allen Beteiligten ermöglicht, das Zustandekommen dieser Ergebnisse wissenschaftlich nachzuvollziehen.

Die sprachwissenschaftliche Methodik wurde in Kapitel 1.3 dargestellt. Bei empirischen Arbeiten werden im Folgenden zumeist die selbst gefundenen Daten vorgestellt. Darauf folgt die Darstellung des eigenen Ansatzes, mit Hilfe der linguistischen Argumentation, wie sie in Kapitel 4 vorgestellt wurde.

Um Ihre Leser besser über den Fortlauf Ihrer Arbeit zu orientieren, sollten Sie regelmäßig Wegweiser aufstellen, die klarmachen, was Sie als Nächstes tun. So rechtfertigen Sie Ihre Kapitel und können die Teile Ihrer Arbeit besser voneinander abgrenzen. Beispiele sind:

▶ Auf diesen zuletzt genannten Aspekt geht der nächste Abschnitt ein.

▶ Nachdem …, ist es nun entscheidend, dass …

---

☑ **Checkliste**

- ☐ Wurde die Ausgangsfrage hinreichend klar gestellt?
- ☐ Haben Sie die zentralen Begriffe und Konzepte einführend definiert?
- ☐ Sind die einzelnen Darstellungsschritte logisch miteinander verknüpft?
- ☐ Ist ein „roter Faden" ersichtlich?
- ☐ Wird die Ausgangsfrage im Haupt-/Schlussteil beantwortet?
- ☐ Hält die Arbeit, was Titel und Einleitung versprechen?
- ☐ Erfüllen Ihre Einleitung und Ihr Schlussteil die in den Definitionen genannten Kriterien?
- ☐ Folgt Ihr Hauptteil den in der obigen Definition genannten Kriterien für einen „guten" Hauptteil?
- ☐ Bestehen Ihre Argumente jeweils aus einer These, Belegen, eventuell Widerlegungen und einer Zusammenfassung?
- ☐ Haben Sie einen Forschungsstand erarbeitet (und dabei eventuell die obigen Fragen zum Forschungsstand berücksichtigt)?

## 7.3  Bibliographien

**Bibliographien** sind Auflistungen von Literaturangaben. Sie dienen dazu, dass man die vom Autor verwendeten Texte mit Hilfe der angegebenen Informationen wiederfinden kann. Stellen Sie sich vor, dass Sie einen interessanten Aufsatz lesen, in dem immer wieder von einem Artikel von Jörg Meibauer die Rede ist. Dieser Artikel erscheint Ihnen besonders relevant für Ihre eigenen Arbeiten und Sie möchten ihn gerne lesen. Nur: Sie wissen nicht, wo er publiziert wurde. Aufgrund Ihrer Erfahrungen mit öffentlichen Bibliotheken wissen Sie jedoch, dass Sie zum Finden einer Schrift mindestens den Verfasser und den Werktitel brauchen. Da manche Bücher in mehreren Auflagen erscheinen, zum Teil auch in verschiedenen Verlagen und natürlich zu verschiedenen Zeiten, benötigen Sie unter Umständen auch diese Angaben. Auch zum Finden von Meibauers Aufsatz benötigen Sie genau diese Informationen und wenn es sich – wie bei einem Aufsatz üblich – um ein Werk handelt, das zusammen mit anderen Schriften Teil eines Sammelbands oder einer Zeitschrift ist, so benötigen Sie auch den Titel der Zeitschrift, den Jahrgang und die Seitenzahlen. Demnach geht es bei Bibliographien um die Antwort auf die Fragen *wer*, *wo* und *wann*, wie sie folgende bibliographische Angabe zu Meibauers Aufsatz beantwortet:

Meibauer, J. (2003): Phrasenkomposita zwischen Wortsyntax und Lexikon. *Zeitschrift für Sprachwissenschaft* 22, 153-188.

Bibliographien **variieren** je nach wissenschaftlicher Disziplin. Man vergleiche etwa die Unterschiede zwischen der Literatur- und der Sprachwissenschaft. Eine typische literaturwissenschaftliche Quellenangabe sieht etwa wie folgt aus:

Jürgen Heizmann, *Joseph Roth und die Ästhetik der Neuen Sachlichkeit*, Heidelberg: Mattes, 1990.
(zitiert nach: Kimmich, Dorothee (2009): Indifferenz oder: Prothesen des Gefühls. Bemerkungen zur Variation einer männlichen Emotion. *Arcadia – International Journal for Literary Studies* 44, 161-174.)

Demnach werden der Reihe nach Vorname, Nachname, Titel, Publikationsort, Verlag und Jahreszahl angegeben. Die linguistische Entsprechung dieser Angabe würde nach Standardkonvention wohl wie folgt ausfallen:

Heizmann, J. (1990): *Joseph Roth und die Ästhetik der Neuen Sachlichkeit*. Heidelberg: Mattes.

Es gibt aber auch Unterschiede innerhalb der Fachrichtungen. Das zeigt ein Blick auf die linguistischen Zeitschriften aus dem deutschsprachigen Raum. Ein Vergleich ergibt, dass sie sich in ihren Arten, zu bibliographieren, unterscheiden. Nur manche Zeitschriften erfordern, dass die Vornamen der Verfasser ausgeschrieben werden. Bei anderen Zeitschriften wird auch der Verlag angegeben. Die Zeitschriften erfordern damit sehr unterschiedliche Literaturangaben. Karl-Heinz Ramers hat in den Jahren 2005 und 2006 zwei Aufsätze zur Struktur des deutschen Satzes veröffentlicht und jeweils einen Beitrag von Tilman Höhle angeführt.

> Höhle, Tilman N. (1986). Der Begriff „Mittelfeld". Anmerkungen über die Theorie der topologischen Felder. In *Akten des VII. Kongresses der Internationalen Vereinigung für germanische Sprach- und Literaturwissenschaft*. Bd. 3, Walter Weiss *et al.* (Hgg.), 329-340. Tübingen: Niemeyer.
> (zitiert nach: Ramers, K.-H. (2006): Topologische Felder: Nominalphrase und Satz im Deutschen. *Zeitschrift für Sprachwissenschaft* 25, 95-127.)

> Höhle, Tilman N. (1986). Der Begriff „Mittelfeld". Anmerkungen über die Theorie der topologischen Felder. In: Weiss, Walter / Wiegand, Herbert E. / Reis, Marga (Hgg.). Akten des VII. Kongresses der Internationalen Vereinigung für germanische Sprach- und Literaturwissenschaft. Bd. 3. Tübingen: Niemeyer, 329-340.
> (zitiert nach: Ramers, K.-H. (2005): Verbstellung im Althochdeutschen. *Zeitschrift für germanistische Linguistik* 33, 78-91.)

Wie unschwer zu erkennen ist, unterscheiden sich die Literaturangaben voneinander, obwohl sie vom gleichen Autor stammen. So werden nur im zweiten Beitrag beispielsweise alle Herausgeber genannt, der Titel nicht kursiviert und die Seitenzahlen am Schluss aufgeführt. Häufig verlangen auch Seminarleiter verschiedene Arten zu bibliographieren. Hier gilt es, sich stets im Vorfeld einer linguistischen Arbeit über etwaige Anforderungen zu informieren.

Demnach gibt es nicht DIE Notation für linguistische Bibliographien. Je nach Kursleiter oder Ort, an dem man publiziert, muss man sich auf individuelle Vorgaben für die Bibliographie einlassen. Zwar gibt es immer wieder Standardisierungsversuche wie das *MLA Handbook for Academic Writers*, doch sind diese eher als Empfehlungen zu verstehen, an die sich nur manche Zeitschriften und Buchreihen halten. Dennoch enthalten alle Bibliographien mehr oder weniger die gleichen Angaben. Stellen Sie sich dazu vor, Sie möchten ein ganz bestimmtes Buch in einer Buchhandlung kaufen. Um genau dieses Buch zu erhalten, werden Sie der Verkäuferin oder dem Verkäufer mindestens folgende Informationen geben:

▶ Name und Vorname des Autors
▶ Titel des Buchs

Angenommen, es geht um *Die Leiden des jungen Werther* von Johann Wolfgang Goethe, das mehrere Verlage anbieten. Im Verkaufsgespräch wird man Sie daher um weitere Informationen bitten:

▶ Verlag
▶ eventuell Erscheinungsjahr
▶ eventuell Auflage
▶ Erscheinungsort

Sofern Sie ein rein literarisches Interesse an Goethes *Werther* haben, werden Sie sich wahrscheinlich mit einer aktuellen Ausgabe zufriedengeben. Wenn Sie sich jedoch wissenschaftlich etwa mit den Unterschieden zwischen den einzelnen Auflagen beschäftigen möchten, so werden Sie an einer bestimmten Version besonders interessiert sein. Sollte die Auflage vergriffen sein, so müssten Sie auf Bibliotheken ausweichen.

Das Beispiel zu Goethes *Werther* lehrt uns, dass ein Text nur dann gefunden werden kann, wenn die oben aufgeführten Informationen gegeben sind. Demnach enthalten alle Bibliographien mindestens die Angaben zum Verfasser, zum Titel, zum Erscheinungsjahr und zum Erscheinungsort. Gelegentlich kommen dann der Verlag, die Auflage und weitere Angaben hinzu. Die Bibliographien unterscheiden sich jedoch in der Anordnung und bei den Abkürzungen dieser Informationen.

Im Folgenden führe ich die linguistische Bibliographierweise in Anlehnung an das *MLA Handbook for Academic Writers* auf.

Wie im Telefonbuch gibt es eine bestimmte **Anordnung**, um zielsicher den gesuchten Beitrag zu finden. Die bibliographischen Angaben stehen am Ende der Arbeit in alphabetischer Reihenfolge. Bei mehrzeiligen Angaben wird ab der zweiten Zeile eingerückt.

Man unterscheidet nun bei der Bibliographiertechnik zwischen **verschiedenen Werktypen**, die sich zunächst in eigenständige und abhängige Publikation unterteilen lassen. **Eigenständige Publikationen** sind Publikationen, die als Buch allein und nicht mit anderen Werken zusammen publiziert werden. Dazu zählen **Monographien**, d.h. Arbeiten, die nur ein Verfasser oder mehrere Verfasser zusammen geschrieben haben, und **Sammelbände**, bei denen ein oder mehrere Herausgeber eigene oder von anderen verfasste Aufsätze publizieren.

### Monographie eines Autors

Autorennachname, Initialen seiner/ihrer Vornamen. (Jahr der Publikation): *Buchtitel. Eventueller Untertitel.* Publikationsort: Verlag.

Duck, D. (2009): *Wie speichert man am besten Geld.* Entenhausen: Dagobert Duck Verlag.

### Sammelband

Herausgebername, Initialen seiner/ihrer Vornamen. (Jahr der Publikation) (Hrsg.): *Buchtitel. Eventueller Untertitel.* Publikationsort: Verlag.

Düsentrieb, D. (1993) (Hrsg.): *1000 nützliche Erfindungen.* Entenhausen: Dagobert Duck Verlag.

**Festschriften** werden wie Sammelbände behandelt. Wissenschaftliche Qualifikations-arbeiten wie Dissertationen und Habilitationsschriften werden zum Teil nicht als Buch veröffentlicht, sondern in gebundener Kopierform an verschiedene Universi-tätsbibliotheken verschickt. Dazu gibt es individuelle Bestimmungen, die hier jedoch nicht weiter interessieren. Diese Auflagen entfallen in der Regel für Seminar-, Bache-lor- und Masterarbeiten. Entscheidend beim Bibliographieren ist jedoch, dass diese Schriften besonders gekennzeichnet werden müssen:

---

### Nicht-veröffentlichte Doktorarbeit

Autorennachname, Initialen seiner/ihrer Vornamen. (Jahr der Publikation): *Buchtitel. Eventueller Untertitel.* Typ der Qualifikationsarbeit, Name der Universität.

Maus, M. (2004): *Tanzmusik in Entenhausen.* Masterarbeit, Walt-Disney-Universität Entenhausen.

Maus, M. (2007): *Zur Entwicklung der Tanzmusik in Entenhausen.* Dissertation, Walt-Disney-Universität Entenhausen.

Maus, M. (2010): *Kulturelle Tendenzen im globalisierten Entenhausen.* Habilitations-schrift, Walt-Disney-Universität Entenhausen.

---

**Nichtselbständige Publikationen** sind Veröffentlichungen, die nicht eigenständig als Buch erscheinen, sondern Teil eines Buches sind. Sie können demnach nur dann ge-funden werden, wenn die bibliographischen Angaben des Buches, von dem sie Teil sind, und die Informationen zum Ort innerhalb dieses Buches bekannt sind. Zu den nichtselbständigen Publikationen zählen zum Beispiel Aufsätze, Buchbesprechungen in Form von Rezensionen, Kongressberichte.

    **Aufsätze** können in Zeitschriften oder Sammelbänden erscheinen.

---

### Aufsätze in Zeitschriften

Autorennachname, Initialen seiner/ihrer Vornamen. (Jahr der Publikation): Aufsatztitel. Eventueller Untertitel. *Zeitschriftentitel* Zeitschriftnummer, Seite-Seite.

Gans, G. (2007): Der Faktor Glück. *Zeitschrift für Enten und Gänse* 117, 29-45.

---

Häufig werden Zeitschriften nur als ihre Abkürzungen angegeben. Zum Beispiel ha-ben sich eingebürgert: *ZS* für *Zeitschrift für Sprachwissenschaft, ZGL* für *Zeitschrift für germanistische Linguistik* oder *Lili* für *Zeitschrift für Literaturwissenschaft und Lingu-istik.* Dennoch sollten die Zeitschriftennamen ausgeschrieben werden, schon allein um dem linguistisch nicht vorgebildeten Leser das Bibliographieren nicht unnötig zu erschweren.

## Aufsätze in Sammelbänden

Autorennachname, Initialen seiner/ihrer Vornamen. (Jahr der Publikation): Aufsatztitel. Eventueller Untertitel. In: Herausgebername, Initialen seiner/ihrer Vornamen. (Hrsg.): *Buchtitel. Eventueller Untertitel.* Publikationsort: Verlag, Seite-Seite.

Gaukeley, G. (2008): Die Funktion von Hexeneiern beim Zaubertrankmischen. In: Duck, D. (Hrsg.): *Festschrift für Walt Disney.* Entenhausen: Dagobert Duck Verlag, 31-57.

## Mehrere Herausgeber oder Verfasser

Zwei Herausgeber oder Autoren werden in der auf dem Buchtitel oder dem Aufsatz angegebenen Reihenfolge aufgelistet und durch ein *&* verbunden.

Duck, D. & Maus, M. (Hrsg.) (2009): *Entenhausener Geschichten.* Entenhausen: Dagobert Duck Verlag.

## Bei mehr als zwei Beteiligten bibliographiert man wie folgt:

Duck, T., Duck, T. & Duck, T. (Hrsg.) (2009): *Die 500 besten Streiche.* Entenhausen: Dagobert Duck Verlag.

## In diesen Fällen ersetzt man gelegentlich die weiteren Autoren oder Verfasser auch durch *et al.*

Duck, T. *et al.* (Hrsg.) (2009): *Die 500 besten Streiche.* Entenhausen: Dagobert Duck Verlag.

Die bibliographische Notation von **Miszellen** entspricht der von Aufsätzen. Die Notation von Rezensionen berücksichtigt, dass es zwei Autoren gibt. Genannt werden der Autor der Rezension, die gesamte bibliographische Angabe des rezensierten Werkes sowie die zum Rezensionsort gehörenden bibliographischen Angaben:

## Rezensiertes Werk:

Duck, D. (2009): *Wie speichert man am besten Geld.* Entenhausen: Dagobert Duck Verlag.

Rezension:

> Karlo, K. (2010): Rezension zu Duck, D. (2009): *Wie speichert man am besten Geld*. Entenhausen: Dagobert Duck Verlag. *Zeitschrift für angewandtes Panzerknacken* 47, 119-123.

Karten aus Sprachatlanten werden in der Regel wie Aufsätze in Sammelbänden notiert.

## Kongressberichte

Von vielen Tagungen gibt es sogenannte *Proceedings*, die auf Deutsch als Kongressberichte oder Tagungsbände bezeichnet werden. Sie enthalten entweder ausgewählte oder aber alle Beiträge der jeweiligen Tagung. Kongressberichte werden unterschiedlich behandelt. Die bibliographischen Angaben zu Kongressberichten hängen von der Art der Tagung ab. Manche Tagungen finden in einem regelmäßigen Turnus unter Angabe der jeweiligen Kongressnummer statt. Dazu zählen beispielsweise die Tagung der *Berkeley Linguistic Society* oder das *Penn Linguistics Colloquium*. Erscheinen die Kongressberichte regelmäßig zu jeder einzelnen Tagung, so werden sie wie Zeitschriften behandelt und können angeben werden als

> *Proceedings of the 32nd Annual Penn Linguistics Colloquium*
> *Proceedings of the 32$^{nd}$ Annual Meeting of the Berkeley Linguistics Society*

oder verkürzt als

> *Penn Linguistics Colloquium* 32
> *Berkeley Linguistics Society* 32

Berichte von Tagungen, die nicht regelmäßig publiziert werden oder nicht Teil einer Kongressreihe sind, werden wie Monographien behandelt.

Reihenfolge
Die Publikationen eines Autors stehen in chronologischer Reihenfolge. Sollten innerhalb eines Jahres mehrere Arbeiten dieses Autors publiziert worden sein, so verwendet man (2009a) / (2009b) etc.

> Gans, G. (2007a): Der Faktor Glück. *Zeitschrift für Enten und Gänse* 117, 29-45.

> Gans, G. (2007b): *Der Faktor Glück. Eine Hinterfragung*. Entenhausen: Dagobert Duck Verlag.

> Bei den Publikationen eines Autors X in Kooperation mit anderen Autoren Y und Z werden zunächst alle Publikationen von X und dann die Kooperationen mit Y und Z aufgelistet.

Duck, D. (2009): *Wie man auch mit Pech glücklich sein kann*. Entenhausen: Dagobert Duck Verlag.

Duck, D. & Duck, D. (Hrsg.) (2006): *Geschichten um den ersten Taler*. Entenhausen: Dagobert Duck Verlag.

Duck, D. & Maus, M. (Hrsg.) (2009): *Entenhausener Geschichten*. Entenhausen: Dagobert Duck Verlag.

Gelegentlich wird auch die **Reihe**, in der die jeweilige Monographie erscheint, angegeben. Reihen enthalten Schriften zum gleichen Themenschwerpunkt oder haben zumindest den Entstehungsort gemeinsam (z.B. *Reihe Bochumer Germanistik*). Die Angabe der Reihe erfolgt in runden Klammern mit Bandnummer am Ende der bibliographischen Angabe und ist fakultativ:

Duck, D. (2009): *Wie man auch mit Pech glücklich sein kann*. Entenhausen: Dagobert Duck Verlag (Reihe Entenhausener Schriften 9).

Einige Probleme ergeben sich auch bei der **Aufschlüsselung des Namens**. Soll Arnim von Stechow unter *S* wie Stechow oder unter *V* wie von Stechow eingeordnet werden? Werden Titel wie in Prof. Dr. Veronika Ehrich aufgeführt oder nicht? Was gilt für Namenszusätze?

> Prinzipiell gilt: Adels- und Namenszusätze stehen nach dem Vornamen, Berufsbezeichnungen und Titel entfallen:

Prof. Dr. Daniel Duck
  Duck, D. (2005): *Einführung in die Entenhausener Poesie*. Entenhausen: Dagobert Duck Verlag.

Didier von Duck
Duck, D. von (2008): *Einführung in die Entenhausener Sprache*. Entenhausen: Dagobert Duck Verlag.

David D. van Duck jr.
  Duck, D. D. van, jr. (2007): *Einführung in den Entenhausener Slang*. Entenhausen: Dagobert Duck Verlag.

Im Prinzip sind alle hier aufgeführten schriftlichen Präsentationsformen auch im **Internet** publizierbar. Aus Gründen der Einheitlichkeit sollte versucht werden, die oben beschriebenen Standards auch für Internetquellen zu verwenden. Ihre Form ist noch nicht gleichermaßen standardisiert wie die Papierpublikation. Es wird zumeist geraten, hinter die URL noch das Abfragedatum zu setzen. Bei längeren Internetadressen ist ein Zeilenumbruch zumeist leider notwendig. Dieser sollte nicht durch den üblichen Trennstrich gesetzt werden, sondern durch ein einfaches Leerzeichen, damit die Internetadresse nicht verfälscht wird.

Es existieren vielerlei Programme zum Bibliographieren. Dazu zählen gegenwärtig *Endnote, Citavi* und *Refworks*. Viele Universitäten bieten die kostenlose Benutzung dieser Software an. Der Vorteil der Programme liegt u.a. darin, dass die bibliographischen Angaben stets automatisch an die Vorgaben des Publikationsortes angepasst werden können. Durch Eingabe der ISBN werden bei Monographien sämtliche bibliographischen Informationen gespeichert.

---

### ☑ Checkliste

☐ Alle Angaben im Literaturverzeichnis sind einheitlich gehalten?
☐ Sie führen nur die im Text genannte Literatur auf?
☐ Sie haben folgende Ordnungen beachtet?
  ○ alphabetisch nach Autorenname
  ○ chronologisch nach Publikationsjahr von Arbeiten desselben Autoren
☐ Erkundigen Sie sich zur Sicherheit bei Ihrem Betreuer, ob andere formale Vorgaben notwendig sind.

## 7.4  Zitate

### 7.4.1  Einführung

Wissenschaftliche Arbeiten bestehen stets aus der Auseinandersetzung mit der bisherigen Forschung. Es ist daher wichtig, sich auf Formen zu verständigen, wie diese Literatur vorgestellt wird. Nur wenn die entsprechenden üblichen Standards eingehalten werden, kann Ihr Leser unterscheiden, ob Sie Ihre eigenen Ideen vorstellen oder die Analyse von anderen Linguisten referieren.

Es gibt dabei im Wesentlichen zwei Möglichkeiten, wie Sie die bereits existierende Literatur in Ihren eigenen Text integrieren. Zum einen können Sie direkt zitieren, zum anderen referieren.

> **Zitate** sind wörtlich übernommene Textpassagen aus anderen Texten. Damit die Leser einen zitierten Textausschnitt nicht mit den eigenen Gedanken des Autors verwechseln, ist es notwendig, Zitate als solche zu markieren.

> **Referate** sind sinngemäße Wiedergaben von Passagen aus anderen Texten. Bei Referaten wird nicht wörtlich zitiert. Auch bei Referaten ist es notwendig, sie vom selbst verfassten Text durch Markierungen abzuheben.

In diesem Abschnitt geht es darum:

▶ wie man linguistisch zitiert,
▶ wie man linguistisch referiert
▶ und wie man in der Linguistik Zitate und Referate markieren kann.

### 7.4.2  Einbettung der verwendeten Literatur in den eigenen Text

Referate und Zitate haben innerhalb von wissenschaftlichen Texten bestimmte Aufgaben.

> Zu den Funktionen von Referaten und Zitaten zählen folgende:
> ▪ Sie können als Ausgangspunkt der eigenen Argumentation dienen,
> ▪ sie können die eigene Position unterstützen oder absichern,
> ▪ sie können der Distanzierung der eigenen Position gegenüber der zitierten bzw. referierten Position dienen.

**Referate** bieten sich an, wenn etwa die Aussage des Originaltextes verkürzt dargestellt werden soll und daher ein direktes Zitat nicht notwendig wird:

> **Referate** erlauben eine verkürzte Darstellung. Durch ihre Verwendung gelingt es eher, eine stilistische Einheitlichkeit des eigenen Textes zu gewährleisten, als es bei Zitaten möglich ist.

Ein Beispiel für ein gelungenes Referat sieht wie folgt aus:

**Beispiel**

> In Anlehnung u.a. an Andersson (1989) meint nun Thieroff (1992), daß es sich bei der morphologischen Opposition zwischen präsentischem und präteritalem Finitum inhaltlich an sich nicht um einen temporalen Gegensatz, sondern um einen abstrakteren Unterschied der „Distanz" handelt [...].
> (Fabricius-Hansen 1999: 120)

Häufig findet man in wissenschaftlichen Arbeiten eher zu viele als zu wenige Zitate. Manche Wissenschaftler scheinen die Qualität ihrer Arbeiten nur dann gewährleistet zu sehen, wenn sie möglichst viel andere Studien zu Wort kommen lassen. Zum Teil erkennt man bei solchen Arbeiten den Eigenbeitrag des Verfassers aufgrund der vielen zitierten Literatur nicht mehr.

Zitate und Referate sollten nicht Ersatz für die eigenen Ausführungen zum Thema sein, sondern die Gedanken und Behauptungen des Verfassers stützen.

### 7.4.3 Zur Form von Referaten und Zitaten

Damit der Leser weiß, dass Sie an manchen Stellen Ihrer Arbeit andere Literatur referieren oder zitieren, müssen Sie diese Stellen besonders markieren.

> **Zitate** werden stets in doppelte Anführungszeichen gesetzt.

Dabei regelt die Länge des Zitats seine Platzierung im Text:

> Zitate, die kürzer als drei Zeilen sind, werden direkt, d.h. ohne Absatz, in den eigenen Text integriert. Zitate, die drei und mehr Zeilen umfassen, stehen eingerückt innerhalb eines eigenen Absatzes.

Referate werden anders markiert:

> Bei Referaten gibt es keine Anführungszeichen. Sie stehen unter Angabe der verwendeten Literatur im Konjunktiv oder werden durch entsprechende Markierungsformeln wie *Andersson (1989) meint ...* aufgeführt.

Die sprachliche Form des Zitats wird durch den zitierten Text bestimmt:

Der ursprüngliche Text muss im Zitat unter Beibehaltung der damals geltenden Orthographie und Interpunktion wiedergegeben werden.

Dazu zählt auch, dass sprachliche oder orthographische Fehler des Originaltexts aufgeführt werden. Man kann, um nicht selbst des Fehlers bezichtigt zu werden, entsprechende Fehler durch ein in eckigen Klammern stehendes [sic!] markieren. Damit wissen Ihre Leser, dass Sie den Fehler gesehen und ihn korrekt zitiert haben.

### 7.4.4 Bibliographische Verweise bei Zitaten und Referaten

Damit Ihre Leser die Zitate wiederfinden können, müssen Sie deren Quelle nachweisen. Bei jedem Zitat und bei jedem Referat müssen Sie durch einen bibliographischen Verweis Informationen liefern, wo die zitierte oder referierte Passage zu finden ist.

**Bibliographische Verweise** enthalten alle notwendigen Informationen, damit die zitierte oder referierte Studie vom Leser gefunden werden kann. Der bibliographische Verweis führt zu einer Literaturangabe, die die für das Finden relevanten Informationen enthält: Dazu zählen unter anderem der Verfasser, der Titel der Arbeit und eventuell der Titel der Arbeit, in der publiziert wurde, der Publikationsort und das Publikationsjahr.

Die linguistischen Zeitschriften des deutschsprachigen Raums unterscheiden sich in ihren diesbezüglichen Anforderungen ebenso wie die linguistischen Buchserien. Prinzipiell gibt es drei Möglichkeiten, zu Zitaten eine bibliographische Angabe zu machen. Sie können durch Fuß- oder Endnoten die Angabe liefern oder sie durch eine **Kurzangabe** setzen. Wenn man etwa einen Beitrag in der *Zeitschrift für Sprachwissenschaft* mit einem Artikel der Zeitschrift *Mitteilungen des deutschen Germanistenverbands* vergleicht, so erkennt man sofort deutliche Unterschiede. In der zweiten Zeitschrift wird mit **Fußnoten** gearbeitet, in der ersten mit einer **Kurzangabe.**

**Fußnoten** sind Anmerkungen, die aus dem Text ausgelagert sind und die auf derselben Seite wie ihr Bezugselement stehen. Man setzt dazu eine hochgestellte Zahl hinter dieses Bezugselement, unter der man am Ende der Seite die Anmerkung nachlesen kann.

Beispiel

> Scherer erkennt schon lange Zeit vor den zentralen Leistungsmessungen das in ihnen enthaltene Paradoxon:
>
> Je indirekter die Variante [einer Aufforderung] ist, die der Beamte [...] ausgewählt hat, desto eher kann er missverstanden werden, und je direkter sie ist, desto eher ruft er Widerstand gegen seine Handlungsanweisung hervor.[4]
> Die Autorin erwartet [...].
>
> ――――――
> [4]   Ursula Scherer: Sprechakte als Interaktionsverhalten. Hamburg 1990, S. 70.
>
> (Schäfers 2006: 452)

Stehen die mit Nummern versehenen Anmerkungen nicht auf derselben Seite, sondern am Ende der wissenschaftlichen Arbeit, so spricht man von **Endnoten**.

Die **Kurzangaben** stehen im Text selbst und enthalten den Nachnamen des Autors, die Jahres- und die Seitenzahl.

Die vollständigen Literaturangaben stehen bei Kurzangaben nicht – wie häufig in literaturwissenschaftlichen Arbeiten – ergänzend zum Text in Fußnoten auf der gleichen Seite, sondern werden in der Bibliographie am Ende des Aufsatzes aufgeführt.

Beispiel

> Verschiedene traditionelle Ansätze, wie z. B. Brinkmann (1931) oder Grønvik (1986), legen der Herausbildung des Perfekts im Germanischen ein Modell der Lehnsyntax zugrunde, das dessen verhältnismäßig kurze Entstehungszeit erklären helfen soll: „Das haben-Perfekt tritt im deutschen Raum plötzlich als unvorbereitete Neuerung auf. Im Romanischen hat das „haben"-Perfekt eine lange Geschichte, die sich bis zu Plautus zurückverfolgen lässt" (Brinkmann 1931: 25).
> (Öhl 2009: 266)

Innerhalb dieser Kurzangabe gibt es verschiedene Varianten. Als Standard hat sich die Schreibweise mit dem Doppelpunkt zwischen Jahres- und Seitenzahl bewährt. Die Klammern umschließen die Jahres- und die Seitenzahl, wenn keine offene Klammer vor dem Namen steht. Ein Beispiel ist *Brinkmann (1931: 25)*. Diese Schreibweise gilt, wenn sich die Kurzangabe im Text oder vor dem dazugehörigen Zitat befindet. Folgt die Kurzangabe auf das Zitat, so umschließt die Klammer den Namen, die Jahres- und die Seitenzahl. In diesem Fall wird keine weitere Klammer vor der Jahreszahl geöffnet. Demnach schreibt man *(Brinkmann 1931: 25)* und nicht *(Brinkmann (1931: 25))*:

Beispiel

Der Komplementsatz ist somit „valenzgebunden"; er ist „Subjekt zum Verb des übergeordneten Satzes" und bezeichnet einen Sachverhalt, der „Bestandteil des vom Gesamtsatz bezeichneten ist" (Eisenberg 1999/2001: 308). Noonans (1985: 42) sprachtypologische Abhandlung zu Komplementsätzen geht davon aus, dass diese komplexen Sätze aus zwei Teilsätzen bestehen: einem Hauptsatz und einem subordinierten Teilsatz, der als Komplement des Verbs im Hauptsatz fungiert. Langacker (1991: 436) argumentiert ebenfalls, dass Komplementsätze den jeweiligen Matrixsätzen untergeordnet sind; d. h. sie sind konzeptuell in den jeweiligen Matrixsatz, der die Haupthandlung repräsentiert, eingebettet: „… complement clauses […]."
(Günthner 2008: 43)

Die Frage, ob zwischen Doppelpunkt und Seitenzahl ein Leerzeichen steht, wird unterschiedlich beantwortet. Bezieht man sich auf die gesamte Arbeit und nicht auf eine bestimmte Seite, so schreibt man einfach Günthner (2008) bzw. (Günthner 2008). Entscheidend für die Kurzangabe ist, dass man die gesamte bibliographische Angabe im Literaturverzeichnis nachlesen kann. Demnach muss man sich vor Abschluss der Arbeit vergewissern, ob zu allen Kurzangaben tatsächlich ein Eintrag in der Literaturliste vorhanden ist.

Bei mehreren Autoren schreibt man Kommata zwischen die Nachnamen der Autoren. Nur die letzten beiden Autorennamen trennt man durch das Verbindungszeichen &. Nach dem letzten Nachnamen steht wie üblich die Jahreszahl:

Beispiel

Karnowski & Pafel (2005) bzw. (Karnowski & Pafel 2005)

Wenn mehr als zwei Autoren an der angeführten Arbeit mitgewirkt haben, so ergibt sich das Problem, dass die Nennung aller Verfasser bei der Kurzangabe relativ unübersichtlich wird. Rodriguez, Dipper, Götze, Poesio, Riccardi, Raymond & Rabiega-Wisniewska (2007) ist relativ lang, häufig schreibt man stattdessen Rodriguez *et al.* (2007) in der Kurzangabe. Im Literaturverzeichnis sollten alle Autoren genannt werden.

### 7.4.5 Veränderungen in Zitaten

Zum Teil ist es aus inhaltlichen oder grammatischen Gründen nicht möglich, das Zitat exakt wiederzugeben. Das kann Fälle betreffen, bei denen eine grammatikalische Anpassung der zitierten Ausdrücke aufgrund ihrer neuen textuellen Umgebung notwendig wird. Inhaltliche Veränderungen betreffen zumeist Ergänzungen oder Weglassungen innerhalb des Zitats.

Gegebenenfalls werden grammatikalische Anpassungen an den zitierten Ausdruck notwendig, wie im folgenden Beispiel, in dem ein „r" zu „adverbiale" hinzugefügt wird.

Beispiel

Ähnlich verfahren Helbig / Buscha (2005: 108) mit ihrer Beschreibung als „adverbiale[r] Verbindungen mit finitem kommen" entsprechend *Er kommt, indem er rennt*. Sie präzisieren allerdings noch dahingehend, dass das Adverbiale hier notwendig ist.
(Vogel 2005: 59)

Diese Art von Zitat bietet sich an, wenn Sie nur Schlagwörter zitieren möchten.

Zitate, die mehr als drei Zeilen im Text einnehmen, werden links und rechts eingerückt und in einer kleineren Schriftart ohne Anführungszeichen aufgeführt.

Für ein solches entsprechend langes Zitat sollte man sich nur dann entscheiden, wenn die betreffende Textstelle als besonders wichtig erscheint und nicht in eigenen Worten wiedergegeben werden kann:

Beispiel

Nachträglich werden Wortformen und Syntagmen für eine an der lateinischen Grammatik orientierte Beschreibung präpariert und anschließend als Paradigmen des Deutschen kanonisiert.

> Allein, da die Deutsche Conjugation in Vergleichung mit ausgebildeten Sprachen sehr arm ist, und nur wenig aus sich selbst machen kann, und man in den Deutschen Sprachlehren einmahl gewohnt war, überall die Lateinische zum Grunde zu legen, so glaubte man die Deutsche Conjugation müsste nothwendig so viele Zeiten und Formen haben als die Lateinische [...]. Adelung (1782: 771)

Als paradigmatisch für die große Anziehungskraft [...] nennt Adelung die traditionellen Bestimmungen des deutschen Verbparadigmas [...].
(Bredel & Lohnstein 2001: 219)

Gelegentlich gibt es innerhalb einer Passage, die Sie zitieren, bereits Zitate. In diesem Fall übernehmen Sie die Zitierweise des von Ihnen zitierten Textes.

**Veränderungen**, die Sie innerhalb eines zitierten Textes vorgenommen haben, müssen Sie anzeigen.

Zu den möglichen **Veränderungen** eines Zitats zählen Auslassungen, Hervorhebungen, grammatikalisch bedingte Veränderungen mancher Ausdrücke und Ergänzungen wie die Erläuterung eines Begriffs. Das veränderte Zitat muss jedoch **sinngleich** mit dem Originaltext verbleiben.

Betrachten wir dazu folgendes Beispiel aus einem Aufsatz von Christa Dürscheid, in dem es um Adjektivverwendungen wie in *Forelle blau* geht.

> Im Deutschen gibt es verschiedene Typen postnominaler Adjektive. Beispiele sind unter (1) aufgelistet. Alle Fälle haben drei Eigenschaften gemeinsam: 1. In der unmittelbaren Umgebung des Substantivs tritt (mindestens) ein Adjektiv auf. 2. Das Adjektiv ist dem Substantiv nachgestellt. 3. Das Adjektiv ist nicht flektiert (vgl. aber le), doch prinzipiell flektierbar. Beispiele wie *das Spiel gestern* oder *das Haus dort* mit nachgestelltem Adverb fallen also von vornherein aus der Analyse heraus.
>
> (1)  a.      Hänschen klein ging allein in die weite Welt hinein.
>       b.      Peter sucht eine 4-Zimmer-Wohnung, hell und geräumig.
>       c.      Forelle blau. Rahmspinat tiefgefroren. Aktie gelb. Schrauben verzinkt.
>       d.      Wahlkampf pur. Linguistik light. Polemik satt. Fußball brutal. Urlaub total.
>       e.      Paul liest ein Buch, ein sehr interessantes.
>       f.      Paul isst die Suppe kalt.
>       g.      Paul isst die Suppe langsam.
>       h.      Medaillen ausgegangen. Zoo dicht!
> (Dürscheid 2002: 57-58)

Würde man diesen Abschnitt nun wie folgt kürzen, so gäbe es eine völlige Sinnentstellung:

> Im Deutschen gibt es verschiedene Typen postnominaler Adjektive. Beispiele sind unter (1) aufgelistet. Alle Fälle haben drei Eigenschaften gemeinsam: 1. In der unmittelbaren Umgebung des Substantivs tritt (mindestens) ein Adjektiv auf. 2. Das Adjektiv ist dem Substantiv nachgestellt. 3. Das Adjektiv ist nicht flektiert […].
>
> (1)  a.      Hänschen klein ging allein in die weite Welt hinein.
>       b.      Peter sucht eine 4-Zimmer-Wohnung, hell und geräumig,
>       c.      Forelle blau. Rahmspinat tiefgefroren. Aktie gelb. Schrauben verzinkt.
>       d.      Wahlkampf pur. Linguistik light. Polemik satt. Fußball brutal. Urlaub total
> (Dürscheid 2002: 57-58)

Bei diesem verkürzten Zitat geht der Leser – sofern ihm Christa Dürscheids Aufsatz unbekannt ist – in der Tat davon aus, dass sie auch Adverbien wie in *das Haus dort* mit analysieren wird.

Nicht immer wollen Sie unbedingt eine gesamte Passage zitieren, sondern zum Teil nur einige Sätze eines Abschnitts. Sie müssen daher Teile des Zitats weglassen.

**Auslassungen in Zitaten** werden durch […] markiert.

Beispiel

> Allein, da die Deutsche Conjugation in Vergleichung mit ausgebildeten Sprachen sehr arm ist, und nur wenig aus sich selbst machen kann, und man in den Deutschen Sprachlehren einmahl gewohnt war, überall die Lateinische zum Grunde zu legen, so glaubte man die Deutsche Conjugation müsste nothwendig so viele Zeiten und Formen haben als die Lateinische […].
> (Adelung 1782: 771)

Manchmal ist es notwendig, innerhalb des Zitats etwas hervorzuheben, was im Originaltext nicht hervorgehoben ist.

**Hervorhebungen,** die Sie selbst hinzugefügt haben, machen Sie daher am Ende des Zitats kenntlich durch die Angabe (meine Hervorhebung) oder (unsere Hervorhebung) oder (Hervorhebung von uns).

Beispiel

> Levelt (1989: 168) geht davon aus, dass im Sprachproduktionsprozess morphologische Eigenschaften wie das Genus vom lexikalischen Kopf der Phrase abgeleitet werden:
>
> > First, the surface structure indicates the *head-of-phrase function* for each phrase. For instance, if the head noun of a noun phrase is plural, then the whole noun phrase is plural. This does not hold for the non-head elements. Similar relations between head and phrase exist for such features as *gender,* person, definiteness, and case. (Hervorhebungen von uns)
>
> (Köpcke & Zubin 2005: 98)

Hervorhebungen, die bereits im Original vorgenommen wurden, markieren Sie durch die Angabe (Hervorhebungen im Original), die am Ende des Zitats steht.

> Dabei wird insbesondere die intonatorische Begründungspraxis in eine Matrix gestellt, die – wie Maas 2000 zeigt – im Zusammenhang mit der Neukonfiguration des Deutschen als Nationalsprache steht, die sich zunehmend gegenüber dem Lateinischen emanzipiert: […] Der Diskurs der Phonographie, der sich als schlechthin modern präsentiert. In diesem Diskurs bedeutete die Interpunktion nicht eine Instruktion für den *Vortrag* eines fraglos schriftlichen Textes, sondern das System der Interpunktion sollte aus den Lautverhältnissen der gesprochenen Sprache abgeleitet werden. (Maas 2000: 186; Hervorhebung im Original).
>
> (Bredel 2006: 189)

Zum Teil ist es aus grammatischen oder inhaltlichen Gründen notwendig, innerhalb von Zitaten Ergänzungen einzufügen. Diese erfolgen in eckiger Klammer. Am Ende der Erklärung steht ein Komma, auf das Ihre Initialen folgen. Beispielsweise verdeutlicht Ursula Bredel im folgenden Ausschnitt, um welchen Horizont es sich bei dem von ihr zitierten Utz Maas handelt:

> Dabei wird insbesondere die intonatorische Begründungspraxis in eine Matrix gestellt, die – wie Maas 2000 zeigt – im Zusammenhang mit der Neukonfiguration des Deutschen als Nationalsprache steht, die sich zunehmend gegenüber dem Lateinischen emanzipiert: In diesem Horizont [im Horizont der zunehmenden Durchsetzung des Deutschen als Nationalsprache, U. B.] entsteht ein ganz anderer Schriftdiskurs als der der bisherigen Tradition: […](Maas 2000: 186 […])
> (Bredel 2006: 189-190)

Es ist unbedingt notwendig, dass Sie alle zitierten und referierten Texte selbst gelesen haben und nicht einfach einschlägige Zitate aus anderen Texten übernehmen. Leider wird dies viel zu häufig getan und dabei entstehen systematisch Fehler, die von Text zu Text tradiert werden.

> Sollten Sie doch einmal in die unglückliche Situation geraten, einen Text zu zitieren, den Sie selbst nicht vorliegen haben, so müssen Sie die Zwischenquelle angeben. Demnach **zitieren** Sie **nach** einer Quelle. Solche Fälle treten häufig bei älteren, nur schwer erhältlichen Texten auf.

In diesem Fall geben Sie am Ende des Zitats die Quelle an, nach der Sie zitieren, so wie Ursula Bredel es im folgenden Beispiel getan hat:

Beispiel

In diesem Sinn schreibt Frisch 1735:

> Der End=Punct ist das leichteste Zeichen (.) Man macht ihn, wo der Verstand eines Stücks der Rede, oder der ganzen Rede aus ist. Da hält man am längsten in, und gibt auch den letzten Worten einen fallenden Tohn.
> (Zit. nach Höchli 1981: 172)

(Bredel 2006: 189)

**Fremdsprachliche Ausdrücke** sollten nicht in deutsche Sätze integriert werden, da dies zu Verstehensschwierigkeiten führen kann. Es ist besser, hier auf entsprechende deutsche Begriffe auszuweichen. Wenn Sie aus Texten zitieren, die in einer nicht in der Schule vermittelten Sprache geschrieben wurden, so sollten Sie das Zitat **übersetzen**. Zum Beispiel können Sie davon ausgehen, dass nicht alle Ihre Leser Schwedisch beherrschen. Demnach übersetzen Sie das Zitat. Sollten Sie den Originaltext für sehr wichtig erachten, so können Sie ihn fakultativ zusätzlich angeben:

Beispiel

Pipping (1936: 149) states that the present perfect and the past tense never compete for the same domains, but Thulstrup (1948: 101) argues for an imperfective use of the Swedish present perfect:

> Det finns alltså även i nusvenskan en tendens att låta perfekt breda ut sig på imperfekts domäner. Denna tendens är i vårt språk inte på långt när så stark som i franskan, tyskan och danskan.
> ‚There is therefore even in modern day Swedish a tendency to allow the perfect to fall into the domains of the imperfect. In our language, this tendency is by no means as strong as in the French, German and Danish languages.'

(Rothstein 2008: 81)

### 7.4.6 Zusammenfassung

Das formal und inhaltlich korrekte Zitieren und Referieren gehört zu den Königskategorien des wissenschaftlichen Arbeitens. Deutlich sollte auf den vorhergehenden Seiten geworden sein, wie komplex diese Angelegenheit ist und dass es sich nicht um ein bloßes Abschreiben fremder Textpassagen handelt. Die folgende Checkliste mag für das korrekte Zitieren und Referieren nützlich sein.

Um eine gewisse Art von Zitat, das Beispiel, geht es im folgenden Abschnitt.

---

### ☑ Checkliste

- ☐ Sind sämtliche Zitate/Referate als solche gekennzeichnet?
- ☐ Ist es sinnvoll, bereits abgetippte Zitate in Referate zu verkürzen?
- ☐ Sollen nur Schlagworte oder verkürzte Passagen aufgeführt werden? Wenn ja, dann referiere!
- ☐ Geht es um die Vollständigkeit der zitierten Passage? Wenn ja, dann zitiere!
- ☐ Welche Veränderungen sind zu beachten?
  - ○ Fremdsprachliche Texte
  - ○ Auslassungen
  - ○ Hervorhebungen
  - ○ Orthographische Veränderungen
- ☐ Sind Zitate über drei Zeilen als eingerückter Block formatiert?
- ☐ Zitiere/referiere ich nur, um
  - ○ die Gedanken anderer mit meinen eigenen zu vergleichen?
  - ○ meine eigene These zu stützen?
  - ○ den Forschungsstand darzustellen?
- ☐ Sind alle Literaturangaben vollständig?
- ☐ Wurden alle Zitate auf formale Korrektheit überprüft?
- ☐ Wird konsequent mit End-/Fußnoten oder mit Kurzangaben gearbeitet?
- ☐ Sind durch Auslassungen keine Sinnentstellungen der Originalvorlage entstanden?

## 7.5 Beispiele, Tabellen und Abbildungen

### 7.5.1 Einleitung

Wer linguistisch arbeitet, wird immer wieder mit Beispielen konfrontiert sein, die im Bereich der Linguistik unter anderem sprachliche, soziologische und körpersprachliche Typen umfassen. In diesem Kapitel soll es uns um sprachliche Beispiele gehen, die mögliche Behandlung der beiden letzteren Typen lässt sich aus diesen gut ableiten.

Diejenigen Sprachen, die Beschreibungsgegenstand einer linguistischen Studie sind, bezeichnet man als **Objektsprachen**. Die zu ihrer Darstellung verwendete Sprache nennt man **Metasprache**. Die Metasprache ist demnach die Sprache, in der publiziert wird.
Die Objektsprache wird mit **Beispielen** illustriert. Beispiele sind in diesem Fall sprachliche Einheiten aus der jeweiligen Objektsprache, auf die in Ihrer linguistischen Studie referiert wird. Auch für die Verwendung von Beispielen gelten bestimmte Regeln. Die Beispiele illustrieren die theoretischen Erkenntnisse und Argumente, sie ersetzen die wissenschaftliche Argumentation jedoch nicht.

In diesem Kapitel geht es daher darum,

▶ wie man mit linguistischen Beispielen arbeitet,
▶ wie man sie linguistisch notiert und
▶ wie man Tabellen und Abbildungen aufführt.

Zunächst soll es um die inhaltlichen, dann um die formalen Aspekte von Beispielen gehen.

### 7.5.2 „Gute" Beispiele

Linguistische Arbeiten leben häufig von ihren Beispielen und diese müssen die jeweils vertretene These nicht nur illustrieren, sondern vor allem als Beweismaterial stützen. Daher ist es wichtig, qualitativ hochwertige Beispiele anzuführen.

Die Merkmale von „guten" Beispielen sind:
- Sie sind einprägsam.
- Sie illustrieren ein bestimmtes Phänomen prototypisch.
- Sie beschränken sich auf die in der Arbeit behandelte Fragestellung.
- Sie sind angemessen kurz.
- Sie sind sprachlich authentisch.

Entscheidend ist, dass linguistische Arbeiten nicht aus einer willkürlichen Aneinanderreihung von Beispielen bestehen, sondern die Beispiele zielbewusst und sparsam zur Illustration von Argumenten und Erkenntnissen eingesetzt werden. In der Regel kann ein Phänomen bereits durch ein oder zwei sprachlich passende Beispiele gut veranschaulicht werden. Gute Beispiele zu finden, ist eine aufwändige Angelegenheit:

Bei der Suche nach „guten" Beispielen helfen folgende Strategien:
- Man kann sich Beispiele selbst überlegen (das nennt man introspektive Datenerhebung).
- Man kann mit bereits bestehenden Korpora arbeiten (s. 5.3.3).
- Man kann selbst Korpora erstellen (s. 10).
- Man kann Daten durch Beobachtungen, Experimente und Befragungen erheben (s. 5.3.1; 5.3.2; 5.3.4 und 5.3.5).

Meist genügen ein bis zwei Beispiele zur Illustration des Arguments. Keinesfalls können die Beispiele die Argumentation ersetzen. Auch ist vor einer Überfrachtung des Textes mit Beispielen zu warnen.

### 7.5.3 Notierung der Beispiele

Beispiele können in den eigenen Text integriert oder eingerückt als eigener Abschnitt aufgeführt werden. Im eigenen Text schreibt man Beispiele am besten kursiv, um sie vom übrigen Text abzusetzen.

Beispiel

Um einen (neuen) Satz oder neu gebildete Wörter zu verstehen, genügt es nicht, die wörtlichen Bedeutungen seiner Einzelteile aufzulisten. Wichtig für die Interpretation ist auch die Art der Verknüpfung der einzelnen Wörter. Dies kann man sich an folgendem einfachen Beispiel verdeutlichen: Obwohl die beiden Sätze *Sabine wurde von Stefan gesehen* und *Stefan wurde von Sabine gesehen* genau dieselben Wörter enthalten, bedeuten sie nicht dasselbe.
(Steinbach 2002: 163)

Zumeist werden ganze Beispielsätze innerhalb des eigenen Textes aus Gründen der Lesbarkeit vermieden und daher optisch ausgelagert.

**Optisch ausgelagerte Beispiele** stehen zumeist eingerückt in kleinerer Schriftgröße. Der Verweis auf sie kann durch **Nummerierungen** erleichtert werden. Die Nummern stehen unmittelbar vor dem jeweiligen Beispiel; jede Nummer wird nur einmal vergeben.

Man kann sich so auf ein Beispiel beziehen, ohne es ständig wiederholen zu müssen.

Beispiel

Diese Verwendung des Indikativs I ist nicht ausschließlich auf die abhängige indirekte Rede beschränkt – vgl. (2) –, sondern auch in unabhängiger indirekter Rede zu beobachten, allerdings aus Gründen der Eindeutigkeit nur vereinzelt. Ein Beispiel wären die kursivierten Sätze in (3):

(2)   Hans sagte, *es stört ihn nicht*, dass er zu spät kommt.
(3)   Im Falle eines Wahlsieges der SPD bei den Landtagswahlen im nächsten Jahr, kündigte Lafontaine an, werde er im Zweifel mit den Grünen koalieren. *Sie sollen mitregieren. Tolerieren genügt nicht, der Schwanz darf nicht mit dem Hund wedeln.*

(Fabricius-Hansen 1999: 125)

Typische Verweise auf durchnummerierte Beispiele sind:

► – vgl. (2) –
► s. (2)
► (2) zeigt, dass …
► In (2) …
► das Beispiel (2)

Es hat sich mehr oder weniger eingebürgert, bei jedem neuen Kapitel einer Arbeit mit der Beispielnummerierung bei (1) neu zu beginnen.

Häufig gibt es Beispielpaare, die besonders eng thematisch zusammengehören. Hier verwendet man zusätzlich zur arabischen Zählweise die Nummerierung mit Buchstaben. Das Ergebnis ist eine kombinierte **Zahl-Buchstaben-Zählung**. Üblicherweise steht zwischen den Zahl-Buchstaben-Zählungen kein Text.

Zur Form eines sprachlichen Beispiels zählt auch, dass es orthographisch und sprachlich entsprechend den originalen Gegebenheiten aufgeführt wird. Das ist insbesondere bei historischem sprachlichem Material oder bei Spracherwerbsdaten wichtig. Demnach wird aus dem Nibelungenlied original zitiert:

Beispiel

Uns ist in alten mæren   wunders vil geseit
von helden lobebæren,   von grôzer arebeit,
von fröuden, hôchgezîten,   von weinen und von klagen,
von küener recken strîten   muget ir nu wunder hœren sagen. (Nibelungenlied: 1)

Gelegentlich arbeitet man auch zu Sprachen, die der Leser nicht beherrscht. In diesem Fall müssen Übersetzungen zu den Beispielen geliefert werden. Es gibt prinzipiell zwei verschiedene Übersetzungen, die häufig beide zum gleichen Beispiel angegeben werden.

> Bei der **wortwörtlichen Übersetzung (Glossierung)** wird jedes einzelne Wort bzw. Morphem (und zum Teil auch phonologische Elemente) wörtlich übersetzt, die **freie Übersetzung** ist eine interpretierende Übersetzung, die sich vom Original sprachlich entfernen kann.

Die wortwörtlichen Übersetzungen werden im Kapitel Glossierung (s. 11) genauer besprochen.

Übersetzungen sind grob gesprochen dann notwendig, wenn man nicht davon ausgehen kann, dass der Leser die jeweilige Objektsprache beherrscht.

### 7.5.4 Zur sprachlichen Richtigkeit der Beispiele

Gelegentlich werden auch ungrammatische Beispiele aufgeführt, etwa um zu zeigen, dass die vertretene Theorie sie auszuschließen vermag. Damit der Leser weiß, dass sie ungrammatisch sind, wird dies jeweils vor dem Beispiel markiert. Dabei haben sich einige Notationsformen durchgesetzt: Ungrammatische Beispiele kennzeichnet man durch einen voran- und hochgestellten Asterisk „*", Beispiele mit fragwürdiger Akzeptabilität durch ein voran- und hochgestelltes Fragezeichen („?").

Beispiel

> (1)  *Gestern er geht ins Kino.
> (2)  ?Du hast das Gesicht geschminkter als Kiss.

### 7.5.5 Beispiele anderer Autoren

Es gibt mittlerweile Beispiele, die es in sprachwissenschaftlichen Kreisen zu einer gewissen Berühmtheit gebracht haben. Chomsky (1970) hat beispielsweise den grammatisch schwer akzeptablen englischen Satz *Einstein has been to Princeton* geprägt. Dieser Satz suggeriert, dass Einstein lebt. Darum ist er jedoch – wenn er heutzutage geäußert wird – schwer akzeptabel, weil Einstein schon lange tot ist. Im Rahmen der vielen Studien zum englischen Perfekt ist dieser Satz immer wieder zitiert worden:

> Beispiel
>
> Chomsky (1970) has pointed out the following contrast:
>
> (11)    a.    ?Einstein has visited Princeton.
>         b.    Princeton has been visited by Einstein.
>
> Example (11a) is odd because it suggests that Einstein is still alive.
> (Portner 2003: 464)

> Beispiel
>
> One of the most famous lifetime-effect contrasts – that in (23) noted by Chomsky (1970) – was analysed by McCawley (1971) as being a violation of the future possibility condition on perfects:
>
> (23)    a.    ?Einstein has visited Princeton.
>         b.    Princeton has been visited by Einstein.
> (Katz 2003: 6)

Beispiele von anderen Autoren müssen als solche durch die entsprechende bibliographische Angabe gekennzeichnet werden.

### 7.5.6 Quellenangaben zu Beispielen

Insbesondere bei Arbeiten zu historischen Fragestellungen ist die Angabe der Quellen, aus denen die Beispiele entnommen wurden, unabdingbar. Zu den üblichen Informationen, die unmittelbar auf das Beispiel folgen, gehören der Name der Quelle, die Seitenzahl und/oder – sofern vorhanden – die Zeilennummer.

Viele ältere Texte wie das Nibelungenlied sind nach Zeilen durchnummeriert, was unter anderem die Suche nach dem jeweiligen Beispiel erleichtert. Zwischen Quellenname und Seiten-/Zeilenzahl steht ein Doppelpunkt; die gesamte Angabe steht nach dem Beispiel in Klammern. Auch bei historischen Arbeiten können die Beispiele entsprechend den oben aufgeführten Angaben nummeriert werden:

> Beispiel
>
> (1)    Ir hât dicke vernomen
>        unde ist iu mit rede vür komen
>        von wârlichem mære,
>        daz ritterschaft ie wære
>        wert unt müeze ie mêre wesen. (Moriz von Craûn: 1-5)

Die Jahreszahl(en), der Entstehungsort, der Verfasser und eventuell der Verlag der Quelle können in der Bibliographie angegeben werden. Sollten verschiedene Überlieferungen eines Textes vorliegen, so muss die jeweilige Quelle entsprechend dokumentiert werden. Dies kann entweder im Text oder in der Bibliographie erfolgen.

---

☑ **Checkliste**

- ☐ Sind die Beispiele prototypische Vertreter des zu analysierenden Phänomens?
- ☐ Sind sie sprachlich authentisch?
- ☐ Beschränken sich die Beispiele auf die in der Arbeit behandelte Fragestellung?
- ☐ Sind die Beispiele einheitlich nummeriert und werden sie einheitlich aufgeführt?
- ☐ Sind eventuell Glossen notwendig (vgl. dazu Kap. 11)?
- ☐ Wurden die Beispiele anderer Autoren als solche kenntlich gemacht?
- ☐ Wurde die sprachliche Richtigkeit der Beispiele markiert?
- ☐ Wurden die Quellenangaben zu den Beispielen aufgeführt?

## 7.6 End- und Fußnoten

Häufig wird der Text durch Anmerkungen in Form von Fuß- oder Endnoten ergänzt.

**Fußnoten** sind Anmerkungen, die aus dem Text ausgelagert sind und die auf derselben Seite wie ihr Bezugselement stehen. Man setzt dazu eine hochgestellte Zahl hinter dieses Bezugselement, unter der man am Ende der Seite die Anmerkung nachlesen kann. Stehen die mit Nummern versehenen Anmerkungen nicht auf derselben Seite, sondern am Ende der wissenschaftlichen Arbeit, so spricht man von **Endnoten**. In Fuß- bzw. Endnoten stehen dabei keine Informationen, die für den Argumentationsweg des Haupttexts unerlässlich sind.

Der Text sollte auch ohne die Lektüre der Anmerkungen verständlich sein. In Anmerkungen stehen traditionell Verweise auf weitere Literatur, zusätzliche, aber für den Text nicht notwendigerweise unmittelbar relevante Informationen und tiefergehende Problematisierungen, deren Aufführung im Text die Lesbarkeit erschweren würde. Anmerkungen sind jedoch nicht dazu da, das über das Thema hinausgehende Wissen des Verfassers zu dokumentieren. Sie müssen einen sachlichen und relevanten Zusammenhang zum Text aufweisen.

Bei kürzeren Arbeiten werden die Anmerkungen durchgezählt, bei längeren Texten erfolgt die Durchzählung kapitelweise. Die Positionierung der Anmerkungszeichen lässt sich am einfachsten wie folgt regeln: *Die Anmerkungszahl steht immer nach dem Begriff oder dem Zitat, auf den/das sie sich bezieht. Folgt auf diese ein Interpunktionszeichen, so steht es nach diesem.*

Entscheidet man sich dafür, bibliographische Angaben in Fußnoten zu vermerken, so notiert man diese wie im Kapitel 7.4.4 beschrieben.

☑ **Checkliste**

- ☐ Sind sämtliche Anmerkungen formal einheitlich?
- ☐ Fehlen keine Nummern, sind die Anmerkungen mit anderen Worten formal korrekt nummeriert?
- ☐ Sind die Anmerkungen in Form von Fuß- bzw. Endnoten notwendig?
- ☐ Ist die Kenntnis des Textes aus der Fuß- und Endnote für das eigentliche Verstehen des Haupttextes sekundär?
- ☐ Soll Ihr Leser die Möglichkeit zu einem schnellen Zugriff auf die Anmerkung haben?
  - ○ Wenn ja, dann wählen Sie die Variante mit Fußnoten.
  - ○ Wenn nein, sind auch Endnoten denkbar.

## 7.7 Sprachwissenschaftliche Sprache

Wissenschaftliche Texte sind Textsorten, die gewissen **sprachlichen und stilistischen Anforderungen** genügen müssen. Dazu zählen

- die Verwendung (und eventuell die Erklärung) der notwendigen Fachausdrücke,
- die Vermeidung überflüssiger Fremdwörter,
- eine klare, gut strukturierte und gut nachvollziehbare sprachliche Gestaltung der Inhalte,
- ein überschaubarer Satzbau (allerdings keine einfache Aneinanderreihung vieler kurzer Sätze),
- die Beachtung der grammatikalischen Regeln der gehobenen deutschen Schriftsprache (u.a. Genus- und Kasusangleichung, Konjunktiv- und Tempusgebrauch),
- die Vermeidung umgangssprachlicher und/oder nur mündlicher Ausdrücke,
- ein stringenter und für den Leser nachvollziehbarer Argumentationsgang,
- ein sachlicher, objektiver Stil und
- eine auf den fachwissenschaftlich gut vorgebildeten, wohlwollenden Leser zugeschnittene sprachliche Gestaltung.

Was wie selbstverständlich klingt, ist in der Praxis zumeist nur schwer umsetzbar. Sich wissenschaftlich ausdrücken zu können, ist letztendlich eine Übungssache, die vom Wissensstand, vom Austausch mit anderen und von der Diskussionserfahrung im wissenschaftlichen Leben des Einzelnen abhängt. Viele Universitäten bieten daher auch Schreibwerkstätten für Hausarbeiten an.

Typische sprachliche Merkmale wissenschaftlicher Texte sind:

▶ Eindeutigkeit und Genauigkeit: Wissenschaftliche Sprache muss eindeutig und genau sein. Demnach sind Sätze mit mehreren Lesarten und Wörter mit unterschiedlichen Bedeutungen zu vermeiden. Ein hohes Maß an Eindeutigkeit wird durch die korrekte Verwendung von Fachtermini erreicht. Die Eindeutigkeit kann durch die Vermeidung zu komplizierter und zu langer Sätze und Wörter (z.B. Zweitspracherwerbsuntersuchung) erreicht werden.

▶ Objektivität: Wissenschaftliche Arbeiten stellen Ergebnisse als objektiv dar. Aus diesem Grund ist es für den Argumentationsgang unerlässlich, auch subjektiv wertende Ausdrücke und persönliche Stellungnahmen zu vermeiden. Demnach sollte auf Aussagen wie *Ich kann Chomsky nicht verstehen* verzichtet werden. Stattdessen kann auf unpersönliche Konstruktionen zurückgegriffen werden wie:

*Die Argumentation von Chomsky ist schwer nachvollziehbar. Chomskys Argumentation kann nicht nachvollzogen werden* oder *ist schwer nachzuvollziehen.*

► Strukturiertheit: Wissenschaftliche Texte zeichnen sich durch ein hohes Maß an Strukturiertheit aus. Sie enthalten in der Regel eine Einleitung, einen Haupt und einen Schlussteil, die jeweils bestimmte Informationen enthalten (s. 7.2).

► Verweise: Wissenschaftliche Texte entstehen niemals kontextlos, sondern hängen stets mit früherer Forschung zusammen. Aus diesem Grund enthalten sie Verweise auf andere wissenschaftliche Texte und im Falle von linguistischen Arbeiten auch Beispiele zum untersuchten Phänomen (s. 7.5).

Einige dieser Punkte werden in der nachfolgenden Checkliste präzisiert.

---

☑ **Checkliste**

☐ Habe ich die Rechtschreibung beachtet?

☐ Habe ich nicht über Banalitäten schwadroniert?

☐ Wurden Schachtelsätze und Schlangensätze vermieden?

☐ Wurde ein themenadäquater Fachwortschatz verwendet?

☐ Wurde der Aufbau (Einleitung, Hauptteil, Schluss) beachtet?

☐ Wurde die Arbeit auf einen linguistisch vorgebildeten wohlwollenden Leser zugeschnitten?

☐ Ist die Darstellung objektiv?

☐ Habe ich auf Stil und Ausdruck geachtet?

☐ Ist die Arbeit von mindestens einer weiteren Person gegengelesen worden?

☐ Wurden so wenig wie möglich, aber so viel als nötig Fremd- und Fachwörter verwendet?

☐ Wurden unnötige Wortwiederholungen, Redundanzen und Füllwörter beseitigt?

☐ Habe ich nur diejenigen Wörter und Fachausdrücke verwendet, die ich voll beherrsche?

☐ Ist der Argumentationsgang stringent und nachvollziehbar?

# 8. Textsortenbedingte Anforderungen

## 8.1 Schriftliche Arbeiten

Die nun folgenden Ausführungen beziehen sich auf Qualifikationsarbeiten wie zum Beispiel Hausarbeiten. Viele Kursleiter stellen ein spezielles *style sheet*, d.h. Anweisungen für die Form von Hausarbeiten zur Verfügung. Im Bereich der Sprachwissenschaften gibt es einige formale Standards, die ich im Folgenden vorstelle.

Die **Länge** von Hausarbeiten variiert je nach Seminar. Manche Institute verlangen für ein Proseminar im Bachelor-Studiengang 12-15 Seiten, für ein Hauptseminar im Bachelor-Studiengang 15-20 Seiten und für ein Hauptseminar im Master-Studiengang 20-25 Seiten. Für Doktorarbeiten und Habilitationsschriften gibt es keine Beschränkungen bezüglich der Länge.

Selbstverständlich sind wissenschaftliche Arbeiten dem Anspruch nach in **Rechtschreibung** und **Zeichensetzung** fehlerfrei.

Es variieren ebenfalls die Angaben zu **Schriftgröße, Schriftart, Seitenrändern, Zeilenabständen** usw. Hier wird Ihr Kursleiter Sie beraten. Gewöhnlich werden Hausarbeiten mit durchlaufender **Seitenzählung** geschrieben. Das Titelblatt und die Seiten mit dem Vorwort, den Abkürzungen und dem Inhaltsverzeichnis zählen als Seiten. Auf dem Titelblatt wird die Seitenzahl jedoch nicht abgedruckt.

Die wissenschaftliche Arbeit besteht aus **folgenden Teilen**. Weglassbare Teile sind dabei in Klammern gesetzt.

Titelblatt
[Widmung]
[Vorwort]
[verwendete Abkürzungen]
Inhaltsverzeichnis
Einleitung
Hauptteil
Schlussteil/Zusammenfassung
Literaturverzeichnis
Plagiatserklärung
[Anhang]
[zusätzliche Zusammenfassung]
[Register]

Wir gehen diese nun Schritt für Schritt durch, ggf. werden Querverweise zu anderen Kapiteln angegeben.

Das **Titelblatt** enthält folgende Angaben:
  Name des Verfassers
  Fachsemester des Verfassers
  *E-Mail-* und Postadresse sowie Telefonnummer des Verfassers
  Studienfächer des Verfassers
  Matrikelnummer des Verfassers
  Titel der Arbeit
  Bezeichnung des Seminars, innerhalb dessen die Arbeit entstand
  Bezeichnung des Moduls, innerhalb dessen die Arbeit entstand
  Name der Universität
  Name des Instituts
  Semesterangabe
  Name des Kursleiters
  Datum der Abgabe

Das mag nach zu viel Information klingen. Sollte Ihr Kursleiter Sie jedoch aus irgendeinem Grund wegen Ihrer Arbeit schnell kontaktieren wollen oder die Note in ein universitätszentrales Notensystem eintragen wollen, so wird er für diese Informationen dankbar sein. Man kann das Titelblatt zum Beispiel wie folgt gestalten:

Beispiel

Universität Entenhausen
Sprachwissenschaftliches Institut
Wintersemester 2045/2046 [= Semester]
PS Erfindungen im Zeitalter Daniel Düsentriebs [= Veranstaltungsart und -titel]
Modul Methoden zur Untersuchung Entenhausens [= Angabe des Moduls]
Prof. Dr. Kater Karlo [= Dozentin/Dozent]


# Daniel Düsentrieb. [= Titel der Hausarbeit]
## Genie oder Hobbyerfinder? [= ggf. Untertitel]


[Name =] Gustav Gans
[Studiengang, Semesterzahl =] B.A. Germ./Medienwiss., 5. Semester
[Matrikelnummer =] 12345678
[Anschrift =] Auf dem Holzweg 2
[Anschrift =] 2222 Entenhausen
[Telefon =] Tel.: 0234-000001
[E-Mail =] Gustav.Gans@entenhausen.de

Nur bei längeren Arbeiten wie Dissertationen oder Habilitationsschriften ist es neben der Widmung üblich, ein **Vorwort** zu schreiben.

> Das **Vorwort** enthält zumeist Informationen zur Entstehungsgeschichte und zu den Bedingungen, unter denen die Arbeit geschrieben wurde. Freunden, Helfern, Betreuern und weiteren wichtigen Personen kann hier gedankt werden.

Ein Vorwort zu studentischen Qualifikationsarbeiten im Bachelor- und Masterstudium ist zumindest in der Linguistik eher die Ausnahme. Auch sollte man sich gut überlegen, ob man eine zwölfseitige Hausarbeit wirklich jemandem widmen möchte.

Es ist üblich, die in der Arbeit verwendeten **Abkürzungen** tabellarisch vor oder nach dem Inhaltsverzeichnis aufzuführen. Dies ermöglicht dem Leser eine schnelle Vergewisserung über die Bedeutung einer Abkürzung. Es ist allerdings davor zu warnen, einen Text mit allzu vielen Abkürzungen zu überfrachten. Abkürzungen erschweren die Lektüre, da ihre zugrunde liegende Langform dazugelernt werden muss. Standardisierte Abkürzungen wie *d.h.* müssen nicht in die Abkürzungstabelle aufgenommen werden.

> Das **Inhaltsverzeichnis** gibt die Gliederung der Arbeit mit Hilfe von Zahlenkombinationen wieder. Es dient auch dazu, den Leser zu orientieren, wie in der Arbeit vorgegangen wird.

Ihre Arbeit beginnt bei Kapitel 1 – das ist gewöhnlich die Einleitung – und Sie nummerieren fortlaufend von Kapitel zu Kapitel mit arabischen Ziffern. Dies bezeichnet man als Gliederung der 1. Stufe. Die Zugehörigkeit von Unterkapiteln zu einem Kapitel wird durch die Übernahme von dessen Kapitelnummer und einer eigenen, durch einen Punkt abgetrennten Ziffer markiert, die ebenfalls unter fortlaufender Nummerierung mit 1 beginnt. Sie erhalten damit eine Gliederung der 2. Stufe.

Beispiel

> 1. Hauptkapitel
> 1.1 Unterkapitel zu 1
> 1.2 Unterkapitel zu 1
> 1.2.1 Unterkapitel zu Unterkapitel 1.2
> 1.2.2 Unterkapitel zu Unterkapitel 1.2
> …

Nach der letzten Ziffer steht bei den Unterkapiteln in der Regel kein Punkt. Gliederungsstufen sind nur dann erlaubt, wenn es mindestens zwei Kapitel auf der jeweiligen Stufe gibt.

Es sollte jedoch aus Gründen der einfacheren Lesbarkeit darauf geachtet werden, dass die Kapitel nicht zu kurz geraten und somit zu viele Unterkapitel mit Nummerierung entstehen.

Viele Institute verlangen mittlerweile eine **Erklärung** über die Kenntlichmachung aller benutzten Quellen, um Plagiate, d.h. das nicht angegebene Abschreiben von Originalquellen, juristisch ahnden zu können. Bitte erkundigen Sie sich, ob Ihr Betreuer oder Ihr Institut einen bestimmten Text vorschreibt.

**Beispiel**

> Erklärung über die Kenntlichmachung aller benutzten Quellen
>
> Hiermit versichere ich an Eides statt, dass ich die vorliegende Arbeit selbständig angefertigt, außer den im Quellen- und Literaturverzeichnis sowie den Anmerkungen genannten Hilfsmitteln keine weiteren benutzt und alle Stellen der Arbeit, die anderen Werken dem Wortlaut oder dem Sinn nach entnommen sind, unter Angabe der Quellen als Entlehnung kenntlich gemacht habe.
>
> _____
>
> (Ort, Datum & Unterschrift)

Wer ein Plagiat begeht, raubt geistiges Eigentum und riskiert eine harte Bestrafung durch universitäre Sanktionen, die sich bis zum Verlust des Prüfungsanspruchs erstrecken können. Die Erklärung kann vor dem Inhaltsverzeichnis oder nach dem Literaturverzeichnis stehen oder ganz am Ende der Arbeit. Fehlt die Erklärung, so benoten manche Kursleiter die Arbeit als nicht bestanden. Vergewissern Sie sich also, ob Ihr Institut eine entsprechende Erklärung verlangt und wie diese lautet. Auch für Doktorarbeiten und Habilitationsschriften gelten entsprechende Vorschriften.

Zum Teil ist es aus Gründen der Darstellung nicht möglich, bestimmte Graphiken, Abbildungen oder Daten in den Hauptteil der Arbeit zu integrieren. Das kann daran liegen, dass insbesondere bei empirischen Arbeiten die Aufführung der erhobenen Daten zu viel Platz in Anspruch nehmen würde. Sie finden ihren Ort im **Anhang** oder Appendix.

Bei längeren wissenschaftlichen Arbeiten wird gelegentlich eine zusätzliche **Zusammenfassung** am Ende des Textes bereitgestellt. Da beispielsweise die schriftlichen Dissertations- und Habilitationsleistungen über eine gewisse Zeit der gesamten Hochschullehrerschaft einer Universität zugänglich gemacht werden, bevor über ihre Annahme entschieden wird, sind entsprechende Zusammenfassungen zur schnellen Orientierung notwendig.

Eine gute **Zusammenfassung**

- vereinigt das bisher Gesagte,
- steht im Präsens,
- ist in einer sachlichen Sprache verfasst,
- enthält keine persönliche Meinung,
- enthält die wesentlichen Punkte der Arbeit,
- beinhaltet keine in der Arbeit nicht diskutierten Themen,
- ist keine wortwörtliche Wiederholung des bisher Gesagten.

Eventuell erstellen Sie, wobei dies eher unüblich für Hausarbeiten ist, ein **Register**.

Die **Präsentation** Ihrer Arbeit ist ein nicht zu unterschätzender Faktor für Ihren wissenschaftlichen Erfolg. Geben Sie Ihre Hausarbeiten daher in Ring- oder Leimbindung oder zumindest in einer ordentlichen, eventuell für andere Arbeiten neu verwendbaren Mappe ab. Eine noch so schöne Präsentation kann jedoch nicht inhaltliche und sprachliche Mängel verdecken. Es gilt, sich an die existierenden Standards zu halten, um wissenschaftlich ernst genommen zu werden und um die Erwartungshorizonte Ihrer Leser zu befriedigen. Häufig kritisieren Studierende die formalen Haarspaltereien bei der Bewertung von Hausarbeiten, wenn etwa die Arbeit aufgrund einer nicht einwandfreien Bibliographie oder Zitierweise schlechter benotet wird, obwohl der Inhalt zu einem besseren Ergebnis geführt hätte. Die formalen Vorgaben sind jedoch nicht nur Selbstzweck. Sie sind das Handwerkszeug, mit dem man zunächst einmal zeigen kann, dass die grundlegende wissenschaftliche Arbeit beherrscht wird. Sie helfen auch, Leser zu orientieren, und machen die Lektüre wissenschaftlicher Texte aufgrund der relativ standardisierten Vorgaben zu ihrem Aufbau leichter. Stellen Sie sich einmal vor, dass Sie einen Text mit vielversprechendem, weil für Ihre Arbeit interessantem Titel gefunden haben. Bevor Sie ihn jedoch im Detail lesen, möchten Sie sich vorab darüber informieren, ob der betreffende Text tatsächlich das beschreibt, was der Titel verspricht. Dazu werden Sie die Einleitung und den Schlussteil lesen. Hat nun der Autor des Textes keine Zusammenfassung und keine Hypothese in diese Textteile gesetzt, so sind Sie verärgert. Sie müssen sich nun mühsam die notwendigen Informationen aus dem Text heraussuchen. Hat der Autor jedoch die Standards zum Textaufbau befolgt, so fällt es Ihnen leichter, sich zu informieren. Ebenso ist es wichtig, bibliographische Angaben nach Standards zu gestalten. So können Ihre Leser die verwendete Literatur finden und gegebenenfalls etwas nachschlagen. Die formalen Vorgaben machen wissenschaftliche Arbeiten übersichtlich und dienen damit auch der Orientierung für die Schreibenden.

Bezüglich der eigentlichen Formatierung der Hausarbeiten gibt es sehr unterschiedliche Vorstellungen, die je nach Dozent, Fach, Institut oder Universität verschieden sein können. Ich führe hier eine in meinen Augen bewährte Vorlage in tabellarischer Form auf:

| Schriftgröße | 14 |
|---|---|
| Schriftart | Times New Roman |
| Überschrift 1 | Times New Roman, 16, fett |
| Überschrift 2 | Times New Roman, 14, fett |
| Zeilenabstand | einfach |
| Ausrichtung | Blocksatz |
| Silbentrennung | deaktiviert, manuell |
| Seitenrand | oben: 2,5 cm, links & rechts 2,5 cm, unten: 2 cm |
| Kopfzeile | Seitenangaben, mittig |

Tab. 8-1: Formatierung

☑ **Checkliste**

☐ Enthält die Hausarbeit alle notwendigen Teile einer wissenschaftlichen Qualifikationsschrift?
  ○ Titelblatt
  ○ [Widmung]
  ○ [Vorwort]
  ○ [verwendete Abkürzungen]
  ○ Inhaltsverzeichnis
  ○ Einleitung
  ○ Hauptteil
  ○ Schlussteil/Zusammenfassung
  ○ Literaturverzeichnis
  ○ Plagiatserklärung
  ○ [Anhang]
  ○ [zusätzliche Zusammenfassung]
  ○ [Register]
☐ Ist die Formatierung einheitlich?
☐ Ist die Plagiatserklärung enthalten und unterschrieben?
☐ Ist das Titelblatt vollständig?
☐ Sind die Kapitel durchgehend und einheitlich nummeriert?
☐ Stimmt das Inhaltsverzeichnis exakt mit dem Inhalt der Arbeit überein?
☐ Gibt es zu viele (Unter-)Überschriften? Sind die Kapitel ausreichend lang?
☐ Erfüllen die jeweiligen Textteile ihre spezifische Funktion?
☐ Ist die Arbeit klar in Einleitung, Haupt- und Schlussteil unterteilt?

## 8.2  Protokolle

Im universitären Lehrkontext werden Protokolle zumeist bei Seminaren oder studentischen Tagungen angefertigt.

**Protokolle** haben zum Ziel, knapp und sachlich zu informieren. Sie sind objektiv und werden im Präsens geschrieben. Protokolle haben die **Funktion**, sich die protokollierten Themen zu einem späteren Zeitpunkt schnell ins Gedächtnis rufen zu können.

Beachten Sie daher, dass Ihr Protokoll auch noch Monate später verständlich sein soll.

Werden die Protokolle zur Dokumentation von Seminarsitzungen angefertigt, so erhoffen sich Ihre Dozenten in der Regel zwei Dinge:

▶ Zum einen sind nicht alle Seminarteilnehmer während der Diskussion mit Schreiben beschäftigt. Sie haben Zeit, mitzudiskutieren.

▶ Zum anderen wird der Protokollant zu Hause seine Seminarmitschriebe in eine geordnetere Form bringen, von der letztlich alle profitieren werden.

Für Ihr Protokoll fertigen Sie während der Sitzung eine Mitschrift an.

**Tipps für die Mitschrift:**
- Sie werden nicht alles mitschreiben können, sondern müssen unter Umständen auswählen. Sofern Sie zu zweit protokollieren, sprechen Sie sich daher mit Ihrem Mitprotokollanten ab.
- Bemühen Sie sich beim Anfertigen der Mitschrift, die Sitzung und die Ergebnisse so genau wie möglich wiederzugeben.
- Versuchen Sie dabei nicht, wörtlich mitzuschreiben. Beschränken Sie sich auf kurze Sätze und Stichwörter.
- Versuchen Sie dabei auch schon, die in der Sitzung aufgeworfenen Gedanken zu ordnen.
- Verfassen Sie das Protokoll möglichst zeitnah zur Sitzung. Nur so können Sie eine möglichst authentische Darstellung erreichen.
- Lassen Sie sich die im Seminar verwendeten Materialien von den Referenten geben und integrieren Sie sie in das Protokoll.

Zur Dokumentation von Seminarsitzungen verfasst man in der Regel ein Ergebnisprotokoll.

**Ergebnisprotokolle**
- bringen die behandelten Themen in eine logische Ordnung,
- informieren überblicksartig,
- sind objektiv, d.h. wertneutral,
- sind vollständig,
- erfassen und systematisieren den Kern der mündlichen Beiträge,
- halten damit die Ergebnisse einer Sitzung oder einer Diskussion unabhängig vom Verlauf fest,
- enthalten keine überflüssigen Informationen,
- enthalten keine namentlichen Erwähnungen von Wortmeldungen und
- geben nicht die Meinung des Protokollanten wieder.

Eine zweite Art des Protokolls fokussiert weniger die Ergebnisse, sondern eher den Verlauf der protokollierten Sitzung:

**Verlaufsprotokolle** unterscheiden sich von Ergebnisprotokollen darin, dass sie nicht zusammenfassend sind, sondern den Verlauf eines Vorgangs protokollieren. Im Verlaufsprotokoll soll nachvollziehbar bleiben, was sich in welcher Reihenfolge (zum Teil auch zu welchem Zeitpunkt) bei diesem Vorgang ereignete und wie darauf reagiert wurde. Verlaufsprotokolle eignen sich zum Beispiel zur Dokumentation von Versuchen in der Psycholinguistik, wenn etwa das Sprachvermögen von Kindern getestet wird.

Die Form von Protokollen ist in gewisser Weise standardisiert. Was Zitate und bibliographische Angaben betrifft, so sind diese genauso wie diejenigen für Hausarbeiten. Ihr Protokoll enthält zunächst die Rahmenangaben über Ort, Zeit, Seminarleiter, Seminarname und Seminartyp. Darunter steht Ihr Name:

Beispiel

Universität Entenhausen
SoSe 2057
Prof. Dr. Daisy Duck
**HS *Zur Anthropologie kosmetischer Artikel***
15.4.2057
Protokollant: Trick Duck

✓ **Checkliste**

☐ Enthält das Protokoll alle notwendigen „Teile"?
- ○ Datum
- ○ Ort
- ○ Seminarleiter
- ○ Seminar
- ○ Seminartyp
- ○ Thema
- ○ [verwendete Abkürzungen]
- ○ Einleitung
- ○ Hauptteil
- ○ Schlussteil/Zusammenfassung
- ○ Literaturverzeichnis

☐ Ist die Formatierung einheitlich?

☐ Sind die „Kapitel" und Beispiele durchgehend und einheitlich nummeriert?

☐ Gibt es zu viele (Unter-)Überschriften? Sind die „Kapitel" ausreichend lang?

☐ Erfüllen die jeweiligen Textteile ihre spezifische Funktion?

☐ Ist das Protokoll klar in Einleitung, Haupt- und Schlussteil unterteilt?

☐ Wurden überflüssige Informationen gestrichen?

☐ Werden Ergebnisse (bei Ergebnisprotokollen) oder der Verlauf (bei Verlaufsprotokollen) mitgeteilt?

☐ Ist das Protokoll wertneutral, d.h. objektiv?

## 8.3 Handouts

Referate und andere Vorträge werden häufig durch Handouts (Thesenpapiere) gestützt.

**Handouts**
- sind kurze, in der Regel nur einige wenige Seiten lange und häufig in Stichpunkten verfasste Texte,
- geben den vorgetragenen Inhalt in knapper Zusammenfassung wieder,
- unterstützen die freie Rede,
- folgen dem Aufbau der freien Rede und machen ihn transparent,
- fassen die Ergebnisse des Vortrags zusammen,
- enthalten keine Informationen, die über den eigentlichen Vortrag hinausgehen, und
- enthalten Literaturangaben.

Das Erstellen eines Handouts ist eine sehr aufwändige Angelegenheit und sollte sehr ernst genommen werden, denn der Erfolg eines Referats oder eines Vortrags hängt im Wesentlichen auch von der Qualität des Handouts ab. Manche Vortragenden verzichten jedoch leider auf Handouts.

Handouts haben wichtige kommunikative Funktionen:
- sie orientieren die Hörer und die Vortragenden,
- sie dienen damit als Leitfaden für die Hörer und die Vortragenden,
- sie ersparen den Hörern die Mitschrift des Gesagten
- und sie erlauben eine Diskussion, da die Ergebnisse des Vortrags fixiert sind und damit nachgelesen werden können.

Handouts können präsentiert werden:
- per *overhead*-Folien,
- mit PowerPoint oder ähnlichen Programmen,
- als reine Handzettel, die dem Publikum ausgeteilt werden.

In jedem Fall sollten die *Handouts* dem Publikum auch in Papierform ausgeteilt werden, da so den Zuhörern eine schriftliche Fixierung des Gesagten als Verstehenserleichterung mitgegeben wird.

Es gibt für Handouts nur wenige formale Standardisierungen; sie sollten gleich den Protokollen jedoch einleitend Informationen zu den Rahmenangaben über Ort, Datum, Seminarleiter, Seminarnamen und Seminartyp liefern. Darunter steht Ihr Name:

Universität Entenhausen
SoSe 2057
Prof. Dr. Daisy Duck
**HS *Zur Anthropologie kosmetischer Artikel***
15.4.2057
Referent: Trick Duck

Auf Handouts zu Konferenzen stehen ebenfalls das Datum, der Tag und der Name des Vortragenden. Hinzu kommt der Name der Konferenz und eventuell der Arbeitskreis, innerhalb dessen vorgetragen wird. Die Regeln für Zitate und bibliographische Angaben in Handouts sind die gleichen wie für Hausarbeiten.

Handouts können auch eine wichtige Funktion bei der Vorbereitung Ihres Vortrags haben: Sie können als Gliederung ähnlich der Inhaltsangabe zu einer schriftlichen Studie fungieren und damit das Grundgerüst für den eigentlichen Vortrag bilden. Ein Handout von Artemis Alexiadou auf einer Konferenz belegt die mögliche Strukturierung einer Einleitung:

**Plural mass nouns and the morpho-syntax of Number**

[…]

1.     Introduction
1.1    The mass vs. Count noun distinction

As is well known in a number of languages nouns fall into two main groups, see Jespersen (1909): […]

(1)   a.   Book            count noun     (CN)
      b.   Water           mass noun      (MN)

The two differ from each other in a variety of ways:

**Morphology**: CNs are compatible with plural marking, MNs are not. […]

(2)   a.   the books
      b.   # the waters

**Syntax**:      a)   CNs are compatible with numerals, MNs are not;
                 b)   CNs can co-occur with definite and indefinite articeles, MNs only
                      with the definite article, see Gillon (1992):

(3) *Numerals*
      a.   two books       *CN*
      b.   #two waters      *MN*

(4) *articles*
      a.   The/ a book      *CN*
      b.   The/#a water     *MN*

(Alexiadou 2010: 1)

✓ **Checkliste**

☐ Enthält das Handout alle notwendigen „Teile"?
- ○ Datum
- ○ Ort
- ○ Vortrags-/Referatsanlass (z.B. Konferenz oder Seminar)
- ○ Thema
- ○ [verwendete Abkürzungen]
- ○ Einleitung
- ○ Hauptteil
- ○ Schlussteil/Zusammenfassung
- ○ Literaturverzeichnis

☐ Ist die Formatierung einheitlich?

☐ Sind die „Kapitel" und Beispiele durchgehend und einheitlich nummeriert?

☐ Gibt es zu viele (Unter-)Überschriften? Sind die „Kapitel" ausreichend lang?

☐ Erfüllen die jeweiligen Textteile ihre spezifische Funktion?

☐ Ist das Handout klar in Einleitung, Haupt- und Schlussteil unterteilt?

☐ Wurden überflüssige Informationen gestrichen?

☐ Werden die Informationen in ausreichender und gut übersichtlicher Knappheit dargestellt?

☐ Unterstützt das Handout die Rede?

## 8.4   Visualisierungen via PowerPoint

Eine häufig angewandte visuelle Unterstützung bei Vorträgen erfolgt mittels Power-Point-Präsentationen oder ähnlicher Formate.

> **Visualisierungen** sind sichtbar gemachte Darstellungen, die den vorgestellten In-halt verdeutlichen. Zu Visualisierungen zählen unter anderem schriftliche Kurz-texte (Stichwörter), Graphiken und Bilder.

Die inhaltliche Argumentation und Methodik entspricht den Vorgehensweisen, die bereits für die linguistischen schriftlichen Arbeiten vorgestellt wurden. Für die eigent-liche Präsentation gelten im Wesentlichen die für die Referate gesagten Dinge (s. 6.2) mit der Besonderheit, dass der Vortragende nicht zu den Folien und mit dem Rücken zum Publikum sprechen darf. Er muss sich vielmehr einen Platz zum Vortragen oder Referieren suchen, auf dem er die Sicht auf die Folien nicht behindert und von dem aus er zum Publikum sprechen kann.

> Für die **Form** von PowerPoint-Präsentationen werden in der Regel folgende Emp-fehlungen gemacht:
> - Alle Folien sollten die gleiche **Struktur** haben. Dazu zählen die Gestaltung der Kopf- und Fußzeile, die Farbe, der Schrifttyp, die Schriftgröße(n) und die Ein- und Ausblendbewegungen.
> - Die **Lesbarkeit** der Folien sollte getestet werden. Die Schriftgröße muss min-destens 18pt betragen, es sollte auf ausreichenden Kontrast zwischen Schrift und Hintergrund geachtet werden. Aus Gründen der Lesbarkeit sollten die Folien zudem **wenig Text** enthalten.
> - Es sollte auf **irrelevanten technischen „Schnickschnack"** wie rotierende Buchstaben etc. verzichtet werden.
> - Die Folien sollten **durchnummeriert** sein, das erleichtert die anschließende Diskussion.

Die einleitende Folie enthält im Wesentlichen die Informationen, die auch auf Hand-outs oder Postern stehen (s. 8.3 und 8.5): Dazu zählen mindestens der Titel, der Ver-anstaltungsort, das Datum, die Vortragenden und ihre universitäre Herkunft. Es folgt – gleich den schriftlichen linguistischen Arbeiten – ein Inhaltsverzeichnis. Die einzel-nen Folien enthalten so wenig Text wie möglich. Aufgrund des Darbietungsformats von PowerPoint bietet sich die Arbeit mit Diagrammen, Graphiken und Bildern be-sonders an. Gleich den anderen linguistischen Präsentationsformen muss auch eine Bibliographie bereitgestellt werden.

Die Arbeit mit PowerPoint kann manchmal zu Katastrophen bei der Präsentation führen, etwa wenn die mitgebrachte Datei vom vor Ort bereitgestellten Computer nicht gelesen werden kann.

Da Computer ein gewisses Eigenleben führen, ist es wichtig, genügend Zeit für das Hochfahren eines solchen Gerätes und die Beamerinstallation einzuplanen. Viele Vortragende haben daher auch einen Plan B, der bei Ausfall der technischen Geräte sehr nützlich ist. Eine einfach handhabbare Möglichkeit ist das Mitbringen der ausgedruckten PowerPoint-Folien in verkleinertem Format (vier oder sechs Folien pro DIN A4-Seite).

---

☑ **Checkliste**

- ☐ Verwende ich zu viele oder zu wenig Folien? (Bitte zu Hause einmal ausprobieren mit dem zur Verfügung stehenden Zeitbudget.)
- ☐ Enthalten die Folien nur die notwendigen Informationen?
- ☐ Habe ich auf technischen „Schnickschnack" verzichtet?
- ☐ Haben alle Folien dieselbe Struktur?
- ☐ Sind die Folien auch aus der letzten Reihe gut lesbar (Schriftgröße, Anzahl Schriftzeichen pro Folie etc.)?
- ☐ Sollen die Folien auch in Papierform zur Verfügung stehen?
- ☐ Verdecken Sie Ihre unterstützenden Medien nicht dadurch, dass Sie davor stehen!
- ☐ Denken Sie an unerwartete technische Probleme, wenn Sie Computer und Co. einsetzen, und seien Sie darauf vorbereitet!

## 8.5  Poster

Poster sind eine immer beliebtere Präsentationsform, da sie eine unmittelbare Interaktion zwischen Vorstellendem und sich Informierendem ermöglichen.

Poster
- können Vorträge als Visualisierungen unterstützen,
- sind visuelle Kommunikationsmittel,
- können vom sich Informierendem auch nur gelesen werden,
- bieten im Gegensatz zu PowerPoint-Präsentationen eine dauerhafte Form der Visualisierung, die es dem Betrachtenden ermöglicht, im Text hin- und herzuspringen,
- begleiten Vorträge in Kleingruppen,
- werden häufig bei Posterpräsentationen interaktiv besprochen.

Die formalen Anforderungen an Poster bezüglich der Notation von bibliographischen Angaben, Beispielen und Zitaten entsprechen im Wesentlichen den bereits bei den allgemeinen Anforderungen an linguistische Darstellungsformen vorgestellten (s. 7.3, 7.4, 7.5 sowie 7.6).

Poster sollten
- übersichtlich und
- klar strukturiert sein
- sowie Text in nicht zu großem Umfang in einer ausreichend großen Schrift enthalten.

Daher müssen Poster leserfreundlich strukturiert sein. Entscheidend ist, dass jegliche **Ablenkungen** aufgrund von irrelevanten Informationen ausgeschaltet werden. Dazu zählen etwa Informationen, die dem Publikum ohnehin bekannt sind. Bei der Posterpräsentation einer generativ linguistisch orientierten Konferenz ist es vermutlich nicht notwendig, die generativen Grundannahmen auf den Postern darzustellen. Das Poster sollte dabei Aufmerksamkeit auf sich ziehen. Gewöhnlich werden Poster in einer Art von Ausstellung präsentiert, bei der die Betrachter umhergehen und sich zwischen verschiedenen Postern entscheiden können. Hingucker sind prägnante und originelle Überschriften, Grafiken, Farben, ein besonderes Layout oder Bilder.

Eine mögliche Aufteilung für Poster sieht wie folgt aus:

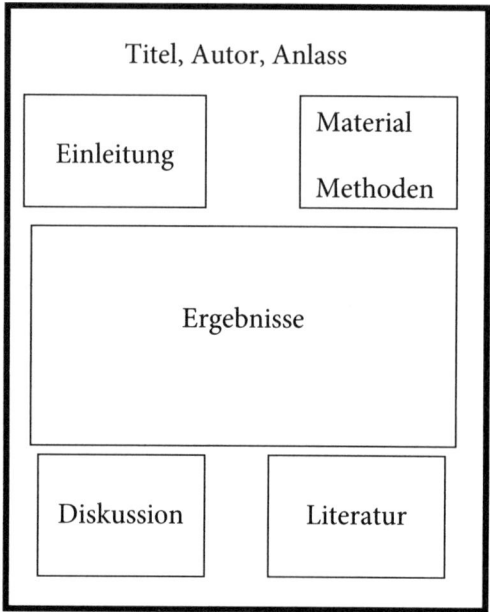

Abb. 8-1: Mögliche Aufteilung eines Posters

Im oberen Teilbereich eines Posters werden der Verfassername, der Titel und eventuell die Heimatuniversität des Verfassers, gelegentlich das Datum und zum Teil der Präsentationsanlass angegeben. Die Literaturangaben werden gemäß den in Kapitel 7.3 dargestellten Regeln erstellt. Für die Bereiche Einleitung, Ergebnisse, Material und Methoden und die Diskussion gilt:

▶ Sie enthalten nur relevante Informationen,

▶ sie beschränken sich auf wenig Text,

▶ sie sind in einem leicht lesbaren Schrifttyp wie Arial verfasst,

▶ ihre Schriftgröße erlaubt ein Lesen ohne körperliche Anstrengung

▶ und sie werden eingerahmt als Kästchen dargestellt.

Gewöhnlich werden Poster aus einer Entfernung von einem bis drei Metern gelesen. Daher ist es wichtig, die Schriftgröße besonders zu berücksichtigen. Empfohlene Schriftgrößen sind:

|  | Format DIN-A0 | Format DIN-A4 |
|---|---|---|
| Hauptüberschrift | 100 pt | 22-26 pt |
| Untertitel | 50 pt | 11-13 pt |
| Text | 25 pt | 10 pt |

Es wird aus Gründen der Lesbarkeit prinzipiell empfohlen, keine kursiven Schriftsetzungen zu verwenden. Die Leserichtung in unseren westlichen Kulturkreisen ist von links nach rechts und von oben nach unten. Entsprechend müssen die nacheinander zu lesenden Teile eines Posters angeordnet sein. Es ergeben sich im Wesentlichen zwei Möglichkeiten, den Lesefluss durch Kästchen zu steuern. Es kann versucht werden, den Leser dahingehend zu beeinflussen, dass die Kästchenabfolge spaltenweise oder zeilenweise gelesen wird.

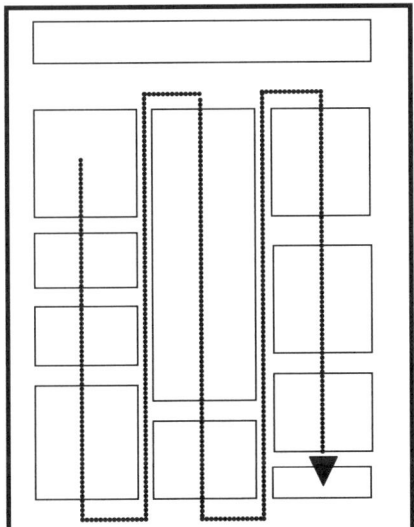 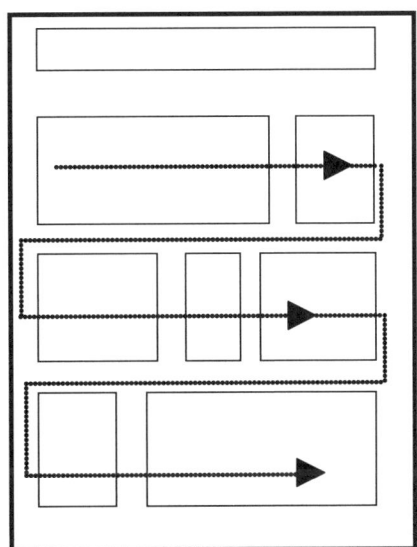

Abb. 8-2: Zwei Möglichkeiten zur Steuerung der Leserichtung

Diese Leserichtungen können durch zusammenfassende Kästchen oder durch Farben gesteuert werden.

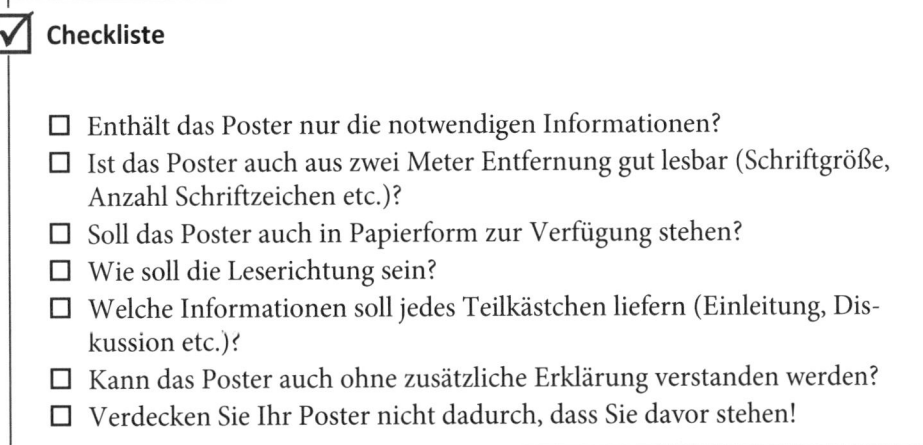

✓ **Checkliste**

- ☐ Enthält das Poster nur die notwendigen Informationen?
- ☐ Ist das Poster auch aus zwei Meter Entfernung gut lesbar (Schriftgröße, Anzahl Schriftzeichen etc.)?
- ☐ Soll das Poster auch in Papierform zur Verfügung stehen?
- ☐ Wie soll die Leserichtung sein?
- ☐ Welche Informationen soll jedes Teilkästchen liefern (Einleitung, Diskussion etc.)?
- ☐ Kann das Poster auch ohne zusätzliche Erklärung verstanden werden?
- ☐ Verdecken Sie Ihr Poster nicht dadurch, dass Sie davor stehen!

## 8.6 Referate und Vorträge

Zu den mündlichen Präsentationsformen in der Linguistik zählen vor allem der Vortrag und das Referat.

> **Referate** fassen in der Regel bereits an anderer Stelle (von anderen Linguisten) geäußerte Überlegungen berichtartig zusammen. **Vorträge** gehen über Referate insofern hinaus, als sie eigene Ideen zum Thema präsentieren. Beide werden zu einem bestimmten Thema innerhalb einer vorgegebenen Zeit gehalten. In der Regel finden Referate innerhalb von Seminaren und Übungen statt und werden von Studierenden für Studierende gehalten.

Der Aufbau von Referaten und Vorträgen ist im Wesentlichen gleich. Nach einem Startsignal vom Seminarleiter oder derjenigen Person, die Ihren Vortrag anmoderiert (sogenannten „Chairs"), können Sie wie folgt loslegen:

| Referat | Vortrag |
| --- | --- |
| Startsignal (Seminarleiter) | Startsignal (Chair) (eventuell Vorstellung des Referenten durch Chair) |
| Begrüßung des Publikums (eventuell Vorstellung des Referenten) | Begrüßung des Publikums (eventuell Vorstellung des Referenten) |
| Einleitung: Thema wird genannt | Einleitung: Thema wird genannt |
| Definition des Themas | Definition des Themas |
| Rechtfertigung des Themas | Rechtfertigung des Themas |
| Nennen der Ziele und Inhalte des Referats | Nennen der Ziele und Inhalte des Vortrags |
| Thematische Inhalte | Thematische Inhalte |
| Schluss: Zusammenfassung | Schluss: Zusammenfassung |
| Ausblick (eventuell) | Ausblick (eventuell) |
| „Danke fürs Zuhören" | „Danke fürs Zuhören" |

Tab. 8-2: Prinzipieller Aufbau von Referaten und Vorträgen

Die Inhalte zu ermitteln, zu beschreiben, zu notieren und argumentativ zusammenzutragen ist bereits in den Kapiteln zu den Arbeitstechniken und Methoden (s. 1, 2, 3, 4 sowie 5) dargestellt worden und wird hier nicht wiederholt. Natürlich werden die Ergebnisse eines solchen linguistischen Arbeitens nicht wie in Hausarbeiten oder anderen schriftlichen Ausführungen vorgetragen, sondern müssen in Bezug zur Vermittlungsform des Referats bzw. des Vortrags gesetzt werden. Dazu gehören etwa die Berücksichtigung der mündlichen Vermittlung, zusätzliche Visualisierungen in Form von Folien (s. 8.4), eventuell ein Handout und eine Menge rhetorischer Faktoren (s. auch die folgende Checkliste). Aus diesem Grunde ist es ratsam, den Vortrag vorher laut und mit Stoppuhr zu üben.

☑ **Checkliste**

- ☐ Wer sind die Zuhörer (Vorwissen, Erwartung an den Vortrag)?
- ☐ Wurde die mündliche Vermittlungsweise beachtet?
- ☐ Wird alles „gut" erklärt?
- ☐ Stimmt die Länge des Vortrags?
- ☐ Kann der Vortrag frei gehalten werden?
- ☐ Ist der Vortrag ansprechend und interessant?
- ☐ Spreche ich das Publikum an?
- ☐ Bin ich fachkundig genug, um diesen Vortrag zu halten?
- ☐ Welche Medien werden benötigt und wie sollen sie eingesetzt werden?
- ☐ Werden die Zuhörer ausreichend orientiert, d.h. wissen sie, in welchem Stadium des Vortrags Sie sich gerade befinden?
- ☐ Wird ausreichend laut und angemessen schnell/langsam gesprochen?
- ☐ Gibt es die Möglichkeit zu Rückfragen aus dem Publikum?
- ☐ Gibt es ausreichend Anschauungsmaterial?

## 8.7 Abstracts

Im Bereich der Sprachwissenschaft werden **zwei Arten** von Abstracts unterschieden.

Bei der **ersten Abstractsorte** handelt es sich um Kurzzusammenfassungen von Aufsätzen und anderen linguistischen Studien, die in der Regel dem Aufsatz vorangestellt werden und als Leserorientierung dienen. Diese Art von Abstract ist zumeist auf Englisch verfasst und wird zum Teil durch Schlüsselwörter ergänzt.

Diese Schlüsselwörter fassen das Thema der linguistischen Studie prägnant zusammen. Dazu können übergeordnete Bereiche des Themas (z.B. Verbalkomplex), bestimmte Theorien oder Ansätze und das Thema selbst zählen.

Im folgenden Beispiel von Ralf Vogel geht es um Konstruktionen der Art „Er bedauert, es nicht *verhindert haben zu können*", bei denen die übliche Form der kursiv gedruckten Verben verändert ist. Es müsste eigentlich heißen: „Er bedauert, es nicht verhindern gekonnt zu haben."

Beispiel

Skandal im Verbkomplex. Betrachtungen zur scheinbar inkorrekten Morphologie in infiniten Verbkomplexen des Deutschen [...]
RALF VOGEL

Abstract
In German infinite verbal complexes with three verbs we can observe a phenomenon which so far has been treated as an irregular exception, because in a particular order, so-called '312 order', all three verbs seem to occur in a wrong form. Corpus research shows, however, that the putative exception has a systematic character and can be observed over a longer time in German. This article therefore tries to take a different perspective: the problem does not lie in the exceptional expressions, but rather in our theory of German grammar which so far has not been able to derive the structures as regular. We present an optimality theoretic account of sentence final verbal complexes in German which is able to derive all systematically occurring expressions. The account comes with the cost that some thus far widely shared assumptions have to be revised. These assumptions concern the role of the infinitive marker 'zu' as well as the role of participial and infinitival morphology.
Key words: verbal complex, syntax-morphology interface, optimality theory, infinitivus pro participio (IPP), participium pro infinitivo (PPI), verb status

Diese Art von Abstract erinnert stark an eine Inhaltsangabe. Sie
- enthält in Kurzform die Hauptthesen der linguistischen Studie,
- konzentriert sich auf das zum Verständnis Notwendige,
- diskutiert keine Einzelheiten,
- steht im Präsens bzw. present tense,
- ist in einer sachlichen Sprache verfasst,
- enthält keine persönliche Meinung,
- ist auf eine bestimmte Anzahl von Wörtern/Zeichen beschränkt,
- beinhaltet keine in der Arbeit nicht diskutierten Themen.

Die zweite Art von *Abstract* besteht aus Kurzzusammenfassungen von Konferenz- oder Workshopvorträgen.

Vorträge werden entweder aufgrund von Bewerbungen auf Tagungen, Einladungen oder Reaktionszeit (wer sich zuerst bewirbt, dem wird zugesagt) vergeben. Für Bewerbungen gibt es in der Regel einen sogenannten **Call for Papers**, der Vorgaben für Vorträge auf Konferenzen oder in Arbeitskreisen zu einem bestimmten Thema macht.

Für Vorträge kann man sich beispielsweise auf der *linguist list* unter *Call for Papers* mit einem Abstract bewerben (http://linguistlist.org/index.cfm). Dort kann man die Liste aktueller (vorwiegend englischsprachiger) Konferenzen und Workshops einsehen und sich zum jeweiligen Call for Papers durchklicken. Dieser enthält Informationen zum Tagungsort, zum Zeitpunkt der Tagung, zum Thema, zur Länge des Abstracts (eine Art von Inhaltsangabe zum Vortrag), zur Einreichungsfrist, zur Bekanntgabe der Annahme des Vortrags und zu eingeladenen Gastsprechern. Die Begutachtung der eingereichten Vorschläge erfolgt häufig anonym und von zumeist zwei unterschiedlichen Begutachtern.

Die Abstracts von Vorträgen mit Bewerbung werden im Vorfeld der Tagung zumeist anonym begutachtet und je nach Qualität angenommen oder abgelehnt. Demnach dienen diese *Abstracts* der Bewerbung auf einen Vortrag bei einer Konferenz oder einem Workshop.

Solche Abstracts können nicht wie einfache Zusammenfassungen oder Inhaltsangaben geschrieben werden. Das ist schon allein aus leserpsychologischen Gründen notwendig, da die Gutachter häufig eine große Menge an Abstracts innerhalb sehr kurzer Zeit zu bewältigen haben.

> Abstracts von Vorträgen mit Bewerbung erfordern daher einen klaren Aufbau, der ein einfaches Lesen ermöglicht. Eine präzise, unmissverständliche und einfache Sprache ist demnach notwendig. Gleichzeitig müssen die einschlägigen Fachtermini verwendet, aber nicht notwendigerweise erklärt werden.

Wer sich auf eine Konferenz zur generativen Syntax bewirbt, darf davon ausgehen, dass die Gutachter die grundlegenden Termini – sofern zum Standard gehörend – kennen.

Ein sehr leserfreundlicher Aufbau ist beispielsweise wie folgt möglich:

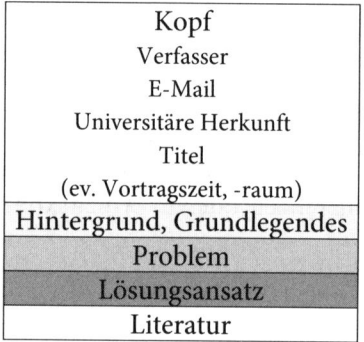

Tab. 8-3: Aufbau eines Abstracts zu einem Vortrag

Entsprechend ist der Abstract von Hilde Sollid und Kristin M. Eide aufgebaut. Unter Einbezug der einschlägigen Terminologie argumentieren sie, dass Norwegisch eine Sprache mit Verbdrittstellung sei (demnach kann das Verb an dritter Stelle im Satz stehen). Einschlägige, im Abstract verwendete Termini sind V2 und V3 (Verb an zweiter bzw. an dritter Stelle im Satz). Aus Platzgründen wird die von Sollid und Eide verwendete Literatur hier nicht aufgeführt.

> **Beispiel**
>
> Hilde Sollid / Kristin M. Eide
> hilde.sollid@hum.uit.no / kristin.eide@hf.ntnu.no
> University of Tromsø / NTNU Trondheim
> **Norwegian is a V3 language**
> 24.02.2010, 17: 00-18: 00, Raum 1.404
> _____
> Norwegian is known as one of the really hardcore V2 languages. Any textbook on Norwegian will inform you that the second constituent of Norwegian main clause declaratives and main clause Wh-questions obligatorily is the finite verb. It has long been known (e.g. Iversen 1918, Afarli 1986, Nilsen 1996) however that northern varieties of Norwegian have non-V2 main clause Wh-questions. Moreover, in

Sollid and Eide (2007a, 2007b) we investigated a quite frequent type of non-V2 main clause declaratives in the same Norwegian varieties, the *så*-construction. This construction is characterized by the function word *så* following a topicalized element, and either the finite verb or the subject immediately following *så*, giving rise to a non-V2 declarative construction. Our main hypothesis was that the emergence of these non-V2 declaratives results from language contact between Norwegian and Finno-Ugric languages (mainly Kven and North Sami), the latter languages being non-V2 languages. During the investigation reported in these papers, we compared excerpted corpora from the relevant northern Norwegian varieties with corpora from more standard-like dialects (e.g. the Oslo area). As we expected, this specific kind of non-V2 main clause declaratives, with the subject preceding the verb was not found in the standard-like varieties.

Much to our surprise however, declaratives from these standard-like dialects turned out to display a range of other exceptions to the alleged strict V2 requirement for standard Norwegian. In a more recent and broader investigation (reported on in Eide & Sollid to appear), we included a corpus from the Tromsø dialect, and our initial impression is corroborated even by these data: The amount of unambiguous V2 declaratives is not very impressing for an alleged V2-language, and we have to conclude that spoken colloquial Norwegian does not have an obligatory V2 rule for main clause declaratives, not even in standard-like varieties.

In our talk, we broaden the perspective, and in addition to the spoken corpus (containing declaratives from the northern dialects and dialects from the Oslo-area), we include a corpus of written Norwegian (containing declaratives from feature interviews in Norwegian tabloid newspapers). The focus is on the non-subject-initial main clause declaratives. We have selected this specific clause type because subject-initial clauses are inadequate to separate V2-constructions from the more general SVO word order, and for our purposes we need to emphasize this distinction. Scrutinizing our selection of sentences, we investigate the variation between V2 and non-V2 on one hand, and the types of relevant non-V2 constructions on the other. Furthermore, we compare oral vs. written Norwegian. Our corpora will enable us to discuss the linguistic and extra-linguistic factors governing V2/non-V2 variation, most importantly, syntax, information structure and sociolinguistic context.

Abb. 8-9: Abstract zu einer Bewerbung um einen Vortrag
(http://dgfs.de/jahrestagung/berlin_2010/pdf/dgfs_2010_AG02_abstracts.pdf, gesehen am 11. März 2010)

☑ **Checkliste**

- ☐ Enthält mein Abstract in Kurzform die Hauptthesen der linguistischen Studie?
- ☐ Werden keine oder nur relevante Einzelheiten diskutiert?
- ☐ Wird das Präsens/present tense verwendet?
- ☐ Ist die Sprache sachlich?
- ☐ Wurde auf eine persönliche Stellungnahme verzichtet?
- ☐ Ist der Aufbau klar und eindeutig?
- ☐ Werden Hintergrund/Grundlegendes, das Problem und der Lösungsansatz aufgeführt?

# III. Service

# 9. Textbearbeitungsprogramme

Es gibt eine Reihe von **Textbearbeitungsprogrammen**, mit denen Linguisten häufig arbeiten: Word, OpenOffice und LaTex. Eine Einführung in diese Programme ist hier nicht möglich, es soll im Folgenden auch nur um bestimmte linguistische Probleme in Bezug auf diese Programme gehen.

> Das generelle Problem, das sich Linguisten beim Verschriftlichen ihrer Untersuchungen stellt, besteht aus dem Einfügen mancher Sonderzeichen oder Graphiken.

Die Notwendigkeit, **Sonderzeichen** zu verwenden, kann sich beispielsweise ergeben durch Beispiele aus anderen Schriftsystemen, durch bestimmte Symbole, wie sie etwa in der Phonetik oder der Semantik verwendet werden.

Alle Fälle stellen Schreiber, die mit weit verbreiteten standardisierten Textverarbeitungsprogrammen wie Word oder OpenOffice arbeiten, vor Herausforderungen.

Das *Summer Institute of Linguistics (SIL)* empfiehlt für Sonderzeichen die Verwendung von Unicode Fonts, die in den Office-Programmen von Windows oder getrennt erhältlich sind. Einige Zeichensätze lassen sich direkt über die Homepage von SIL (www.sil.org) herunterladen, wie Doulos SIL oder Charis SIL zur Integration in Serifenschriften. Viele Sonderzeichen für serifenlose Schriften können je nach Word-Version direkt unter „Einfügen, Symbol, Sonderzeichen, Schriftart: Lucida Sans Unicode" gefunden werden.

Viele Linguisten – insbesondere Computerlinguisten und Generativisten – schwören auf **LaTex**. Im Gegensatz zu Word oder OpenOffice arbeitet man bei LaTex nicht auf einer Benutzeroberfläche, die wie ein Papierausdruck aussieht. Innerhalb von LaTex-Dokumenten werden die zu formatierenden Textteile mit Befehlen textuell ähnlich wie bei HTML-Dokumenten versehen. Der Vorteil von LaTex ist unter anderem, dass Sonderzeichen, Graphiken und Abbildungen sehr sauber in das Dokument integriert werden können, da sie durch entsprechende Befehle adäquat elektronisch erstellbar sind. Nach Fertigstellung des LaTex-Dokuments muss es in PDF oder andere Formate transportiert werden, um eine Oberfläche ohne eingeblendete Befehle zu erhalten. Die Einarbeitung in LaTex ist für relativ ungeübte Computerbenutzer sehr zeitaufwändig und auch fortgeschrittenen Anwendern von Textverarbeitungsprogrammen bereitet sie häufig Probleme. Doch ist der große Vorteil von LaTex, dass vermutlich sämtliche elektronischen Darstellungsprobleme von linguistischen Studien dort lösbar sind.

Manche linguistischen Theorien arbeiten mit ihren ganz „eigenen" Darstellungsformen. Dazu zählen etwa die bekannten „Bäumchen" aus der generativen Syntax und Morphologie:

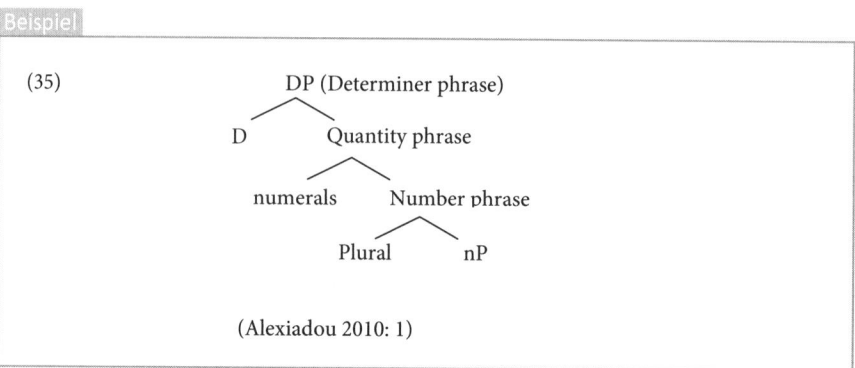

Innerhalb von Word oder OpenOffice können diese Strukturen mit der Zeichenfunktion erzeugt werden. Dazu müssen über die Funktionsleiste im Menü Einfügen, Formen die Zeichentools aktiviert werden. Wer dies einmal für ausführliche Bäume getan hat, weiß aber, wie aufwändig dies sein kann. Auch die Darstellung von Silbenstrukturen kann so erzeugt werden.

Es gibt aber auch bestimmte Programme, die eigens für die Erstellung der „Bäumchen" geschrieben wurden. Mit PHP syntax tree (http://www.ironcreek.net/phpsyntaxtree/) können Baumstrukturen sehr einfach erzeugt werden. Es genügt, den Baum in richtiger generativer Klammerschreibung linear in einem Befehlsfeld einzugeben und auf den Button *Zeichnen* zu drücken. Die entstehende Struktur kann dann als Graphik in gängige Textverarbeitungsdokumente transportiert werden:

**phpSyntaxTree - drawing syntax trees made easy**

**Satz od. Satzteil (mit eckige Klammern gekennzeichnet):**

```
[S [NP Peter][VP [V ist][NP Linguist]]]
```

| Zeichnen | Offene Klammern: | 5 | Geschlossene Klammern: | 5 |

Abb. 9-1: Generative Klammerschreibung

Die entstehende Struktur ist wie folgt:

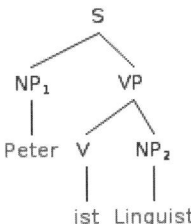

Abb. 9-2: Erstellung der Baumstruktur mit PHP syntax tree
(http://www.ironcreek.net/phpsyntaxtree/, gesehen am 11. März 2010)

Das Problem der Klammerschreibweise ist, dass sie viel linguistisches Wissen und einen guten Überblick über den zu erzeugenden Baum erfordert. Programme wie der PHP syntax tree sind daher Fortgeschrittenen zu empfehlen. Alternativen sind beispielsweise der Syntax Tree editor und der Linguistic tree constructor (beide mit Suchmaschinen auffindbar).

Für die Verwaltung und Auswertung von Sprachdaten eignet sich auch die Toolbox des *Summer Institute of Linguistics*, die als freeware erhältlich ist. Für die Notation von gesprochenen Daten bietet sich die Software des CHILDes-Projekts an (http://childes.psy.cmu.edu).

# 10. Transkribieren

Dieses Kapitel führt in eine bestimmte Art der Transkription, die Diskurstranskription, ein.

> Die **Transkription** ist die Übersetzung sprachlicher Ausdrücke von einem System in ein anderes System. Im hier gemeinten Sinne werden mündlich geäußerte Daten in das Schriftsystem überführt.

Zunächst werden verschiedene Transkriptionsarten vorgestellt, anschließend wird in die Diskurstranskription HIAT eingeführt.

Neben der Arbeit mit Korpora aus bereits schriftlich fixierten Texten arbeitet man in der Sprachwissenschaft häufig mit ursprünglich mündlich geäußerten Daten. Bevor diese Daten ausgewertet werden können, müssen sie schriftlich festgehalten werden. Sie werden so für jedermann einsehbar, sind leichter zu kategorisieren und in der wissenschaftlichen Arbeit zu beschreiben.

Mündliche Texte zu verschriftlichen, ist eine aufwändige und zeitraubende Angelegenheit, daher sollte im Vorfeld gut überlegt werden, wie groß das Korpus sein soll und ob tatsächlich ein eigenes notwendig ist. Es gibt eine ganze Reihe von bereits schriftlich fixierten Korpora, denen mündliche Texte zugrunde liegen. Sehr bekannt ist beispielsweise die Datenbank CHILDes, die Texte zum Spracherwerb in elektronischer Form enthält und so gute Suchmöglichkeiten – ähnlich denen im bereits beschriebenen Korpus COSMAS II – bietet. Es finden sich auch Teilkorpora in COSMAS II, die aus mündlichen Texten bestehen.

Dennoch werden diese Korpora nicht in jedem Fall genau zu Ihrer Forschungsfrage passen. Sie müssen daher ein eigenes Korpus erstellen, wobei Sie zunächst Aufnahmen machen und diese anschließend verschriftlichen werden. Die eigentliche Aufnahme ist mittlerweile durch digitalisierte Formate wie MP3 relativ einfach geworden. Es empfiehlt sich, ein Format zu wählen, das Sie zu einem späteren Zeitpunkt auch in Ihren Computer einspeisen können. Dies erspart Ihnen mühsames Konvertieren von analogen in digitale Daten. Im Bereich der Transkription gibt es beispielsweise eine Reihe von Programmen, mit Hilfe derer Sie etwa suprasegmentale Merkmale (wie Tonhöhe) digital auswerten können.

Es gibt prinzipiell zwei Arten, zu transkribieren. Sie unterscheiden sich nach den mit Ihrer Arbeit verbundenen Zielen.

> Zum einen kann eine möglichst lautgetreue schriftliche Erfassung der mündlichen Daten von Interesse sein. Sie fällt in den Bereich der **phonetischen Transkription** und erfolgt zumeist mit Hilfe eines eigens für diese Zwecke entwickelten lautsprachlich basierten Alphabets, des *International Phonetic Alphabet* (IPA).

Diese phonetische Transkription ist als Werkzeug für Analysen in den Bereichen der Phonetik und Phonologie etabliert. Diese Wiedergabetechnik ist besonders aufwändig und eignet sich in der Regel nur für kürzere Texte. Aufgrund ihrer Komplexität kann sie hier nicht dargestellt werden (vgl. Rues *et al.* 2007 für eine gute Einführung). Die phonetische Transkription erfasst nicht Kategorien wie Sprecherwechsel und Unterbrechung, die ebenfalls für die mündliche Sprache charakteristisch sind.

Zum anderen kann diese lautgetreue Verschriftlichung in den Hintergrund rücken, wenn andere Merkmale der mündlichen Sprache besonders interessieren. Dazu können etwa Sprecherwechsel, Satzabbrüche oder Selbstkorrekturen zählen. Es geht demnach um die **Diskurstranskription**, die als Werkzeug unter anderem in der Soziolinguistik und der Spracherwerbsforschung eingesetzt wird. Sie stellt eine diskursanalytische Verschriftlichung ursprünglich mündlicher Texte dar. Diskurstranskriptionen basieren auf literarischen Umschriften.

Die praktischen Vorteile von Diskurstranskriptionen liegen in ihrer leichten Lesbarkeit und der Möglichkeit der schnellen Anfertigung.

Es liegen eine ganze Reihe von Vorschlägen zu Diskurstranskriptionen vor. In besonderem Maße etabliert ist der Vorschlag von Ehlich & Rehbein (1976), den die Autoren *halbinterpretative Arbeitstranskription* (HIAT) nennen und für den mittlerweile auch Computerprogramme zur Verfügung stehen. Nach Dittmar (2002: 111) ist HIAT das am weitesten verbreitete System zur Diskurstranskription in Deutschland.

HIAT wurde anhand der sprachlich komplexen Kommunikation in der Schule entwickelt und soll Faktoren wie Sprecherwechsel (turn-taking), Simultaneität von Redebeiträgen unterschiedlicher Sprecher und Kontextinformationen berücksichtigen. Zu den Vorteilen von HIAT zählen der hohe Grad der Wiedergabe von Authentizität, die stets weiter differenzierbare flexible Transkription, der hohe Praxisbezug und die gute EDV-Verträglichkeit. HIAT stellt eine Arbeitstranskription dar, die stets ohne größeren Aufwand modifiziert werden kann.

Zu den charakteristischen Merkmalen von HIAT zählen:

- die **literarische Umschrift**, die nur durch einige weitere Zeichen ergänzt wird,
- die **Redefluss-Markierung** (es wird nicht nach Einheiten wie z.B. Sätzen segmentiert),
- das ‚**Rohtranskript**‘, das – bereits dem Titel nach – stets verfeinert werden kann, und
- die **Partiturschreibweise**, die ähnlich der orchestralen Partitur ist, die gleichzeitig verschiedene Lautbeiträge wiedergibt.

Wenn etwa in einem Orchester mehrere Instrumente gleichzeitig zu „Wort" kommen, so wird dies im Rahmen der jeweiligen Partitur durch Untereinanderschreibung der für die einzelnen Instrumente gültigen Noten angezeigt. Demnach sprechen im folgenden Beispiel die durch L und S₁ bis S₃ abgekürzten Sprecher zum Teil gleichzeitig, was durch die eckige Klammer jeweils angezeigt wird. Diejenigen Elemente, die genau untereinanderstehen und durch eine eckige Klammer miteinander verbunden sind, werden gleichzeitig gesprochen.

Beispiel

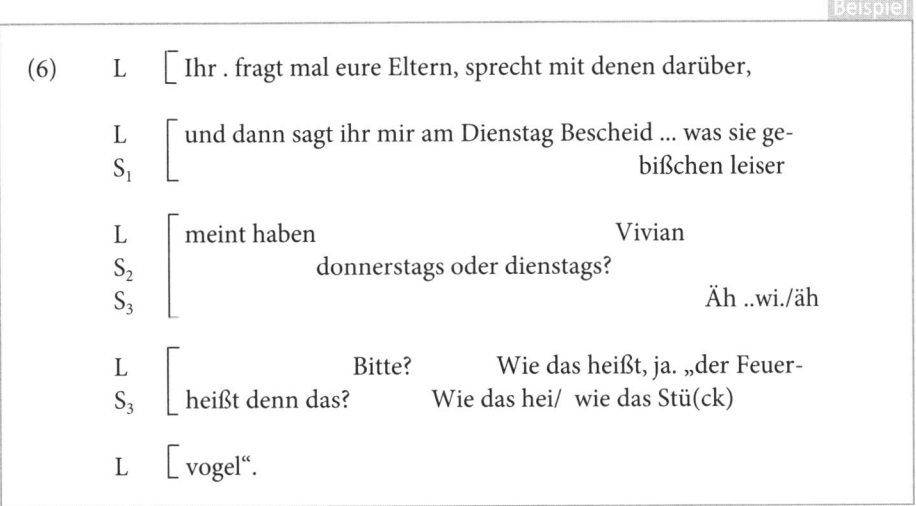

**Regeln für die Partiturschreibung:**

1. Beginne stets mit einer neuen Zeile, wann immer ein neuer Sprecher kommunikativ an der Konversation teilnimmt.
2. Notiere die Beiträge dieses Sprechers vertikal unter bzw. hinter den Beiträgen des Sprechers der darüber liegenden Zeile.
3. Wechsle in die darüberliegende Zeile zurück, wenn der Beitrag des Sprechers endet und ein weiterer Beitrag des davor Sprechenden erfolgt.
4. Verfahre nach diesen drei Prinzipien bis zum rechten Ende der Seite.
5. Beginne dann eine neue Zeile und befolge die ersten vier Schritte.

Die akustischen Daten werden damit nach den dem Rezipienten vertrauten orthographischen und graphematischen Regeln verschriftlicht. Anstelle von Ziffern verwendet man die ausgeschriebenen Varianten. Von den standardsprachlichen Verschriftlichungsregeln weicht man dann ab, wenn die akustische Realisierung in besonders auffälliger Weise von der Standardsprache abweicht. Dies betrifft besonders dialektale, soziale und idiolektische Merkmale. Der Transkribent muss dabei berücksichtigen, dass die Lesbarkeit des entstehenden Dokuments nicht gefährdet werden darf.

Die folgende Tabelle enthält die wesentlichen Anleitungen zur Transkription von Diskursen nach HIAT:

| Phänomen | Zeichen | Erklärung |
| --- | --- | --- |
| Daten der Aufzeichnung | | Alle zu einer Aufzeichnung gehörenden Daten werden einleitend angegeben. Dazu zählen mit folgender Anordnung: Aufnahmedatum / Wiedergabegerät / Länge der Aufnahme im Verhältnis zur Länge der für die Transkription benötigten Zeit / Name des Transkribenten / Name des Korrektors / Bearbeitungstermin. |
| Simultaneität | [ | zeigt an, dass durch [ miteinander verbundene untereinanderstehende Zeilen Elemente enthalten, die gleichzeitig von verschiedenen Sprechern geäußert werden. Diejenigen Elemente, die genau untereinanderstehen, werden gleichzeitig gesprochen (Partiturschreibung):<br><br>Fritz? Mein lieber Reinhard,　haste vollkommen falsch<br>?　　　　　　　　　　　　　Fritze　　　　　Fritze<br><br>(Beispiel aus Ehlich & Rehbein 1976: 26) |
| Kennzeichnung für Simultaneitätsende | ⌐ | Gelegentlich ist es nicht möglich, durch exakte Untereinanderschreibung die Gleichzeitigkeit von Sprecherbeiträgen zu kennzeichnen. Dies ist der Fall, wenn Wörter etwa länger geschrieben als gesprochen werden. Durch die links stehenden Zeichen kann das Simultaneitätsende kenntlich gemacht werden<br><br>A　　wann ist es denn ⌐<br>B　　　　　Das Spiel ist um acht Uhr fertig.<br>(Beispiel aus Ehlich & Rehbein 1976: 27) |
| Sprecherkennzeichnung | L<br>Otto<br>S<br>$S_1, S_2 \ldots$ | Der (u.U. veränderte) Name oder dessen Initiale werden für bekannte Sprecher verwendet.<br>steht für einen unbekannten Sprecher<br>steht für über kürzere Zeitdauer wiedererkennbare Sprecher |
| Reihenfolge der Sprecher- und Simultaneitätskennzeichnung | | Zuerst die Sprecherkennzeichnung, dann das Simultaneitätszeichen, dann die Diskurstranskription:<br><br>A　　wann ist es denn ⌐<br>B　　　　　Das Spiel ist um acht Uhr fertig.<br><br>(Beispiel aus Ehlich & Rehbein 1976: 27) |

| Phonologie | | (a) Transkribiert wird nach den üblichen standardsprachlichen Konventionen. |
|---|---|---|
| | | (b) Auffällig starke Abweichungen werden berücksichtigt und notiert. |
| | ' | (c) Der Apostroph wird nur bei auffälligen Auslassungen gesetzt. |
| Interpunktion | , ; . ?! : „" | Es werden die üblichen Interpunktionszeichen in konventioneller Weise verwendet. |
| Redepausen | . | kurze turn-interne Pause |
| | .. | längere turn-interne Pause |
| | ………… | lange turn-interne Pause |
| | ((5s)) | fünf Sekunden lange turn-interne Pause |
| turn-interne Unterbrech. | / | Wenn innerhalb eines turns Selbstunterbrechungen vorliegen, wird dieses Zeichen verwendet: Franz-Jo/ähh. Otto, bitte! |
| Modulation | ⟍ | (über der Zeile) ‚leise werden' |
| | ⟋ | (über der Zeile) ‚lauter werden' |
| | ……. | (über der Zeile) Stakkato (ein Punkt pro Silbe) |
| | ─── | (unter der Zeile) ‚betont' |
| | ----- | (unter der Zeile) ‚gedehnt' |
| | ⟋ | ungewöhnliche Hebung der Stimme |
| | ⟍ | ungewöhnliche Senkung der Stimme |
| | !!! | expressive Emphase bei der Artikulation eines Wortes: hier!!! |
| | Mehrfach schreibung eines Vokals | expressive Vokallängung: waas? |
| Akustisch Unverständliches | ( ) | Runde Klammern zeigen an, dass ein akustisch unverständlicher Laut vorliegt. |
| | (Otto soll) an | Vorschläge und Vermutungen des Transkribenten zu einem akustisch unverständlichen Laut stehen in runden Klammern: un da sagt die Frau: hau jetzt (bitte ab) |
| Nicht-phonologische Daten | (( )) | Nicht-phonologische Daten werden in runde Doppelklammern geschrieben: ((Lachen)) ((schlägt Tür zu)) |
| Kennzeichnung kommentierter Stellen des Transkripts im Text | ∠ ⌐ ⌐ ⟋ | Kommentierte Stellen des Transkripts werden durch diese Zeichen gekennzeichnet. ∠₁ schmunzelnd,  A  [∠₁ und dann sagt der . ∠₂ der .. na, der ⟋₂ ironischer Ton ∠₂ suchende Be-  A  [ Otto sagt, ich sollte's machen ⌐₁ ⟋ gleitgeste (Ehlich & Rehbein 1976: 32) |
| aufeinander bezogene (mehr | ↗ ↘ | Unmittelbar aufeinander bezogene turns können so bei der Partiturschreibweise aufeinander bezogen werden. |

| oder weniger simultane) turns | | L | | wi . /äh |
|---|---|---|---|---|
| | | L | → Bitte ↘ ↗ wie das heißt | |
| | | S₃ | heißt denn das? | wie das hei/ |
| | | (Ehlich & Rehbein 1976: 28) | | |

Tab. 10-1: Anleitungen zur Transkription von Diskursen nach HIAT

Zur äußeren Form von Transkriptionen empfehlen Ehlich & Rehbein (1976), das Querformat zu verwenden. Das linke Viertel der Querseite solle frei bleiben für die Angaben zu den übergreifenden Kommunikationsmerkmalen und für die Angaben zu den Bandmeterzahlen. Bezogen auf das MP3-Format wären dies heutzutage die genauen Zeitangaben. Der verbleibende Raum enthält die Partiturschreibung. Um weitere Arbeitsschritte ergänzen zu können, sollen die einzelnen Zeilen der Partiturschreibung in anderthalbfachem Abstand zueinander stehen.

Folgendes Beispiel ist Ehlich & Rehbeins Aufsatz entnommen. Es stammt – wie die Angaben zur Aufnahme vermelden – aus einer Schulstunde im Fach Deutsch vom 17. Oktober 1974 bei einer Lehrerin in der fünften Stunde. Die Angaben zur Bandseite und Bandzählung würden heutzutage durch die Kategorien der zeitgenössischen Aufnahmegeräte ersetzt werden. HIAT 2 erweitert die 1976 vorgeschlagene Basis um weitere intonatorische Merkmale.

Bandseite 1

171074.1/5./Deutsch/Lehrerin/0
Braun / 1: 60/Ehlich-Rehbein/Feb. '75

0000-0118
((unverständliche
Schüleräußerungen))

0118

L                 Nee, dann den / dann mein ich ja, ich wär ein Schlager-
S                 Stellen Sie sich do da hin!

L                 Sänger. Wißt ir was, ich will zuerst mal etwas ganz anderes mitteilen, was
Ss                ((lachen))

L                 gar nicht unseren deutschunterricht jetzt so angeht. Das Theater an der Berliner

L                 Allee in Düsseldorf ............... hat ein Stück eingeübt, das für Kiner, die im 5.
Ss                ((Stöhnen)) wir hin? Gehen wir hin?

L                 mitkommen wollt ...... zu dem Theater – das machen wir denn mal nachmittags – dann müßt
S                 Wohin?
⌐unwillig⌐ Ss        ⌐Hm⌐

L                 ihr mir Bescheid sagen.
Sa                An welchem Tag?
Sb                Das machen wir dann noch mit dem Theater aus.       Ich zahl

☑ **Checkliste**

☐ Gibt es ein bereits existierendes Korpus, das das betreffende Phänomen in ausreichendem Maße dokumentiert?

☐ Gibt es kein solches Korpus, muss ich ein eigenes erstellen.

☐ Geht es um rein lautliche Bereiche, so ist eine phonetische Transkription notwendig.

☐ Geht es vorwiegend um Faktoren wie Sprecherwechsel etc., so ist eine Diskurstranskription notwendig.

☐ Sind das Korpus und seine Größe in Anbetracht der Forschungsfrage und der zeitlichen Ressourcen wohl überlegt?

☐ Welcher Umfang ist nötig, welcher Umfang ist möglich?

☐ Habe ich die technischen Voraussetzungen?

# 11. Glossen

Zum Teil werden linguistische Studien auch zu Sprachen geschrieben, die der Leser nicht beherrscht. Die Sprache, die in einer Hausarbeit analysiert wird, nennt man **Objektsprache**. Ihre Beschreibung erfolgt **metasprachlich**, d.h. man spricht oder schreibt über diese Sprachen. Versteht nun der Leser/Hörer nicht die Objektsprache, ist es wichtig, bei der Anführung von Beispielen neben einer Übersetzung eine Art von metasprachlicher „Wort-zu-Wort-Übersetzung" zu stellen.

> **Glossen** sind Wort-für-Wort-Übersetzungen der Objektsprache in die Metasprache. Damit dies nicht in einem Chaos mit nicht nachvollziehbaren, individuellen Übersetzungen endet, verwendet man ein regelgebundenes System zur Glossierung.

Eine dieser Glossierungsschriften ist unter dem Namen *Leipzig Glossing Rules* bekannt geworden, da sie von Typologen des Leipziger Max-Planck-Instituts für Evolutionäre Anthropologie und des Instituts für Linguistik der Universität Leipzig entwickelt wurde. Gelegentlich treten Sprachen auf, deren grammatikalische Kategorien nicht auf diese Glossierungsregeln passen. Daher erweitern manche Autoren oder Herausgeber das Kategorienset (vgl. etwa die Beiträge aus Rothstein & Thieroff).

> Wer glossiert, analysiert bereits die objektsprachlichen Daten nach phonetisch-phonologischen, morphologischen und syntaktischen Gesichtspunkten. Die Fähigkeit richtig zu glossieren hängt auch von den linguistischen Kenntnissen des Glossierenden ab.

Die folgende Vorstellung der *Leipzig Glossing Rules* ist für Studienanfänger wohl sehr schwer zu verstehen, da mit der Glossierung eine komplexe linguistische Analyse der objektsprachlichen Daten verbunden ist. Dieses Kapitel kann daher gelesen werden, wenn die Zeit für eigene Glossen gekommen ist.

> Die von den Leipziger Typologen entwickelten Regeln sind interlinear morphologisch aufgebaut. Die *Leipzig Glossing Rules* geben mit anderen Worten die Bedeutung und die grammatikalischen Eigenschaften aller Morpheme der Objektsprache wieder.

Die *Leipzig Glossing Rules* umfassen zehn Regeln, die wir im Folgenden durchgehen. Sie können auch unter http://www.eva.mpg.de/lingua/resources/glossing-rules.php heruntergeladen werden. Die mir vorliegende Version ist vom Februar 2008. Weitere

Erklärungen finden sich in Lehmann (1982) und Croft (2003). Zunächst sind jedoch allgemeine Bemerkungen zum graphischen Aufbau der Glossen notwendig.

Der **Aufbau** einer vollständigen Glossierung besteht bei einem einzeiligen Beispiel aus insgesamt vier Zeilen. Zunächst stehen die jeweilige Beispielnummer (s. 7.5.3) und der Name der Sprache. Es folgt das objektsprachliche Beispiel und in der Zeile darauf die Glosse. In der vierten Zeile steht die sinngemäße Übersetzung in einfachen Anführungszeichen:

Beispiel

| (1) | Schwedisch | (Zeile 1) |
| | *ett    hus* | (Zeile 2) |
| | ein    Haus | (Zeile 3) |
| | 'ein Haus' | (Zeile 4) |

Auf den ersten Blick wirkt die sinngemäße Übersetzung überflüssig, da sie mit der Glossierung aus der dritten Zeile identisch ist. Allerdings gibt es durchaus Beispiele, zu deren Verständnis man auf die Glossierung angewiesen ist. Im folgenden russischen Beispiel, das eine Reihe weiter unten noch einzuführender Abkürzungen enthält, wird das russische Verb in der Glosse durch *gehen* übersetzt und in der Übersetzung sinngemäß durch eine Form von *fahren*.

Beispiel

(2) Russisch
*My  s  Marko  poexa-l-i  avtobus-om v  Peredelkino.*
1PL COM Marko geh-PST-PL Bus-INS  ALL Peredelkino
'Marko und ich fuhren im / mit dem Bus zum Peredelkino.'

Damit die Morpheme des objektsprachlichen Beispiels und die jeweilige Glossierung unmittelbar übereinanderstehen, kann man entweder mit Tabellen ohne sichtbare Gitternetzlinien arbeiten oder Tabstops bei Word setzen.

Die *Leipzig Glossing Rules* erlauben eine einfache und flexible Glossierung einzelner Beispiele. Häufig gibt es mehrere Möglichkeiten, ein Beispiel zu glossieren. Dies ist insbesondere dann der Fall, wenn die objektsprachlichen Daten ambig sind. Wenn Sie den Satz *ich gehe* kontextlos betrachten, so kann *gehe* entweder als indikativische Präsensform (*ich gehe jetzt*) oder als Konjunktiv I (*er behauptet, ich gehe fremd*) des Verbs *gehen* analysiert werden.

> Demnach ist Glossierung in gewisser Weise auch eine Interpretation der objekt-
> sprachlichen Daten. Sie können Alternativen in der Glossierung mit Schrägstri-
> chen markieren.

Eine vereinfachte Glossierung wäre demnach wie folgt:

> Beispiel
>
> (3) *ich*   *gehe*
>     Ich   gehe-indikativpräsens / gehe-konjunktiv I

Wenn Glossierung eine Form der Interpretation ist, dann kann es sein, dass Sie mit
der Glossierung eines anderen Autors nicht einverstanden sind. In diesem Fall können Sie die Glossierung entsprechend Ihrer eigenen Analyse verändern.

**Die zehn Regeln der *Leipzig Glossing Rules***
Ich verwende zur Illustration, wo möglich, englische oder deutsche Beispiele. Die
meisten der hier aufgeführten Beispiele entstammen der Erklärung der *Leipzig Glossing Rules*.

**Regel 1: Wort-für-Wort-Anordnung**

Interlineare Glossen folgen dem objektsprachlichen Beispiel Wort für Wort von
links nach rechts

> Beispiel
>
> (4) Englisch
>     *He*   *will*   *play.*
>     er    wird    spielen
>     'Er wird spielen.'

**Regel 2: Morphemkorrespondenzen**

Segmentierbare, d.h. voneinander unterscheidbare Morpheme werden durch Bin-
destriche sowohl im Beispiel als auch in der Glosse voneinander getrennt. Die
Anzahl von Bindestrichen im Beispiel stimmt exakt mit der in der Glosse überein.

(5) Lesgisch (Haspelmath 1993: 207)
*Gila abur-u-n      ferma hamišaluǧ güǧüna*
Now they-OBL-GEN farm forever    behind
*amuq'-da-č.*
stay-FUT-NEG
'Ihre Farm wird ab jetzt nicht immer hinterherhinken.'

Die Grenzen von Klitika[2] werden durch Gleichheitszeichen, sowohl in der Objekt-sprache wie in der Glosse, markiert.

(6) Westgrönländisch (Fortescue 1984: 127)
*palasi=lu    niuirtur=lu*
priest=and   shopkeeper=and
'sowohl der Priester als auch der Ladenbesitzer'

Epenthetische (grob: eingefügte) Segmente vor einer Morphemgrenze sollten dem vorhergehenden oder nachfolgenden Morphem zugeordnet werden. Ein Beispiel ist *t* in hoffen-t-lich, das als Gleitlaut zwischen den beiden Morphemen *hoffen* und *lich* fungiert und für das keine etymologische Erklärung vorliegt. Da verschiedene Prin-zipien über diese Zuordnung entscheiden, geben die Autoren der *Leipzig Glossing Rules* hierzu keine Regel.

### Regel 3: Bezeichnung der grammatikalischen Kategorien

Aus Platzgründen ist es von Vorteil, in der Glossierung Abkürzungen statt der vollen Bezeichnung der jeweiligen grammatikalischen Kategorien zu verwenden.

---

2 Klitika sind schwach betonte Morpheme, die sich an ein benachbartes Wort bildlich gesprochen anlehnen: *you'll see* (engl.) (Du wirst sehen).

Grammatikalische Morpheme wie *-e* in *geh-e* werden in der Regel durch Abkürzungen in Großbuchstaben oder Kapitälchen erfasst.

| | | |
|---|---|---|
| (7) | *ich* | *gehe* |
| | Ich | gehe-PRS |

Sie finden eine Liste mit Abkürzungen am Ende dieses Kapitels. Die Abkürzungen beziehen sich aufgrund der angestrebten Internationalität der *Leipzig Glossing Rules* auf die englische Grammatikterminologie.

Die Autoren der *Leipzig Glossing Rules* erlauben Veränderungen oder Vereinfachungen dieser Abkürzungen, wenn etwa eine bestimmte grammatikalische Kategorie in einer Sprache hochfrequent ist und daher durch eine besonders kurze Abkürzung wiedergegeben werden sollte. Demnach kann man PERFECT durch PF anstelle von PRF abkürzen. Bei sehr seltenen Kategorien, die nicht in der Abkürzungsliste auftreten, ist es besser, wenn man sie gar nicht abkürzt.

Es besteht auch die Möglichkeit, auf eine Kategorienbezeichnung wie PERFECT oder PRF oder PF zu verzichten und stattdessen ein Wort der Metasprache zu verwenden. Im folgenden Beispielpaar wurde die Bezeichnung INS für den russischen Kasus Instrumental durch ein passendes deutsches Wort ersetzt:

(8) Russisch
*My s Marko poexa-l-i avtobus-om v Peredelkino.*
1PL COM Marko geh-PST-PL Bus-INS ALL Peredelkino
'Marko und ich fuhren im/mit dem Bus zum Peredelkino.'
(8') Russisch
*My s Marko poexa-l-i avtobus-om v Peredelkino.*
wir mit Marko geh-PST-PL Bus-mit zu Peredelkino
'Marko und ich fuhren im/mit dem Bus zum Peredelkino.'

Manche sprachliche Einheiten drücken mehrere „Funktionen" gleichzeitig aus. In einem Satz wie *Ich liebe Pizzas* markiert das *s* aus *Pizzas* gleichzeitig den Akkusativ und die Mehrzahl. Solche Mehrfachfunktionen einer sprachlichen Einheit werden durch die Regel 4 erfasst:

### Regel 4: „Eines entspricht vielen"

Wenn ein einziges objektsprachliches Element durch mehrere metasprachliche Einheiten (Wörter und/oder Abkürzungen) wiedergegeben wird, so schreibt man zusammen und trennt sie nur durch Punkte voneinander.

Daher wird in der Glossierung von *Pizzas* aus *Ich liebe Pizzas* zwischen *ACC* und *PL*, die für Akkusativ bzw. Plural stehen, ein Punkt geschrieben.

---

Beispiel

(9) Deutsch
*Pizza-s*
Pizza-ACC.PL

---

Für die Reihenfolge der beiden metasprachlichen Elemente in (6) stellen die Autoren der *Leipzig Glossing Rules* keine Regel zur Verfügung.
Die Regel 4 enthält fünf optionale Unterregelungen.

### Regel 4A (optional)

Für die türkische Verbwurzel *çık*, die aus keinen kleineren morphologischen Einheiten besteht, gibt es keine englischsprachige, aus nur einem Wort bestehende Entsprechung. *çık* kann nur durch einen englischen Ausdruck mit mehreren Wörtern umschrieben werden, z.B. durch *come out*. Es ergibt sich damit das Problem, dass die metasprachliche Beschreibung mehr Wörter benötigt, als der objektsprachliche Ausdruck enthält. Man regelt das wie folgt:

▪ Wenn eine objektsprachliche Einheit weder nach der Form noch nach der Bedeutung unterteilbar ist und wenn es kein metasprachliches Wort zur Erklärung dieser Form gibt, so kann der Unterstrich anstelle des Punktes verwendet werden:

---

Beispiel

(10) Türkisch
*çık-mak*
come_out-INF
'to come out'

---

### Regel 4B (optional)

Das lateinische, nicht weiter zerlegbare Suffix *-arum* vereinigt zwei grammatikalische Merkmale: Es markiert sowohl den Genitiv als auch den Plural. Da der Genitiv und der Plural auch getrennt voneinander vorkommen können, erscheint es plausibel, bei der Analyse von *-arum* beide als voneinander unabhängige Einheiten zu analysieren, die – zufälligerweise – im gleichen Morphem auftreten.

▪ Wenn ein objektsprachliches Element aus formaler Sicht nicht segmentierbar ist, jedoch eindeutig zwei oder mehrere Bedeutungen oder grammatikalische Eigenschaften innehat, kann der Strichpunkt/das Semikolon verwendet werden:

> (11) Latein
> *insul-arum*
> Insel-GEN;PL
> 'der Inseln'

**Regel 4C (optional)**

Vor allem bei längeren Beispielen glossiert man die Form eines morphologisch komplexen Ausdrucks aus Gründen der Lesbarkeit nicht immer. Man beschränkt sich dann zumeist auf das Phänomen, um das es eigentlich geht. Das hittische Wort *apedani* etwa hat eine komplexe morphologische Struktur. Es bedeutet ‚diese' und steht im Dativ und im Singular. Lehmann (1982), der dieses Wort in einem Beispiel aufführt, verzichtet jedoch auf die Darstellung dieser komplexen morphologischen Struktur, da sie für seine Belange irrelevant ist.

▨ Wenn ein objektsprachliches Element formal und semantisch segmentierbar ist, aber der Autor oder die Autorin aus Gründen wie der einfacheren Darstellung diese Segmentierung nicht zeigen will, kann der Doppelpunkt verwendet werden.

> (12) Hittisch (Lehmann 1982: 211)
> *n=an        apedani      mehuni        essandu.*
> CONN=ihm diese: DAT;SG  Zeit: DAT;SG  essen: sie: sollen
> 'Sie sollen ihn an diesem Tag feiern.'

**Regel 4D (optional)**

Gelegentlich werden die Flexionsformen eines Wortes nicht durch Affigierung, d.h. durch Anhängen von grammatikalischen Morphemen an die Wortwurzel, gebildet, sondern durch morphophonologische Wechsel. Ein Beispiel ist das deutsche Wort *Vater*, dessen Plural im Deutschen durch Umlautung von *a* zu *ä* gebildet wird.

▨ Wenn eine grammatikalische Eigenschaft der Objektsprache durch einen morphophonologischen Wechsel angezeigt wird (z.B. Ablaut oder Ton), wird der umgekehrte Schrägstrich verwendet, um die Bezeichnung der Kategorie vom Rest der Glosse zu trennen.

> Beispiel
>
> (13) Deutsch
> *unser-n*        *Väter-n*
> unser-DAT.PL    Vater\PL-DAT.PL
> 'unsern Vätern'

**Regel 4E (optional)**

▨ Wenn eine Sprache Person-Numerus-Affixe hat, die gleichzeitig agens- und patiensartige Argumente eines transitiven Verbs anzeigen, wird „>" verwendet.

Was bedeutet das? Affixe sind Morpheme, die nicht frei vorkommen, sondern gebunden sind und zur Wortbildung oder zur Flexion verwendet werden. Das grammatische Merkmal *Person* kennzeichnet u.a. Menschen als Sprecher (ich/wir), als Angesprochene (du/ihr) und als Personen, über die gesprochen wird (er/sie/es/sie). Ein Argument ist ein Mitspieler eines Verbs. Prototypische Argumente sind z.B. Subjekte. Agens und Patiens sind semantische Funktionen von Argumenten. Das Agens ist der Verursacher bzw. Urheber einer Handlung, zum Beispiel der Hund in *Der Hund beißt den Briefträger*. Das Patiens ist der von einer Handlung Betroffene. In diesem Beispiel wäre es der Briefträger. Transitive Verben haben vereinfacht gesprochen neben einem Subjekt ein Akkusativobjekt. In unserem Beispiel ist *beißen* transitiv, das Akkusativobjekt ist der Briefträger, das Subjekt der Hund. Das Zeichen „<" kennzeichnet demnach gleichzeitig agens- und patiensartige Argumente von transitiven Verben durch Person-Numerus-Affixe. Es stellt klar, dass das erste Argument agensartig und das zweite Argument patiensartig ist.

> Beispiel
>
> (14) Jaminjung (Schultze-Berndt 2000: 92)
> *nanggayan   guny-bi-yarluga?*
> wer 2DU>3SG-FUT-spießen
> 'Wen willst Du aufspießen?'

Manche Morphemabfolgen sind übereinzelsprachlich sehr häufig zu beobachten. Das trifft auch für die Reihenfolge von Affixen, die die Person (im Deutschen: ich/du/er/sie/es bzw. wir/ihr/sie) und die den Numerus (im Deutschen: Einzahl vs. Mehrzahl) angeben, zu. Da diese Reihenfolge sehr häufig ist, verkürzt man die Glossierung.

**Regel 5: Person- und Numerusbezeichnungen**

Folgen die Person- und Numerusaffixe in der Objektsprache unmittelbar aufeinander, so steht bei ihrer Glossierung kein Punkt zwischen ihnen.

> Beispiel
>
> (15) Italienisch
> *and-iamo*
> geh-PRS.1PL          (nicht: geh -PRS.1PL)
> 'wir gehen'

Die Regel 5 kann auch auf andere Morphemkombinationen ausgeweitet werden:

**Regel 5A (optional)**

Gelegentlich kommt es vor, dass bestimmte Morphemkombinationen in einer Sprache üblich sind. Es erscheint daher aus Platzgründen ratsam, diese Kombinationen zu einer Abkürzung in der Glosse zusammenzufassen.

In manchen Sprachen sind Numerus- und Genusmarkierer sehr häufig, vor allem wenn sie mit der Kategorie *Person* kombiniert werden. Die grammatische Kategorie Genus wird häufig als Geschlecht bezeichnet und betrifft im Deutschen die Unterscheidung von Substantiven nach Maskulinum (*der Tag*), Femininum (*die Woche*) und Neutrum (*das Jahr*). Das Genus ist ein unveränderliches Merkmal des jeweiligen Substantivs. Der Tag ist immer maskulin und kann nicht feminin gebildet werden, vgl. auch Regel 7. Manche Autoren verwenden daher verkürzte Abkürzungen in Kleinbuchstaben wie der zweiten Glosse im folgenden Beispiel. Hier wurden unter anderem die Merkmale Neutrum (N) und Singular (SG) in der Schreibweise ns zusammengefasst.

> Beispiel
>
> (16) Belhare
> *ne-e*          *a-khim-chi*          *n-yuNNa*
> DEM-LOC   1SG.POSS-house-PL   3NSG-be.NPST
> DEM-LOC   1s.POSS-house-PL3ns-be.NPST
> 'Here are my houses.'

**Regel 6: Nicht-overte Elemente**

Das lateinische Nomen *puer* 'Junge' hat im Nominativ Singular keine bestimmte formale Endung. Alle anderen Formen von *puer* weisen jedoch bestimmte Endungen auf:

|  | Singular | Plural |
|---|---|---|
| Nominativ | puer | puer-i |
| Genitiv | puer-i | puer-orum |
| Dativ | puer-o | puer-is |
| Akkusativ | puer-um | puer-os |
| Ablativ | puer-o | puer-is |

Tab. 11-1: Deklination des lat. *puer*

Diese fehlende lautliche Endung des Nominativ Singular analysieren manche Sprachwissenschaftler als eine Nullendung, d.h. als *puer* plus ein lautlich nicht realisiertes Morphem. Dies bezeichnet man auch als nicht-overtes Morphem, das durch das Symbol Ø repräsentiert wird. Lautlich realisierte Morpheme werden als overt bezeichnet. Eine solche Analyse hat den Vorteil, dass sie den Nominativ Singular *puer* wie die anderen Formen, die allesamt Endungen aufweisen, behandeln kann. Demnach ergibt sich folgendes Bild:

|  | Singular | Plural |
|---|---|---|
| Nominativ | puer-Ø | puer-i |
| Genitiv | puer-i | puer-orum |
| Dativ | puer-o | puer-is |
| Akkusativ | puer-um | puer-os |
| Ablativ | puer-o | puer-is |

Tab. 11-2: Nicht-overte und overte Morpheme in der Deklination von *puer*

Ob diese Analyse tatsächlich immer von Vorteil ist, sei dahingestellt. Angenommen, man entscheidet sich für die Behandlung von *puer* als eine Form mit lautlich nicht realisiertem Flexionsmorphem, so ergibt sich ein Problem für die Glossierung.

▪ Wenn eine Glosse, die Morphem für Morphem wiedergibt, ein Element enthält, das keine overte Entsprechung im Beispiel hat, so kann es in der Glosse entweder in eckige Klammern gesetzt oder in der Objektsprache durch ein 'Ø' mit Bindestrich angegeben werden.

**Beispiel**

(17) Latein
*puer*          oder:          *puer-Ø*
boy[NOM.SG]                    boy-NOM.SG
'boy'                         'boy'

Inhärente Kategorien sind unveränderlich und weitgehend kontextunabhängig. Ein Beispiel ist das Genus im Deutschen. Nomina werden im Deutschen nach Genus unterschieden. Das Genus ist bei Nomen ein unveränderliches Merkmal, das ein Nomen unabhängig von seiner Verwendung stets ausmacht. Das Wort *Haus* ist immer ein Neutrum (*das Haus*) und kann nicht feminin (zu *die Haus*) werden. Das Genus ist damit den Nomen lexikalisch inhärent. Zumindest bei Nomina wie [das!] *Haus*, [die!] *Maus* und [der!] *Graus* gibt es keine bestimmte Endung, die ein bestimmtes Genus verlangt. Das Genus ist damit ein nicht-overtes Merkmal, das man allerdings durch den bestimmten Artikel identifizieren kann. Im Spanischen hingegen zeigt die Endung eines Nomens in der Regel auch dessen Genus an. Wörter auf *-a* sind mit wenigen Ausnahmen feminin: *la casa, la chica* …. Demnach ist Genus bei Nomen im Deutschen ein in der Regel lexikalisch inhärentes, nicht-overtes Merkmal, das durch den Artikel angezeigt wird.

**Regel 7: Inhärente Kategorien**
Inhärente Merkmale können in der Glosse mit Hilfe von runden Klammern angegeben werden.

Im folgenden Beispiel aus dem Hunzib wird das Genus des Wortes für *Baum* als zur vierten Genusgruppe (G4) gehörend angezeigt. Die Klammerung besagt, dass das Genus inhärent ist.

> (18) Hunzib (van den Berg 1995: 46)
> *ož-di-g*          *xõxe*         *m-uqˈe-r*
> Junge-OBL-AD   Baum(G4)   G4-biegen-PRET
> 'Aufgrund des Jungen bog sich der Baum.'

Da Hunzib eine Reihe von Eigenschaften aufweist, die durch die Standardabkürzungen der *Leipzig Glossing Rules* nicht erfasst werden, greift man bei der Glossierung zu zusätzlichen Abkürzungen. Diese Ergänzungen können in einer Fußnote oder zu Beginn bzw. am Ende der Arbeit in einer Tabelle angegeben werden. Was man genau unter Adessiv versteht, lassen wir hier aus Gründen der einfacheren Darstellung beiseite.

G4     = viertes Genus
AD     = Adessiv
PRET = Präteritum

Ein Beispiel für zweiteilige Elemente sind Zirkumfixe, die zu den diskontinuierlichen Morphemen gehören: Sie bestehen aus zwei räumlich voneinander getrennten Morphemteilen, die ein gemeinsames Morphem ergeben. Das Perfektpartizip *gesehen* aus *ich habe sie gesehen* wird beispielsweise mit dem Zirkumfix *ge-…-en* gebildet. Es umschließt den Verbstamm *seh*. Glossiert man Morphem für Morphem, so ergibt sich bei den Zirkumfixen das Problem, wie man die beiden Morphemteile als zusammengehörend markiert. Grammatikalische oder lexikalische Elemente, die aus zwei verschiedenen morphologischen Teilen bestehen, können bei den *Leipzig Glossing Rules* auf zwei verschiedene, aber gleichwertige Arten behandelt werden:

### Regel 8: Zweiteilige Elemente (Möglichkeit I)

**Zweiteilige Elemente** können durch Wiederholung der Glosse angegeben werden.

Im folgenden Beispiel werden *ge* und *en* jeweils einzeln durch PTCP, die Angabe für die Partizipmorphologie, glossiert.

Beispiel

> (19) Deutsch
> *ge-seh-en*
> PTCP-see-PTCP
> 'gesehen'

### Regel 8: Zweiteilige Elemente (Möglichkeit II)

Man bezeichnet den zweiten Teil der Glosse mit der passenden morphologischen Kategorie. Bei Zirkumfixen ist dies die Abkürzung CIRC für *circumfixe*.

Beispiel

> (20) Deutsch
> *ge-seh-en*
> PTCP-see-CIRC
> 'gesehen'

Eine weitere Regel legt die Behandlung der Infixe fest. Infixe sind Wortbildungsmorpheme, die in den Stamm eingeführt werden.

### Regel 9: Infixe

Infixe werden durch die Symbole „<" und „>" sowohl in der Objektsprache als auch in der Glosse eingeschlossen:

> **Beispiel**
>
> (21) Latein
> *reli<n>qu-ere*          (Stamm: *reliqu-)*
> verlassen<PRS>-INF
> 'verlassen'

Reduplikationen sind Verdoppelungen von anlautenden Silben einer Wurzel oder eines Stammes. Im folgenden hebräischen Beispiel wird *rak* „verdoppelt", d.h. linguistisch gesprochen redupliziert, um eine attenuative Bedeutung zu erzielen (was Letzteres genau ist, spielt hier keine Rolle).

**Regel 10: Reduplikation**
Die Reduplikation wird wie die Affigierung behandelt. Anstelle eines Bindestrichs steht jedoch das Zeichen ~.

> **Beispiel**
>
> (22) Hebräisch
> *yerak~rak-im*
> grün~ATT-M.PL
> 'einige grünliche' (ATT = attenuativ)

Beim Durchgang der *Leipzig Glossing Rules* ist sicherlich nicht nur klar geworden, wie komplex und schwierig eine detaillierte Glossierung ist, sondern auch, dass mit sehr vielen Abkürzungen gearbeitet wird, die nun abschließend angegeben werden sollen.

Die von der *Leipzig Glossing Rules* vorgegebenen **Abkürzungen** werden hier mit deutscher Übersetzung wiedergegeben. Gelegentlich wird als Eselsbrücke die normalsprachliche englische Form mit angegeben. Die Erklärung der einzelnen Termini ist an dieser Stelle nicht möglich, sie kann in jedem guten Wörterbuch zur Sprachwissenschaft nachgeschlagen werden.

## Abkürzungen der *Leipzig Glossing Rules*

| | | | |
|---|---|---|---|
| 1 | erste Person | INS | Instrumental |
| 2 | zweite Person | INTR | Intransitiv |
| 3 | dritte Person | IPFV | Imperfektive |
| A | agentivähnliches/-artiges Argument eines kanonischen transitiven Verbs | IRR | Irrealis |
| | | LOC | Lokativ (= locative) |
| ABL | Ablativ | M | Maskulin |
| ABS | Absolutiv | N | Neutrum |
| ACC | Akkusativ | N- | nicht- (z.B. NSG nicht-Singular) |
| ADJ | Adjektiv | NEG | Negation, Negativ |
| ADV | Adverb(ial) | NMLZ | Nominalisierer/Nominalisierung |
| AGR | agreement | NOM | Nominativ |
| ALL | Allativ | OBJ | Objekt |
| ANTIP | Antipassiv | OBL | Oblique |
| APPL | Applikativ | P | patiensähnliches/-artiges Argumenteines kanonischen transitiven Verbs |
| ART | Artikel | | |
| AUX | Hilfsverb (= auxiliary) | PASS | Passiv |
| BEN | Benefaktiv | PFV | Perfektiv |
| CAUS | Kausativ (= causative) | PL | Plural |
| CLF | Klassifizierer (= classifier) | POSS | Possessiv |
| COM | Komitativ | PRED | Prädikativ (= predicative) |
| COMP | Komplementierer (= complementizer) | PRF | Perfekt |
| COMPL | Kompletiv | PRS | Präsens |
| COND | Konditional (= conditional) | PROG | Progressiv |
| COP | Kopula (= copula) | PROH | Prohibitiv |
| CVB | Konverb (=converb) | PROX | Proximal |
| DAT | Dativ | PST | Vergangenheit/vergangen (= past) |
| DECL | Deklarativ (= declarative) | PTCP | Partizip (= participle) |
| DEF | Definit | PURP | Purposiv |
| DEM | Demonstrativ (=Demonstrative) | Q | Fragepartikel/-markierer (= question particle/marker) |
| DET | Determinierer | | |
| DIST | Distal | QUOT | Quotativ |
| DISTR | Distributiv | RECP | Reziprok (= reciprocal) |
| DU | Dual | REFL | Reflexiv |
| DUR | Durativ | REL | Relativ |
| ERG | Ergativ | RES | Resultativ |
| EXCL | Exklusiv (= exclusive) | S | einziges Argument eines kanonischen intransitiven Verbs (= single argument of canonical intransitive verb) |
| F | Feminin | | |
| FOC | Fokus (= focus) | | |
| FUT | Futur (= future) | | |
| GEN | Genitiv (= genitive) | SBJ | Subjekt |
| IMP | Imperativ (= imperative) | SBJV | Subjunktiv |
| INCL | Inklusiv (=inclusive) | SG | Singular |
| IND | Indikativ | TOP | Topik |
| INDF | Indefinit | TR | Transitiv |
| INF | Infinitiv | VOC | Vokativ (= vocative) |

# 12. Hilfreiche Literatur

Manche Verlage bieten Hilfsmittel zum Bibliographieren an. Sie sind eine nützliche Hilfe, die die Literaturrecherche im Internet flankiert. Bewährte Bibliographien sind:

**Bibliographien**
*Germanistik* (1960ff.): Internationales Referatenorgan mit bibliographischen Hinweisen. Hg. von W. Barner, U. Fix, K. Grubmüller, H. Henne, J. Janota, C. Lubkoll, B. Naumann und W. Vosskamp. Tübingen: Niemeyer.
*Bibliographie Linguistischer Literatur* (= BLL) (1976ff.): Bibliographie zur allgemeinen Linguistik und zur anglistischen, germanistischen und romanistischen Linguistik. Bearbeitet von E. Suchan u. a. Frankfurt/M.: Vittorio Klostermann. [Onlineversion der BLL ist die BLLDB: http://www.blldb-online.de.]
*Bibliographie Linguistique / Linguistic Bibliography* (BL) (1980ff.): Hg. von S. Tol und H. Olbertz. Leiden etc.: Brill. [Ab 1993 liegen die Bände auch online vor: http://www.linguisticbibliography.com/.]

Das Institut für Deutsche Sprache (IDS) in Mannheim bietet die Möglichkeit, auch online nach Literatur zu suchen:

▶ http://hypermedia.ids-mannheim.de/pls/public/bib.ansicht [= Bibliographie zur grammatischen Erforschung der deutschen Sprache].
▶ http://www.ids-mannheim.de/quellen/biblio.html [= Auflistung von Spezial-Bibliographien zu allen Arbeitsfeldern der (germanistischen) Linguistik].

Auf wissenschaftliche Literatur spezialisierte Suchmaschinen wie der Katalog der *Modern Languages Association* (MLA) erlauben eine einfache stichwortgestützte Suche nach sprachwissenschaftlichen Texten. Vergewissern Sie sich, ob Ihre Universitäts- oder Institutsbibliothek den Zugang zur MLA-Datenbank erlaubt.

**Studienbibliographien des Instituts für Deutsche Sprache**
Die *Studienbibliographien Sprachwissenschaft* des Instituts für Deutsche Sprache erschließen zentrale Themen der (häufig germanistisch orientierten) Linguistik. Sie sind eine nützliche erste Orientierungshilfe für das Suchen von relevanter Literatur. Zu betonen ist, dass sie nur als Einstieg in die Literatursuche fungieren können, was sich zum Teil auch schon durch ihr länger zurückliegendes Erscheinungsjahr erklärt. Die Hefte enthalten kurze Einführungen in das Thema und jeweils eine strukturierte Bibliographie.

Heft 1:    Brütsch, E., Nussbaumer, M. & Sitta, H. (1990): *Negation.* Heidelberg: Groos.
Heft 2:    Biere, B. U. (1991): *Textverstehen und Textverständlichkeit.* Heidelberg: Groos.
Heft 3:    Dieckmann, W. (1992): *Sprachkritik.* Heidelberg: Groos.

Heft 4:     Becker-Mrotzek, M. (1999): *Diskursforschung und Kommunikation*. Heidelberg: Groos.

Heft 5:     Kretzenbacher, H. L. (1992): *Wissenschaftssprache*. Heidelberg: Groos.

Heft 6:     Nerius, D. & Rahnenführer, I. (1993): *Orthographie*. Heidelberg: Groos.

Heft 7:     Brinker, K. (1993): *Textlinguistik*. Heidelberg: Groos.

Heft 8:     Dittmann, J. & Tesak, J. (1993): *Neurolinguistik*. Heidelberg: Groos.

Heft 9:     Kinne, M. & Schwitalla, J. (1994): *Sprache im Nationalsozialismus*. Heidelberg: Groos.

Heft 10:    Eichinger, L. M. (1994): *Deutsche Wortbildung*. Heidelberg: Groos.

Heft 11:    Hinnenkamp, V. (1994): *Interkulturelle Kommunikation* (Sonderband). Heidelberg: Groos.

Heft 12:    Nussbaumer, M. (1995): *Argumentation und Argumentationstheorie*. Heidelberg: Groos.

Heft 13:    Sanders, W. (1995): *Stil und Stilistik*. Heidelberg: Groos.

Heft 14:    Antos, G. & Pogner, K.-H. (1995): *Schreiben*. Heidelberg: Groos.

Heft 15:    Peyer, A. & Groth, R. (1996): *Sprache und Geschlecht*. Heidelberg: Groos.

Heft 16:    Dittmar, N. (1996): *Soziolinguistik*. Heidelberg: Groos.

Heft 17:    Holly, W. & Püschel, U. (1996): *Sprache und Fernsehen*. Heidelberg: Groos.

Heft 18:    Földes, C. (1997): *Idiomatik/Phraseologie*. Heidelberg: Groos.

Heft 19:    Ammon, U. (1997): *Nationale Varietäten der deutschen Sprache*. Heidelberg: Groos.

Heft 20:    Nussbaumer, M. (1997): *Sprache und Recht*. Heidelberg: Groos.

Heft 21:    Greule, A. & Janich, N. (1997): *Sprache in der Werbung*. Heidelberg: Groos.

Heft 22:    Lutzeier, P. R. (1997): *Lexikologie*. Heidelberg: Groos.

Heft 23:    Herberg, D. & Kinne, M. (1998): *Neologismen*. Heidelberg: Groos.

Heft 24:    Honnef-Becker, I. & Kühn, P. (1998): *Deutsch als Fremdsprache*. Heidelberg: Groos.

Heft 25:    Hoffmann, L. (1998): *Grammatik der gesprochenen Sprache*. Heidelberg: Groos.

Heft 26:    Fluck, H. R. (1998): *Fachsprachen und Fachkommunikation*. Heidelberg: Groos.

Heft 27:    Mieder, W. (1999): *Sprichwörter/Redensarten-Parömiologie*. Heidelberg: Groos.

Heft 28:    Thomé, G. & Thomé, D. (1999): *Schriftspracherwerb*. Heidelberg: Groos.

Heft 29:    Neuland, E. (1999): *Jugendsprache*. Heidelberg: Groos.

Heft 30:    Ammon, U. (1999): *Deutsche Sprache international*. Heidelberg: Groos.

Heft 31:    Haftka, B. (1999): *Deutsche Wortstellung*. Heidelberg: Groos.

Heft 32:    Lenz, S. (2000): *Korpuslinguistik*. Heidelberg: Groos.

Heft 33:    Biere, B. U. & Diekmannshenke, H. (2000): *Sprachdidaktik Deutsch*. Heidelberg: Groos.

Heft 34:    Diekmannshenke, H. (2006): *Politische Kommunikation im historischen Wandel*. Tübingen: Groos.

Heft 35:    Pohl, J., Schmitz, H. W. & Schulte, O. A. (2006): *Videokonferenz als Form technisch vermittelter Kommunikation*. Tübingen: Groos.

Heft 36:    Cramer, I. & Schulte im Walde, S. (2006): *Computerlinguistik und Sprachtechnologie*. Tübingen: Groos.

Heft 37:    Janich, N. & Rhein, L. (2010): *Sprachkultur, Sprachkultivierung, Sprachkritik*. Tübingen: Groos.

**Handbücher zur Sprach- und Kommunikationswissenschaft (HSK)**
Die Reihe *Handbücher zur Sprach- und Kommunikationswissenschaft (HSK) / Handbooks of Linguistics and Communication Science* erscheint im Walter de Gruyter Verlag (Berlin). Sie bietet zu folgenden Themen Überblicksartikel von jeweils ausgewiesenen Experten.

Band 1    **Dialektologie**

Besch, W., Knoop, U., Putschke, W. & Wiegand, H. E. (1982): *Dialektologie*. Bd. 1.1. Berlin: de Gruyter.

Besch, W., Knoop, U., Putschke, W. & Wiegand, H. E. (1983): *Dialektologie*. Bd. 1.2. Berlin: de Gruyter.

Band 2    **Sprachgeschichte**

Besch, W., Betten, A., Reichmann, O. & Sonderegger, S. (1998): *Sprachgeschichte*. Bd. 2.1. Berlin: de Gruyter.

Besch, W., Betten, A., Reichmann, O. & Sonderegger, S. (2000): *Sprachgeschichte*. Bd. 2.2. Berlin: de Gruyter.

Besch, W., Betten, A., Reichmann, O. & Sonderegger, S. (2003): *Sprachgeschichte*. Bd. 2.3. Berlin: de Gruyter.

Besch, W., Betten, A., Reichmann, O. & Sonderegger, S. (2004): *Sprachgeschichte*. Bd. 2.4. Berlin: de Gruyter.

Band 3    **Soziolinguistik / Sociolinguistics**

Ammon, U., Dittmar, N., Mattheier, K. J. & Trudgill, P. (2004): *Soziolinguistik*. Bd. 3.1. Berlin: de Gruyter.

Ammon, U., Dittmar, N., Mattheier, K. J. & Trudgill, P. (2005): *Soziolinguistik*. Bd. 3.2. Berlin: de Gruyter.

Ammon, U., Dittmar, N., Mattheier, K. J. & Trudgill, P. (2006): *Soziolinguistik*. Bd. 3.3. Berlin: de Gruyter.

Band 4    **Computerlinguistik / Computational Linguistics**

Bátori, I. S., Lenders, W. & Putschke, W. (1989): *Computerlinguistik*. Bd. 4. Berlin: de Gruyter.

Band 5    **Wörterbücher**

Gouws, R., Heid, U., Schweickard, W. & Wiegand, H. E. (1989): *Wörterbücher*. Bd. 5.1. Berlin: de Gruyter.

Gouws, R., Heid, U., Schweickard, W. & Wiegand, H. E. (1990): *Wörterbücher*. Bd. 5.2. Berlin: de Gruyter.

Gouws, R., Heid, U., Schweickard, W. & Wiegand, H. E. (1991): *Wörterbücher*. Bd. 5.3. Berlin: de Gruyter.

Band 6    **Semantik / Semantics**

Stechow, A. von & Wunderlich, D. (1991): *Semantik*. Bd. 6. Berlin: de Gruyter.

Band 7    **Sprachphilosophie / Philosophy of Language**

Dascal, M., Gerhardus, D., Lorenz, K. & Meggle, G. (1992): *Sprachphilosophie*. Bd. 7.1. Berlin: de Gruyter.

Dascal, M., Gerhardus, D., Lorenz, K. & Meggle, G. (1996): *Sprachphilosophie*. Bd. 7.2. Berlin: de Gruyter.

Band 8    **Linguistic Disorders and Pathologies**

Blanken, G., Dittmann, J., Grimm, H., Marshall, J. C. & Wallesch, C.-W. (1993): *Linguistic Disorders and Pathologies*. Bd. 8. Berlin: de Gruyter.

**Band 9**   **Syntax**

Jacobs, J., Stechow, A. von, Sternefeld, W. & Vennemann, T. (1993): *Syntax*. Bd. 9.1. Berlin: de Gruyter.

Jacobs, J., Stechow, A. von, Sternefeld, W. & Vennemann, T. (1995): *Syntax*. Bd. 9.2. Berlin: de Gruyter.

**Band 10**   **Schrift und Schriftlichkeit / Writing and its Use**

Günther, H. & Ludwig, O. (1994): *Schrift und Schriftlichkeit*. Bd. 10.1. Berlin: de Gruyter.

Günther, H. & Ludwig, O. (1996): *Schrift und Schriftlichkeit*. Bd. 10.2. Berlin: de Gruyter.

**Band 11**   **Namenforschung / Name Studies**

Eichler, E., Hilty, G., Löffler, H., Steger, H. & Zgusta, L. (1995): *Namenforschung*. Bd. 11.1. Berlin: de Gruyter.

Eichler, E., Hilty, G., Löffler, H., Steger, H. & Zgusta, L. (1996): *Namenforschung*. Bd. 11.2. und Registerband. Berlin: de Gruyter.

**Band 12**   **Kontaktlinguistik / Contact Linguistics**

Goebl, H., Nelde, P. H., Stary, Z. & Wölck, W. (1996): *Kontaktlinguistik*. Bd. 12.1. Berlin: de Gruyter.

Goebl, H., Nelde, P. H., Stary, Z. & Wölck, W. (1997): *Kontaktlinguistik*. Bd. 12.2. Berlin: de Gruyter.

**Band 13**   **Semiotik / Semiotics**

Posner, R., Robering, K. & Sebeok, T. A. (1997): *Semiotik*. Bd. 13.1. Berlin: de Gruyter.

Posner, R., Robering, K. & Sebeok, T. A. (1998): *Semiotik*. Bd. 13.2. Berlin: de Gruyter.

Posner, R., Robering, K. & Sebeok, T. A. (2003): *Semiotik*. Bd. 13.3. Berlin: de Gruyter.

Posner, R., Robering, K. & Sebeok, T. A. (2004): *Semiotik*. Bd. 13.4. Berlin: de Gruyter.

**Band 14**   **Fachsprachen / Languages for Special Purposes**

Hoffmann, L., Kalverkämper, H. & Wiegand, H. E. (1998): *Fachsprachen*. Bd. 14.1. Berlin: de Gruyter.

Hoffmann, L., Kalverkämper, H. & Wiegand, H. E. (1999): *Fachsprachen*. Bd. 14.2. Berlin: de Gruyter.

**Band 15**   **Medienwissenschaft**

Leonhardt, J.-F., Ludwig, H.-W., Schwarze, D. & Straßner, E. (1999): *Medienwissenschaft*. Bd. 15.1. Berlin: de Gruyter.

Leonhardt, J.-F., Ludwig, H.-W., Schwarze, D. & Straßner, E. (2001): *Medienwissenschaft*. Bd. 15.2. Berlin: de Gruyter.

Leonhardt, J.-F., Ludwig, H.-W., Schwarze, D. & Straßner, E. (2002): *Medienwissenschaft*. Bd. 15.3. Berlin: de Gruyter.

**Band 16**   **Text- und Gesprächslinguistik / Linguistics of Text and Conversation**

Brinker, K., Antos, G., Heinemann, W. & Sager, S. F. (2000): *Text- und Gesprächslinguistik*. Bd. 16.1. Berlin: de Gruyter.

Brinker, K., Antos, G., Heinemann, W. & Sager, S. F. (2001): *Text- und Gesprächslinguistik*. Bd. 16.2. Berlin: de Gruyter.

**Band 17**   **Morphologie / Morphology**

Booij, G. E., Lehmann, C. & Mugdan, J. (2000): *Morphologie*. Bd. 17.1. Berlin: de Gruyter.

Booij, G. E., Lehmann, C., Mugdan, J. & Skopeteas, S. (2004): *Morphologie*. Bd. 17.2. Berlin: de Gruyter.

**Band 18**  **Geschichte der Sprachwissenschaften / History of the Language Sciences**

Auroux, S., Koerner, E. F. K., Niederehe, H.-J. & Versteegh, K. (2000): *Geschichte der Sprachwissenschaften*. Bd. 18.1. Berlin: de Gruyter.

Auroux, S., Koerner, E. F. K., Niederehe, H.-J. & Versteegh, K. (2001): *Geschichte der Sprachwissenschaften*. Bd. 18.2. Berlin: de Gruyter.

Auroux, S., Koerner, E. F. K., Niederehe, H.-J. & Versteegh, K. (2006): *Geschichte der Sprachwissenschaften*. Bd. 18.3. Berlin: de Gruyter.

**Band 19**  **Deutsch als Fremdsprache**

Helbig, G., Götze, L., Henrici, G. & Krumm, H.-J. (2001): *Deutsch als Fremdsprache*. 19.1. Berlin: de Gruyter.

Helbig, G., Götze, L., Henrici, G. & Krumm, H.-J. (2001): *Deutsch als Fremdsprache*. 19.2. Berlin: de Gruyter.

**Band 20**  **Band 20: Sprachtypologie und sprachliche Universalien / Language Typology and Language Universals**

Haspelmath, M., König, E., Oesterreicher, W. & Raible, W. (2001): *Sprachtypologie und sprachliche Universalien*. Bd. 20.1. Berlin: de Gruyter.

Haspelmath, M., König, E., Oesterreicher, W. & Raible, W. (2001): *Sprachtypologie und sprachliche Universalien*. Bd. 20.2. Berlin: de Gruyter.

**Band 21**  **Lexikologie / Lexicology**

Cruse, D. A., Hundsnurscher, F., Job, M. & Lutzeier, P. R. (2002): *Lexikologie*. Bd. 21.1. Berlin: de Gruyter.

Cruse, D. A., Hundsnurscher, F., Job, M. & Lutzeier, P. R. (2005): *Lexikologie*. Bd. 21.2. Berlin: de Gruyter.

**Band 22**  **The Nordic Languages**

Bandle, O., Braunmüller, K., Jahr, E. H., Karker, A., Naumann, H.-P., Telemann, U., Elmevik, L. & Widmark, G. (2002): *The Nordic Languages*. Bd. 22.1. Berlin: de Gruyter.

Bandle, O., Braunmüller, K., Jahr, E. H., Karker, A., Naumann, H.-P., Telemann, U., Elmevik, L. & Widmark, G. (2005): *The Nordic Languages*. Bd. 22.2. Berlin: de Gruyter.

**Band 23**  **Romanische Sprachgeschichte / Histoire linguistique de la Romania**

Ernst, G., Gleßgen, M.-D., Schmitt, C. & Schweickard, W. (2003): *Romanische Sprachgeschichte*. Bd. 23.1. Berlin: de Gruyter.

Ernst, G., Gleßgen, M.-D., Schmitt, C. & Schweickard, W. (2006): *Romanische Sprachgeschichte*. Bd. 23.2. Berlin: de Gruyter.

Ernst, G., Gleßgen, M.-D., Schmitt, C. & Schweickard, W. (2009): *Romanische Sprachgeschichte*. Bd. 23.3. Berlin: de Gruyter.

**Band 24**  **Psycholinguistik / Psycholinguistics**

Rickheit, G., Herrmann, T. & Deutsch, W. (2003): *Psycholinguistik*. Bd. 24. Berlin: de Gruyter.

**Band 25**  **Dependenz und Valenz / Dependency and Valency**

Ágel, V., Eichinger, L. M., Eroms, H. W., Hellwig, P., Heringer, H. J. & Lobin, H. (2003): *Dependenz und Valenz*. Bd. 25.1. Berlin: de Gruyter.

Ágel, V., Eichinger, L. M., Eroms, H. W., Hellwig, P., Heringer, H. J. & Lobin, H. (2006): *Dependenz und Valenz*. Bd. 25.2. Berlin: de Gruyter.

Band 26    **Übersetzung / Translation**

Kittel, H., Frank, A. P., Greiner, N., Hermans, T., Koller, W., Lambert, J. & Paul, F. (2004): *Übersetzung*. Bd. 26.1. Berlin: de Gruyter.

Kittel, H., Frank, A. P., Greiner, N., Hermans, T., Koller, W., Lambert, J. & Paul, F. (2007): *Übersetzung*. Bd. 26.2. Berlin: de Gruyter.

Band 27    **Quantitative Linguistik / Quantitative Linguistics**

Köhler, R., Altmann, G. & Piotrowski, R. G. (2005): *Quantitative Linguistik*. Bd. 27. Berlin: de Gruyter.

Band 28    **Phraseologie / Phraseology**

Burger, H., Dobrovol'skij, D., Kühn, P. & Norrick, N. R. (2007): *Phraseologie*. Bd. 28.1. Berlin: de Gruyter.

Burger, H., Dobrovol'skij, D., Kühn, P. & Norrick, N. R. (2007): *Phraseologie*. Bd. 28.2. Berlin: de Gruyter.

Band 29    **Corpus linguistics**

Lüdeling, A. & Kytö, M. (2008): *Corpus linguistics*. Bd. 29.1. Berlin: de Gruyter.

Lüdeling, A. & Kytö, M. (2009): *Corpus linguistics*. Bd. 29.2. Berlin: de Gruyter.

Band 30    **Language and Space**

Auer, P. & Schmidt, J. E. (2010): *Language and space. Theories and methods*. Bd. 30.1. Berlin: de Gruyter.

Band 31    **Rhetorik und Stilistik / Rhetoric and Stylistics**

Fix, U., Gardt, A. & Knape, J. (2008): *Rhetorik und Stilistik*. Bd. 31.1. Berlin: de Gruyter.

Fix, U., Gardt, A. & Knape, J. (2009): *Rhetorik und Stilistik*. Bd. 31.2. Berlin: de Gruyter.

Band 32    **Die slavischen Sprachen / The Slavic Languages**

Kempgen, S., Kosta, P., Berger, T. & Gutschmidt, K. (2009): *Die slavischen Sprachen*. Bd. 32.1. Berlin: de Gruyter.

## Wörterbücher zur Sprach- und Kommunikationswissenschaft (WSK)

Die Reihe *Wörterbücher zur Sprach- und Kommunikationswissenschaft (WSK)* erscheint im Walter de Gruyter Verlag (Berlin). Sie besteht aus Wörterbüchern zu folgenden Gebieten und enthält jeweils kurze Wörterbuchartikel von Experten.

Band 1    **Grammatik**

Dürscheid, C. & Schierholz, S. J. (in Vorb.): Bd. 1 *Grammatik*. Bd. 1.1 *Formenlehre*. Berlin: de Gruyter.

Dürscheid, C. & Schierholz, S. J. (in Vorb.): Bd. 1 *Grammatik*. Bd. 1.2 *Syntax*. Berlin: de Gruyter.

Band 2    **Wortbildung / Word Formation**

Müller, P. O. & Olsen, S. (in Vorb.): *Wortbildung*. Bd. 2. Berlin: de Gruyter.

**Band 3**      **Historische Sprachwissenschaft**

Habermann, M. & Hundt, M. (in Vorb.): *Historische Sprachwissenschaft*. Bd. 3. Berlin: de Gruyter.

**Band 4**      **Phonetik und Phonologie / Phonetics and Phonology**

Hall, T. A. & Pompino-Marschall, B. (in Vorb.): *Phonetik und Phonologie*. Bd. 4. Berlin: de Gruyter.

**Band 5**      **Schriftlinguistik**

Neef, M. & Weingarten, R. (in Vorb.): *Schriftlinguistik*. Bd. 5. Berlin: de Gruyter.

**Band 6**      **Textlinguistik und Stilistik**

Androutsopoulos, J. & Habscheid, S. (in Vorb.): *Textlinguistik und Stilistik*. Bd. 6. Berlin: de Gruyter.

**Band 7**      **Sprachtechnologie und Computerlinguistik**

Schmitz, U. & Schröder, B. (in Vorb.): *Sprachtechnologie und Computerlinguistik*. Bd. 7. Berlin: de Gruyter.

**Band 8**      **Dialektologie**

Girnth, H. & Patocka, F. (in Vorb.): *Dialektologie*. Bd. 8. Berlin: de Gruyter.

**Band 9**      **Quantitative und Formale Linguistik**

Grzybek, P. & Köhler, R. (in Vorb.): *Quantitative und Formale Linguistik*. Bd. 9. Berlin: de Gruyter.

**Band 10**      **Semantik und Pragmatik**

Klabunde, R. & Primus, B. (in Vorb.): *Semantik und Pragmatik*. Bd. 10. Berlin: de Gruyter.

**Band 11**      **Theorien und Methoden der Sprachwissenschaft / Theories and Methods in Linguistics**

Kabatek, J. & Kortmann, B. (in Vorb.): *Theorien und Methoden der Sprachwissenschaft*. Bd. 11. Berlin: de Gruyter.

**Band 12**      **Lexikologie und Phraseologie**

Fellbaum, C. & Warnke, I. (in Vorb.): *Lexikologie und Phraseologie*. Bd. 12. Berlin: de Gruyter.

**Band 13**      **Sprachtypologie / Linguistic Typology**

Helmbrecht, J. & Jung, D. (in Vorb.): *Sprachtypologie*. Bd. 13. Berlin: de Gruyter.

**Band 14**      **Cognitive Grammar**

Niemeier, S. & Schönefeld, D. (in Vorb.): *Cognitive Grammar*. Bd. 14. Berlin: de Gruyter.

**Band 15**      **Sprachphilosophie**

Demmerling, C. & Stekeler-Weithofer, P. (in Vorb.): *Sprachphilosophie*. Bd. 15. Berlin: de Gruyter.

**Band 16**      **Sprachdidaktik: Erstsprache, Zweitsprache, Fremdsprache**

Kilian, J. & Rymarczyk, J. (in Vorb.): *Sprachdidaktik: Erstsprache, Zweitsprache, Fremdsprache*. Bd. 16. Berlin: de Gruyter.

**Band 17**      **Klinische Linguistik**

Kauschke, C. & Stenneken, P. (in Vorb.): *Klinische Linguistik*. Bd. 17. Berlin: de Gruyter.

**Band 18**      **Soziolinguistik und Varietätenlinguistik**

Elspaß, S. & Felder, E. (in Vorb.): *Soziolinguistik und Varietätenlinguistik*. Bd. 18. Berlin: de Gruyter.

| Band 19 | Onomastik |
|---|---|
| | Casemir, K. & Udolph, J. (in Vorb.): *Onomastik*. Bd. 19. Berlin: de Gruyter. |
| Band 20 | **Translationswissenschaft** |
| | Budin, G. & N.N. (in Vorb.): *Translationswissenschaft*. Bd. 20. Berlin: de Gruyter. |
| Band 21 | **Medienwissenschaften** |
| | Bläsi, C. & N.N. (in Vorb.): *Medienwissenschaften*. Bd. 21. Berlin: de Gruyter. |
| Band 22 | **Terminologiewissenschaft** |
| | Costa, R. & N.N. (in Vorb.): *Terminologiewissenschaft*. Bd. 22. Berlin: de Gruyter. |
| Band 23 | **Lexikographie und Wörterbuchforschung** |
| | Müller, P. O. & Schierholz, S. J. (in Vorb.): *Lexikographie und Wörterbuchforschung*. Bd. 23. Berlin: de Gruyter. |
| Band 24 | **Gesprächslinguistik** |
| | N.N. (in Vorb.): *Gesprächslinguistik*. Bd. 24. Berlin: de Gruyter. |
| Band 25 | **Sprachen- und Varietätennamen** |
| | N.N. (in Vorb.): *Sprachen- und Varietätennamen*. Bd. 25. Berlin: de Gruyter. |

# 13. Handbibliothek

Studierende und Promovierende mögen über die Anschaffung eines oder mehrerer der folgenden nützlichen Nachschlagewerke nachdenken:

Bußmann, H. (2008): *Lexikon der Sprachwissenschaft.* 4., durchges. und bibliogr. erg. Aufl. Stuttgart: Kröner.

Dubois, J., Giacomo-Marcellesi, M. & Guespin, L. (2007): *Grand dictionnaire de linguistique et des sciences du langage.* 2., Aufl. Paris: Larousse.

Duden (2007): *Deutsches Universalwörterbuch.* 6., überarb. und erw. Aufl. Mannheim u.a.: Duden.

Duden (2009): *Die deutsche Rechtschreibung.* Bd. 1. 25., völlig neu überarb. Aufl. Mannheim u.a.: Duden.

Duden (2009): *Die Grammatik.* Bd. 4. 8., überarb. Aufl. Mannheim u.a.: Duden.

Matthews, P. H. (2007): *Oxford Concise Dictionary of linguistics.* 2. Aufl. Oxford: Univ. Press.

Wahrig, G. (2000): *Deutsches Wörterbuch. Mit einem Lexikon der deutschen Sprachlehre.* 7., vollst. neu bearb. und aktual. Aufl. Gütersloh u.a.: Bertelsmann Lexikon-Verl.

# 14. Zu guter Letzt

Bitten Sie stets Ihren Korrektor um eine Nachbesprechung der Arbeit oder zumindest um ein ausführliches Gutachten. Nur so können Sie etwas hinzulernen.

Bleiben Sie auch während des Schreibens in ständigem Kontakt mit Ihrem Betreuer. Es ist Ihr gutes Recht, beraten zu werden.

# 15. Bibliographie

Adelung, J. C. (1782): *Umständliches Lehrgebäude der deutschen Sprache, zur Erläuterung der deutschen Sprachlehre für Schulen.* Leipzig. Wiederabdruck: 1971. Hildesheim: Olms.

Admoni, W. (1966): *Der deutsche Sprachbau.* München: Beck.

Alexiadou, A. (2010): Plurals mass nouns and the morpho-syntax of number. Vortrag auf der Tagung: WCCFL 28. University of Southern California. 19-21.02.2010.

Andersson, S.-G. (1989): Zur Interaktion von Temporalität, Modalität, Aspektualität und Aktionsart bei den nichtfuturischen Tempora im Deutschen, Englischen und Schwedischen. In: Abraham, W. & Janssen, T. (Hrsg.): *Tempus – Aspekt – Modus: die lexikalischen und grammatischen Formen in den germanischen Sprachen.* Tübingen: Niemeyer, 28-47.

Behagel, O. (1924): Deutsche Syntax/2. *B. Adverbium, C. Verbum.* Heidelberg: Winter.

Berg, H. van den (1995): *A Grammar of Hunzib.* München: Lincom Europa.

Bowern, C. (2008): *Linguistic fieldwork. A practical guide.* Basingstok u.a.: Palgrave Macmillan.

Berman, R. & Slobin, D. (1994): *Relating events in narrative. A crosslinguistic developmental study.* Hillsdale: Erlbaum.

Brachat-Schwarz, W., Schwarz-Jung, S. & Wolf, R. (2008): Zur voraussichtlichen Entwicklung der Schülerzahlen an allgemeinbildenden Schulen bis 2015. Neue Modellrechnung für die Stadt- und Landkreise Baden-Württembergs. *Statistisches Monatsheft Baden-Württemberg* 1/2008, 12-16.

Bredel, U. (2006): Zur Geschichte der Interpunktionskonzeptionen des Deutschen – dargestellt an der Kodifizierung des Punktes. *Zeitschrift für Germanistische Linguistik* 33, 179-211.

Bredel, U. & Lohnstein, H. (2001): Zur Ableitung von Tempus und Modus in der deutschen Verbflexion. *Zeitschrift für Sprachwissenschaft* 20, 218-250.

Brekle, H. (1981): „No U-Turn". Zur Integration eines speziellen Typs ikonischer Elemente in schriftsprachlichen Wortbildungen. In: Lange-Seidl, A. (Hrsg.): *Zeichenkonstitution. Akten des 2. Semiotischen Kolloquiums Regensburg 1978.* Berlin: de Gruyter, 172-179.

Bremerich-Vos, A. (1981): „Sprachunterricht – Nein danke!"? Sprachunterricht aus Schülerperspektive. *Der Deutschunterricht* 33, 5-19.

Brinkmann, H. (1931): *Sprachwandel und Sprachbewegungen.* Heidelberg: Winter.

Brinkmann, H. (1962): *Die deutsche Sprache. Gestalt und Leistung.* Düsseldorf: Schwann.

Büring, D. (1997): *The Meaning of Topic and Focus – The 59th Street Bridge Accent.* London: Routledge.

Bußmann, H. (2008): *Lexikon der Sprachwissenschaft.* Stuttgart: Kröner.

Chomsky, N. (1970): Deep Structure, Surface Structure, and Semantic Interpretation. In: Jakobson, R. & Kawamoto, S. (Hrsg.): *Studies in General and Oriental Linguistics.* Tokyo: TEC Corporation, 52-91.

Comrie, B. (1976): *Aspect.* Cambridge: Cambridge University Press.

Croft, W. (2003): *Typology and universals.* Cambridge: Cambridge University Press.

Dittmar, N. (2002): *Transkription. Ein Leitfaden mit Aufgaben für Studenten, Forscher und Laien*. Opladen: Leske + Budrich.

Duden (1998): *Die Grammatik*. Bd. 4. 6., überarb. Aufl. Mannheim u.a.: Duden.

Dürscheid, C. (2000): *Syntax. Grundlagen und Theorien*. Wiesbaden: Westdeutscher Verlag.

Dürscheid, C. (2002): *Einführung in die Schriftlinguistik*. Wiesbaden: Westdeutscher Verlag.

Ehlich, K. & Rehbein, J. (1976): Halbinterpretative Arbeitstranskriptionen (HIAT). *Linguistische Berichte* 45, 21-41.

Ehrich, V. (1992): *Hier und jetzt. Studien zur lokalen und temporalen Deixis des Deutschen*. Tübingen: Niemeyer.

Eide, K. & Sollid, H. (erscheint): Norwegian main clauses declaratives: Variation within and across grammars. In: Siemund, P. (Hrsg.): *Linguistic Universals and Language Variation*. Berlin, New York: de Gruyter.

Eisenberg, P. (1986): *Grundriss der deutschen Grammatik*. Stuttgart u.a.: Metzler.

Eisenberg, P. (1994): *Grundriss der deutschen Grammatik*. Stuttgart u.a.: Metzler.

Eisenberg, P. (1999): *Grundriss der deutschen Grammatik. Das Wort*. Stuttgart u.a.: Metzler.

Ek, B.-M. (1996): *Das deutsche Präsens: Tempus der Nichtvergangenheit*. Stockholm: Almqvist & Wiksell.

Engel, U. (1988): *Deutsche Grammatik*. Heidelberg: Groos.

Eroms, H. W. (1980): *Be-Verb und Präpositionalphrase. Ein Beitrag zur Grammatik der deutschen Verbalpräfixe*. Heidelberg: Winter.

Fabricius-Hansen, C. (1999): „Moody time": Indikativ und Konjunktiv im deutschen Tempussystem. *Zeitschrift für Literatur und Linguistik* 113, 119-146.

Fillmore, Ch. J. (1992): 'Corpus linguistics' or 'Computer-aided armchair linguistics'. In: Svartvik, J. (Hrsg.): *Directions in Corpus Linguistics. Proceedings of Nobel Symposium 82*, Stockholm, 4 - 8 August 1991. Berlin, New York: de Gruyter, 105-122.

Fortescue, M. (1984): *West Greenlandic*. London: Croom Helm.

Fuhrhop, N. & Thieroff, R. (2006): Was ist ein Attribut? *Zeitschrift für Germanistische Linguistik* 33, 306-342.

Gashkowa, M. & Geist, L. (2003): *Referentielle Kategorien im Russischen. Belebtheit, Spezifität und Definitheit*. Vortrag auf der Tagung: Tag der Linguistik 09.12.2003. Universität Stuttgart.

Gillon, B. (1992): Towards a common semantics for English count and mass nouns. *Linguistics and Philosophy* 15, 597-639

Glinz, H. (1952): *Die innere Form des Deutschen. Eine neue deutsche Grammatik*. Bern, München: Francke.

Glinz, H. (1970): *Deutsche Grammatik I. Satz – Verb – Modus – Tempus*. Frankfurt: Athenäum.

Groot, C. de (2000): The absentive. In: Dahl, Ö. (Hrsg.): *Tense and aspect in the languages of Europe*. Berlin: de Gruyter, 693-719.

Grønvik, O. (1986): *Über den Ursprung und die Entwicklung der aktiven Perfekt- und Plusquamperfektkonstruktionen des Hochdeutschen und ihre Eigenart innerhalb des germanischen Sprachraums*. Oslo: Solum.

Günthner, S. (1993): *Diskursstrategien in der interkulturellen Kommunikation. Analysen deutsch-chinesischer Gespräche*. Tübingen: Niemeyer.

Günthner, S. (2008): „die Sache ist...": eine Projektor-Konstruktion im gesprochenen Deutsch. *Zeitschrift für Sprachwissenschaft* 27, 39-71.

Günthner, S. & Gohl, C. (1999): Grammatikalisierung von weil als Diskursmarker in der gesprochenen Sprache. *Zeitschrift für Sprachwissenschaft* 18, 39-75.

Harweg, R. (1973): Ist das vergangenheitsbezogene Perfekt im Neuhochdeutschen zweideutig? *Zeitschrift für Dialektologie und Linguistik* 40, 257-278.

Haspelmath, M. (1993): *A grammar of Lezgian.* Berlin: de Gruyter.

Heizmann, J. (1990): *Joseph Roth und die Ästhetik der Neuen Sachlichkeit.* Heidelberg: Mattes.

Helbig, G. & Buscha, J. (2005): *Deutsche Grammatik. Ein Handbuch für den Ausländerunterricht.* Berlin u.a.: Langenscheidt.

Heidolph, K. E., Flämig, W. & Motsch, W. (1981): *Grundzüge einer deutschen Grammatik.* Berlin: Akademie Verlag.

Höchli, S. (1981): *Zur Geschichte der Interpunktion im Deutschen.* Berlin: de Gruyter.

Höhle, T. N. (1986): Der Begriff „Mittelfeld". Anmerkungen über die Theorie der topologischen Felder. In: Weiss, W., Wiegand, H. E. & Reis, M. (Hrsg.): *Akten des VII. Kongresses der Internationalen Vereinigung für germanische Sprach- und Literaturwissenschaft* Bd. 3. Tübingen: Niemeyer, 329-340.

Iversen, R. (1918): *Syntaksen i Tromsø bymål. En kort oversigt.* Kristiania: Bymaalslagets.

Karnowski, P. & Pafel, J. (2005): Wie anders sind Eigennamen? *Zeitschrift für Sprachwissenschaft* 24, 45-66.

Katz, G. (2003): A modal account of the English present perfect puzzle. *Proceedings of semantics and linguistic theory* 13, 141-161.

Kimmich, D. (2009): Indifferenz oder: Prothesen des Gefühls. Bemerkungen zur Variation einer männlichen Emotion. *Arcadia. International Journal for Literary Studies* 44, 161-174.

Klein, W. (1994): *Time in language.* London: Routledge.

Klein, W. P. (2003): Sprachliche Zweifelsfälle als linguistischer Gegenstand. Zur Einführung in ein vergessenes Thema der Sprachwissenschaft. *Linguistik online* 16, 1/29.

Köpcke, K. M. & Zubin, A. D. (2005): Nominalphrasen ohne lexikalischen Kopf – Zur Bedeutung des Genus für die Organisation des mentalen Lexikons am Beispiel der Autobezeichnungen im Deutschen. *Zeitschrift für Sprachwissenschaft* 24, 93-122.

Kratzer, A. (2000): Building statives. *Berkeley Linguistic Society* 26, 385-399.

Krause, M. (1994): Bemerkungen zu KOMM- + Partizip II im heutigen Deutsch. In: Bresson, D. & Dalmas, M. (Hrsg.): *Partizip und Partizipialgruppen im Deutschen.* Tübingen: Narr, 163-180.

Labov, W. (1966): *The social stratification of English in New York City.* Washington: Center for Applied Linguistics.

Labov, W. (1972): *Sociolinguistic patterns.* Oxford: Blackwell.

Langacker, R. W. (1991). *Foundations of Cognitive Grammar. Vol. 2. Descriptive Applications.* Stanford: Univ. Press.

Lehmann, C. (1982): Directions for interlinear morphemic translations. *Folia Linguistica* 16, 199-224.

Levelt, W. J. M. (1989): *Speaking. From intention to articulation.* Cambridge u.a.: MIT Press.

Litvinov, V. P. & Radčenko, V. I. (1998): *Doppelte Perfektbildungen in der deutschen Literatursprache.* Tübingen: Stauffenburg.

Maas, U. (2000): *Orthographie. Materialien zu einem erklärenden Handbuch zur Rechtschreibung des Deutschen.* Manuskript Universität Osnabrück.

Maienborn, C. (2007): Das Zustandspassiv. Grammatische Einordnung – Bildungsbeschränkung – Interpretationsspielraum. *Zeitschrift für Germanistische Linguistik* 35, 83-114.

Meibauer, J. (2003): Phrasenkomposita zwischen Wortsyntax und Lexikon. *Zeitschrift für Sprachwissenschaft* 22, 153-188.

McCawley, J. D. (1971): Tense and time reference in English. In: Fillmore, C. & Langendoen, D. T. (Hrsg.): *Studies in linguistic semantics*. New York: Holt, Rinehart & Winston, 97-113.

McCoard, R. W. (1978): *The English perfect. Tense choice and Pragmatic Inferences*. Amsterdam u.a.: North Holland.

*Moriz von Craûn*. Herausgegeben von Pretzel, U. & Classen, A. 1992, Stuttgart: Reclam.

Müller, G. (2001): Verletzbare Regeln in Straßenverkehr und Syntax. *Sprachreport* 18, 11-18.

Musan, R. (2002): *The German Perfect. Its semantic composition and its interactions with temporal adverbials*. Dordrecht: Kluwer.

Musan, R. (2008): *Satzgliedanalyse*. Heidelberg: Winter.

*Nibelungenlied*. Herausgegeben von Bartsch, K., de Boor, H. & Wisniewski, R. 1996, Wiesbaden: Heinrich Albert Verlag.

Nilsen, H. (1996): *Koffer dæm sir det? Spørresetninger i nordreisadialekten*. Unveröffentlichte Magisterarbeit. Universität Tromsø.

Noonan, M. (1985): Complementation. In: Shopen, T. (Hrsg.): *Language Typology and Syntactic Description*. Cambridge: University Press, 42-139.

Nordlinger, R. & Sadler, L. (2004): Nominal tense in crosslinguistic perspective. *Language* 80, 776-806.

Öhl, P. (2009): Die Entstehung des periphrastischen Perfekts mit haben und sein im Deutschen – eine längst beantwortete Frage? *Zeitschrift für Sprachwissenschaft* 28, 265-306.

Pipping, R. (1936): Ome innebörden av perfektum i nusvenskan. *Bidrag till nordisk filologie tillägnade Emil Olson den 9 juni 1936*, 143-154.

Portner, P. (2003): The (temporal) semantics and the (modal) pragmatics of the English Perfect. *Linguistics and Philosophy* 26, 459-510.

Prince, A. & Smolensky, P. (1993): *Optimality theory. Constraint interaction in generative grammar*. New Brunswick: Rutgers Center for Cognitive Science.

Ramers, K.-H. (2005): Verbstellung im Althochdeutschen. *Zeitschrift für germanistische Linguistik* 33, 78-91.

Ramers, K.-H. (2006): Topologische Felder: Nominalphrase und Satz im Deutschen. *Zeitschrift für Sprachwissenschaft* 25, 95-127.

Rapp, I. (1997): *Partizipien und semantische Struktur. Zu passivischen Konstruktionen mit dem 3. Status*. Tübingen: Stauffenberg.

Rapp, I. (1998): Zustand? Passiv? – Überlegungen zum sogenannten „Zustandspassiv". *Zeitschrift für Sprachwissenschaft* 15, 231-265.

Rathert, M. (2004): *Textures of Time*. Berlin: Akademie-Verlag.

Reis, M. (1976): Zum grammatischen Status der Hilfsverben. *Beiträge zur Geschichte der deutschen Sprache und Literatur* 98, 64-81.

Reis, M. (1982): Zum Subjektbegriff im Deutschen. In: Werner, A. (Hrsg.): *Satzglieder im Deutschen. Vorschläge zur syntaktischen, semantischen und pragmatischen Fundierung*. Tübingen: Narr, 171-211.

Reis, M. (1986): Subjekt-Fragen in der Schulgrammatik? *Deutschunterricht* 38, 64-84.

Robinson, H. M. (1966): Reading: Seventy-five years of progress. *Proceedings of the Annual Conference on Reading*. Chicago: Chicago University.

Rodriguez, K. J., Dipper, S., Götze, M., Poesio, M., Riccardi, G., Raymond, C. & Rabiega-Wisniewska, J. (2007): Standoff Coordination for Multi-Tool Annotation in a Dialogue Corpus. *Proceedings of the ACL Linguistic Annotation Workshop*, 148-155.

Rödel, M. (2007): *Doppelte Perfektbildungen und die Organisation von Tempus im Deutschen*. Tübingen: Stauffenburg.

Ross, J. R. (1969). Auxiliaries as main verbs. *Studies in Philosophical Linguistics* 1, 77-102.

Rothstein, B. (2006): *The perfect time span*. Doktorarbeit, Universität Stuttgart. [publiziert als: Rothstein, B. (2008): *The perfect time span. On the present perfect in German, Swedish and English*. Amsterdam: Benjamins.]

Rothstein, B. (2007a): Einige Bemerkungen zur Syntax von *Er hat den Arm verbunden*. In: Geist, L. & Rothstein, B.: *Kopulaverben und Kopulasätze: intersprachliche und intrasprachliche Aspekte*. Tübingen: Niemeyer, 285-298.

Rothstein, B. (2007b): *Tempus*. Heidelberg: Winter.

Rothstein, B. (2008): *The perfect time span. On the present perfect in German, Swedish and English*. Amsterdam: Benjamins.

Rothstein, B. (2010): *Sprachintegrativer Grammatikunterricht. Zum Zusammenspiel von Sprachwissenschaft und Sprachdidaktik im Mutter- und Fremdsprachenunterricht*. Tübingen: Stauffenburg.

Rothstein, B. & Thieroff, R. (Hrsg.) (erscheint): *Mood in the languages of Europe*. Amsterdam: Benjamins.

Ruá, P. L. (2002): On the structure of acronyms and neighbouring categories: a prototype-based account. *English Language and Linguistics* 6, 31-60.

Rues, B., Redecker, B., Koch, E., Wallraff, U. & Simpson, A. P. (2007): *Phonetische Transkription des Deutschen. Ein Arbeitsbuch*. Tübingen: Narr.

Schaden, G. (2009): Present perfect compete. *Linguistics and Philosophy* 32, 115-141.

Schäfers, S. (2006): Hindernis oder didaktischer Trick? – Indirekte AUFFORDERUNG in schulischen Aufgabenstellungen. *Mitteilungen des Deutschen Germanistenverbandes* 4/2006, 450-473.

Scherer, U. (1990): *Sprechakte als Interaktionsverhalten*. Hamburg: Buske.

Scherer, C. (2007): Rezension zu Rödel, M. (2007): *Doppelte Perfektbildungen und die Organisation von Tempus im Deutschen*. Tübingen: Stauffenburg Verlag. *Germanistik. Internationales Referatenorgan mit bibliographischen Hinweisen*. Hg. von W. Barner, U. Fix, K. Grubmüller, H. Henne, J. Janota, C. Lubkoll, B. Naumann und W. Vosskamp. Bd. 48. Tübingen: Niemeyer, 604.

Schultze-Berndt, E. (2000): *Simple and complex verbs in Jaminjung: A study of event categorization in an Australian language*. Unveröffentlichte Doktorarbeit, Katholieke Universiteit Nijmegen.

Sollid, H. & Eide, K. M. (2007a): On verb second and the så-construction in two Mainland Scandinavian contact situations. *Nordlyd* 34, 7-28.

Sollid, H. & Eide, K. M. (2007b): Om verbplassering og så-konstruksjonen i to sprakmøter. *NOA* 2, 5-32.

Sollid, H. & Eide, K. M. (2010): *Norwegian is a V3 language*. Vortrag auf der Tagung: 32. Jahrestagung der Deutschen Gesellschaft für Sprachwissenschaft 23.-26.02.2010. Humboldt-Universität zu Berlin.

Stechow, A. von (1999): Eine erweiterte Extended-Now-Theorie für Perfekt und Futur. *Zeitschrift für Literaturwissenschaft und Linguistik* 113, 86-118.

Stechow, A. von (2002): German seit „since" and the ambiguity of the German perfect. In: Stiebels, B. (Hrsg.): *More than words. A Festschrift for Dieter Wunderlich.* Berlin: Akademie-Verlag, 393-432.

Steinbach, M. (2002): Semantik. In: Meibauer, J. (Hrsg.): *Einführung in die germanistische Linguistik.* Stuttgart u.a.: Metzler, 162-207.

Thierhoff, R. (1992): *Das finite Verb im Deutschen. Modus – Tempus – Distanz.* Tübingen: Stauffenburg.

Thulstrup, Å. (1948): Preterialt perfekt. Till belysning av gränsområdet mellan perfekt och imperfekt i svenska. *Nysvenska studier* 28, 70-101.

Vater, H. (1994): *Einführung in die Zeit-Linguistik.* Hürth-Efferen: Gabel.

Vogel, P. M. (2005): Neue Überlegungen zu Konstruktionen des Typs *sie kamen gelaufen. Zeitschrift für germanistische Linguistik* 33, 57-77.

Vogel, P. M. (2007): Anna ist essen! Neue Überlegungen zum Absentiv. In: Geist, L. & Rothstein, B. (Hrsg.): *Kopulaverben und Kopulasätze: intersprachliche und intrasprachliche Aspekte.* Tübingen: Niemeyer, 253-284.

Vogel, R. (2009): Skandal im Verbkomplex. Betrachtungen zur scheinbar inkorrekten Morphologie in infiniten Verbkomplexen des Deutschen. *Zeitschrift für Sprachwissenschaft* 28, 307-346.

Waterman, J. T. (1956): The preterie and perfect tense in German. *Germanic Review* 31, 104-114.

Wegener, H. (2000): Da, denn und weil – der Kampf der Konjunktionen. Zur Grammatikalisierung im kausalen Bereich. In: Thieroff, R., Tamrat, M., Fuhrhop, N. & Teuber, O. (Hrsg.): *Deutsche Grammatik in Theorie und Praxis.* Tübingen: Niemeyer, 69-81.

Wellenreuther, M. (1982): *Grundkurs: Empirische Forschungsmethoden.* Königstein im Taunus: Athenäum.

Wiedenmann, N. (1998): *Versprecher und die Versuche zu ihrer Erklärung. Ein Literaturüberblick.* Trier: Wiss. Verlag Trier.

Wunderlich, D. (1970): *Tempus und Zeitreferenz im Deutschen.* München: Hueber.

# 16. Index

Renata Szczepaniak

# Grammatikalisierung im Deutschen

Eine Einführung

narr studienbücher
2009, X, 211 Seiten,
€[D] 19,90/SFr 35,90
ISBN 978-3-8233-6434-4

Die Grammatik des Deutschen verändert sich ständig. Grammatische Strukturen kommen und gehen.

Dieses Studienbuch führt zum einen in die aktuelle Grammatikalisierungsforschung und ihre Theorien ein. Zum anderen hat es die Entstehung und weitere Entwicklung der wichtigsten grammatischen Kategorien des Deutschen zum Gegenstand, u.a. den Negationswandel, die Herausbildung des Artikels und die Entwicklung neuer Hilfsverben wie *haben*, *werden* und *bekommen*. Auch die Entstehung der Konjunktionen *dass* und *weil* sowie der Präpositionen wegen, *im Vorfeld* und *im Laufe* wird auf verständliche Weise dargestellt. An solchen und weiteren Beispielen werden verschiedene Aspekte und Modelle der Grammatikalisierung diskutiert, darunter die kognitiven Grundlagen des Bedeutungswandels sowie das Phänomen der Reanalyse.

**Narr Francke Attempto Verlag GmbH + Co. KG**
Postfach 2560 · D-72015 Tübingen · Fax (07071) 9797-11
Internet: www.narr.de · E-Mail: info@narr.de

Christine Römer
Brigitte Matzke

# Der deutsche Wortschatz

Struktur, Regeln und Merkmale

narr studienbücher
2010, XII, 240 Seiten
€[D] 19,90/SFr 35,90
ISBN 978-3-8233-6503-7

Dieses Studienbuch betrachtet das komplexe Phänomen »deutscher Wortschatz« aus verschiedenen inhaltlichen und methodischen Perspektiven. Anhand zahlreicher Beispiele wird veranschaulicht, dass das Lexikon keine bloße Anhäufung von Fakten, Merkmalen und Idiosynkrasien ist. Es wird gezeigt, dass das richtige Verstehen und Bilden sowie die angemessene Verwendung von Wörtern mit Regeln und Konventionen verknüpft ist. Das Studienbuch stellt eine Verbindung zwischen den aktuellen wissenschaftlichen Diskussionen zum Wortschatz und dem tatsächlichen Wortwissen in Sprachgebrauch und -lernen her. Es eignet sich für das Selbststudium genauso wie als Grundlage für Lehrveranstaltungen zum Wort und dem deutschen Lexikon. Spezielle linguistische Vorkenntnisse werden nicht vorausgesetzt. Jedes Kapitel enthält Aufgaben und weiterführende Literaturangaben.

**narr**
VERLAG

**Narr Francke Attempto Verlag GmbH + Co. KG**
Postfach 25 60 · D-72015 Tübingen · Fax (0 7071) 97 97-11
Internet: www.narr.de · E-Mail: info@narr.de

# Lothar Lemnitzer
# Heike Zinsmeister

# Korpuslinguistik

## Eine Einführung

narr studienbücher
2., durchgesehene und aktualisierte Auflage
2010
IV, 220 Seiten, zahlr. Abb. und Tab.
€[D] 19,90/SFr 35,90
ISBN 978-3-8233-6555-6

Das vorliegende Buch gibt einen Überblick über die germanistische Korpuslinguistik. Die linguistische Arbeit mit digitalen Textsammlungen hat sich in den letzten Jahren von einer Methode zu einer eigenen Disziplin der Linguistik entwickelt. Im Zentrum des Buches stehen methodische Fragen, die Darstellung deutschsprachiger Korpora und die Diskussion von jüngeren Arbeiten mit korpuslinguistischem Bezug.
Die Autoren wenden sich dabei insbesondere an Lehrende und Studierende der Germanistik, die Korpora in ihre eigenen Forschungsarbeiten einbeziehen möchten, und an theoretische Linguisten, die ihre Theorien an authentischen Sprachdaten überprüfen wollen.

**narr** VERLAG

**Narr Francke Attempto Verlag GmbH + Co. KG**
Postfach 2560 · D-72015 Tübingen · Fax (07071) 9797-11
Internet: www.narr.de · E-Mail: info@narr.de

# Nina Janich

# Werbesprache

## Ein Arbeitsbuch

narr studienbücher
5., erweiterte Auflage 2010,
324 Seiten,
€[D] 19,90/SFr 33,50
ISBN 978-3-8233-6550-1

Werbung ist ein beliebtes Forschungsobjekt der germanistischen Sprachwissenschaft, und die Werbesprache wird gerne als Thema für Seminar- und Magisterarbeiten gewählt. Das vorliegende Studienbuch stellt einerseits die werbewissenschaftlichen Grundlagen bereit, die auch für sprachwissenschaftliche Analysen unerlässliche Rahmendaten abgeben. Zum anderen wird in die unterschiedlichen linguistischen Fragestellungen eingeführt, unter denen Werbung untersucht werden kann. Methodische Hinweise, Wissens- und Diskussionsfragen sowie Anregungen zu bisher nicht untersuchten Aspekten machen dieses Arbeitsbuch zur geeigneten Seminargrundlage.
Die 5. Auflage des bewährten Studienbuches wurde komplett überarbeitet, die Werbebeispiele und Aufgaben wurden erneuert, die Bibliographie wurde aktualisiert. Fernseh- und Hörfunkspots erfahren nun gebührende Berücksichtigung, und ein Beitrag von Jens Runkehl führt in die Formen der Internet-Werbung ein.

**narr** VERLAG

**Narr Francke Attempto Verlag GmbH + Co. KG**
Postfach 25 60 · D-72015 Tübingen · Fax (0 7071) 97 97-11
Internet: www.narr.de · E-Mail: info@narr.de

**Ruth Albert / Nicole Marx**

## Empirisches Arbeiten in Linguistik und Sprachlehrforschung

**Anleitung zu quantitativen Studien von der Planungsphase bis zum Forschungsbericht**

narr studienbücher
2010, 202 Seiten,
€[D] 19,90/SFr 30,50
**ISBN 978-3-8233-6590-7**

Das Studienbuch bietet eine systematische Anleitung für Studierende, die eine quantitativ vorgehende empirische Untersuchung im Bereich Linguistik/Sprachlehrforschung planen. Jeder einzelne Schritt wird ausführlich erklärt: vom Finden einer genau definierten Untersuchungsfrage über die Methoden der Datenerhebung (Beobachtung, Befragung, Experiment und Nutzung von Textkorpora) und -auswertung sowie deren statistischer Aufbereitung bis zum Schreiben des Forschungsberichts. Zu allen Kapiteln gibt es Übungsaufgaben mit Lösungshinweisen und ausführliche Hinweise auf weiterführende Literatur.

JETZT BESTELLEN!

Narr Francke Attempto Verlag GmbH+Co. KG · Dischingerweg 5 · D-72070 Tübingen
Tel. +49 (07071) 9797-0 · Fax +49 (07071) 97 97-11 · info@narr.de · **www.narr.de**